U0924219

★ 《云霄县革命老区发展史》编纂委员会

主　编：王金狮（中共云霄县委书记）
张明东（云霄县人民政府县长）
方伟仪（中共云霄县委常委、县人民政府副县长）
执行主编：张炯辉（云霄县老区建设促进会会长）
副主编：张文清（云霄县革命老根据地建设委员会办公室主任）
王一雄（中共云霄县委党史研究室副主任）

编　委：林榕庆（云霄县发展改革局局长）
何苗发（云霄县财政局局长）
吴文禄（云霄县统计局局长）
张志山（中共云霄县委党校常务副校长）
张煌辉（云霄县地方志编纂委员会主任）
方镇和（云霄县扶贫办公室副主任）
审　读：王一雄（中共云霄县委党史研究室副主任）
方志南（中共云霄县委党史研究室副主任科员）

★ 《云霄县革命老区发展史》编写组

组　长：张炯辉

副组长：吴亦强　张启基

执　笔：张绍猛

成　员：张炯辉　吴亦强　张启基　张绍猛

革命老区
全国革命老区县发展史丛书

全国革命老区县发展史丛书——福建卷

云霄县革命老区发展史

云霄县老区建设促进会 编

厦门大学出版社 XIAMEN UNIVERSITY PRESS 国家一级出版社 全国百佳图书出版单位

图书在版编目(CIP)数据

云霄县革命老区发展史/云霄县老区建设促进会编.—厦门：厦门大学出版社，2019.12

(全国革命老区县发展史丛书.福建卷)

ISBN 978-7-5615-7650-2

Ⅰ.①云…　Ⅱ.①云…　Ⅲ.①云霄县—地方史　Ⅳ.①K295.74

中国版本图书馆 CIP 数据核字(2019)第 262397 号

出 版 人　郑文礼
责任编辑　韩轲轲
美术编辑　李嘉彬
技术编辑　朱　楷

出版发行　厦门大学出版社
社　　址　厦门市软件园二期望海路 39 号
邮政编码　361008
总　　机　0592-2181111　0592-2181406(传真)
营销中心　0592-2184458　0592-2181365
网　　址　http://www.xmupress.com
邮　　箱　xmup@xmupress.com
印　　刷　厦门兴立通印刷设计有限公司

开本　720 mm×1 000 mm　1/16
印张　20.75
插页　19
字数　280 千字
版次　2019 年 12 月第 1 版
印次　2019 年 12 月第 1 次印刷
定价　139.00 元

本书如有印装质量问题请直接寄承印厂调换

厦门大学出版社
微信二维码

厦门大学出版社
微博二维码

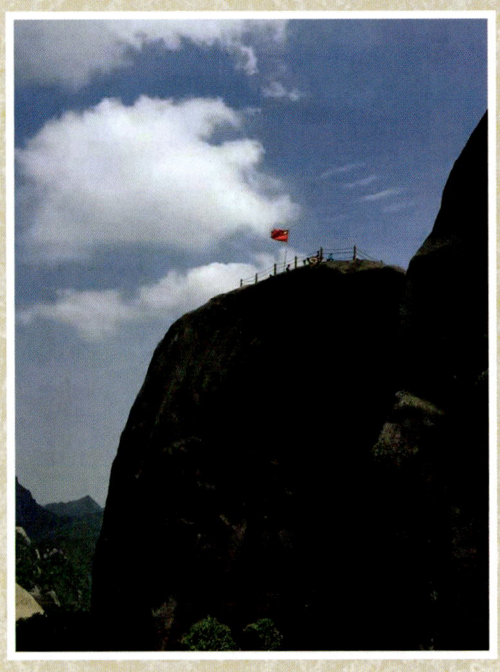

图 1　五星红旗在海拔 1051 米的乌山主峰迎风飘扬（张绍猛摄）

图 2　乌山主峰龙床石（姚志生摄）

图 3　中共闽南地委机关旧址(戴园笙摄)

图 4　中共闽南地委机关旧址(戴园笙摄)

图 5　闽粤两省游客瞻仰闽南乌山老游击队员之家（张元镇摄）

图 6　龙溪轴承集团党员瞻仰闽南乌山游击队员之家（张元镇摄）

图 7　龙溪轴承集团党员瞻仰乌山革命史陈列馆（张元镇摄）

图 8　2019 年 9 月 30 日烈士节，云霄县各界人民隆重举行
悼念烈士活动（高志坚摄）

图 9　位于老区基点村通贝村路口的乌山纪念碑（张毅恒摄）

图 10　乌山自然景观——金钟罩（朱两坤摄）

图 11　乌山自然景观——一线天(张毅恒摄)

图 12　云霄县金融青年志愿服务大队在老区基点村和平乡安吉村举行扶贫“结对子”活动(姚志生摄)

图 13　乌山自然景观——石斑鱼（姚志生摄）

图 14　2016 年 10 月，云霄县金融青年产业扶贫示范基地（马铺乡客寮村）揭牌暨扶贫贷款发放签约仪式（姚志生摄）

图 15　乌山陈元宰烈士纪念亭(朱两坤摄)

图 16　2018 年 11 月在乌山，陈元宰烈士女儿(左二)、妻侄女(左一)与通贝村张元镇合照(张绍猛摄)

图 17　卢叨墓(张元镇摄)

图 18　卢叨生前诗(张元镇摄)

图 19　一九三四年坪水乡苏维埃政府纪念碑(林汉荣摄)

图 20　共青团人民银行漳州中心支行团委组织各县团干前往坪水小学助学扶贫，图为随行的全国金融劳模张绍猛在展览馆内介绍坪水革命史迹(姚志生摄)

图 21　共青团人民银行漳州中心支行团委组织各县团干前往坪水小学助学扶贫，随行的全国金融劳模张绍猛在纪念碑前讲述坪水革命斗争史实（姚志生摄）

图 22　1930 年，在云霄梁山创建老革命根据地（姚志生摄）

图 23　1930 年，在云霄梁山成立工农红军闽南支队第一支队(张绍猛摄)

图 24　云霄举行中华人民共和国七十华诞庆祝活动(戴园笙摄)

图 25　向东渠——下河乡一角(戴园笙摄)

图 26　峰头水库一角(林汉荣摄)

图 27　高铁船场佳洲大桥(林汉荣摄)

图 28　厦深高速铁路云霄站(林汉荣摄)

图 29　漳江湾特大桥夜景（戴园笙摄）

图 30　建设中的核电厂区（林汉荣摄）

图 31　2019 年 6 月 30 日开工建设的核电厂区(林汉荣摄)

图 32　已投产的青径风力发电群及已开工的勘察核电塔(林汉荣摄)

图 33　城市建设与漳江新貌(戴园笙摄)

图 34　滨北新城祥云绕(戴园笙摄)

图 35　城市建设一角(戴园笙摄)

图 36　福建十八重工股份有限公司厂房一角(林汉荣摄)

图 37　云霄县节能光电科技园(戴园笙摄)

图 38　漳州鲜品冷冻有限公司厂房(林汉荣摄)

图 39　老区基点村桜树村生态枇杷观光园(林汉荣摄)

图 40　佳洲岛农业观光园(林汉荣摄)

图 41　佳洲岛多彩文化节夜景(戴园笙摄)

图 42　列屿万亩牡蛎养殖基地(林汉荣摄)

图 43　恒盛超市常山总部(恒盛超市提供)

图 44　老区基点村——坪水村(林汉荣摄)

图 45　1996 年 6 月，海政歌舞团在云霄扶贫义演(《云霄县志》1999 年版)

图 46　1999 年，漳州市第三届农民运动会在云霄举行
（《云霄县志》1999 年版）

图 47　2006 年，中央电视台记者张蕾在菜埔村采访 1960 年 5 月被选拔为福建省代表队参加全国职工业余文艺会演获奖的张敬彬全家演出的“全家乐”节目［《云霄县志(1997—2006 年)》］

图 48　2016 年 9 月，云霄县获“新福建 · 新长征 · 重走红色路”十大人气红色旅游县第一名（戴园笙摄）

图 49　云霄县文化馆报送的潮曲《巾帼英豪唐魏妈》荣获福建省 2015 年“丹桂奖”电视曲艺大奖赛一等奖（戴园笙摄）

图 50　第七届海峡两岸“福建云霄青年龙舟赛”（戴园笙摄）

图 51　开漳圣王文化节民俗风光摄影展（戴园笙摄）

图 52 “喜迎十九大 建设新云霄”文艺晚会(戴园笙摄)

图 53 县金融系统学习宣传贯彻党的十九大精神知识竞赛(姚志生摄)

图 54　2018 年爱心金秋助学活动（林汉荣摄）

图 55　县爱心协会于 2019 年在城隍庙举行爱心助学活动（林汉荣摄）

图 56　云霄大学生献礼新中国 70 华诞走基层慰问在南湖公园举行首场演出，图为方炜彤等 11 位大学生精彩表演(《云霄生活》媒体提供)

图 57　老区基点村和平乡割藤埔人民和县社会各界代表共同唱响《我和我的祖国》(戴园笙摄)

图 58　将军山公园归德楼和龙湖（戴园笙摄）

图 59　将军山公园陈政、陈元光父子雕像（戴园笙摄）

图 60　老区基点村七高礤瀑布(戴园笙摄)

图 61　老区基点村内洞古村落(戴园笙摄)

图 62　列屿山前一级渔港(戴园笙摄)

图 63　金汤湾海水温泉和八尺门向东渠景观(林汉荣摄)

图 64　石矾塔与漳江湾特大桥（戴园笙摄）

图 65　醉美红树林（戴园笙摄）

图 66　生长在红树林的鹭鸟（戴园笙摄）

图 67　乌山雪花飘飘，为近百年罕见(戴园笙摄)

图 68　2016 年 11 月 24 日晚，云霄县文联组织会员前往和平乡乌山观雪景(戴园笙摄)

图 69　红树林观鸟屋（林汉荣摄）

图 70　云霄县举行庆祝中华人民共和国成立七十周年歌咏大会（戴园笙摄）

总　序

在举国欢庆新中国成立70周年前夕，中国老区建设促进会王健会长请我为“全国革命老区县发展史丛书”作序，作为一名在老区战斗过并得到老区人民生死相助的老兵，回首往事，心潮澎湃，感慨万千，深感义不容辞，欣然应允。

中国革命老区，是以毛泽东为代表的中国共产党人在领导人民推翻帝国主义、封建主义和官僚资本主义三座大山，争取民族独立和人民解放伟大斗争中建立的革命根据地。在这片红色的土地上，诞生了无数可歌可泣的革命英雄儿女，为后人树起了一座不朽的丰碑，她是新中国的摇篮，是党和军队的根。

在艰苦卓绝的战争年代，老区人民把自己的命运与中华民族的命运紧紧地联系在一起，与中国共产党和人民军队的命运紧紧地联系在一起，他们生死相依，患难与共。我曾亲历过战争年代，并得到过老区红哥红嫂的救助，切身感受到发生在身边的一幕幕撼天动地的革命故事，在那极其艰难的条件下，老区人民倾其所有、破家支前，不怕艰难困苦，不怕流血牺牲。“最后一碗米送去做军粮，最后一尺布送去做军装，最后一件老棉袄盖在担架上，最后一个亲骨肉送去上战场”，这是当时伟大的老区人民为建立新中国做出巨大牺牲的真实写照，它将永远镌刻在中国共产党、中国人民解放军、中华人民共和国的历史丰碑上。他们的光辉业绩永载史册，他们的革命精神必将影响一代又一代的革命新人，造就一代又一代的民族脊梁。

在社会主义革命和建设时期，革命老区和老区人民响应党的号召，面对落后的面貌、脆弱的经济、恶劣的生态环境，他们本色不变，精神不丢，自力更生，艰苦奋斗，干一行爱一行。始终坚持“革命理想高于天”，自觉做共产主义远大理想的坚定信仰者和忠实实践者，勇于向恶劣的自然环境和贫穷落后宣战。他们在各条战线上为国建功立业，用平凡的双手创造了一个又一个不平凡的奇迹，彰显了老区人的崇高精神和人格力量。

在改革开放的伟大进程中，老区人民解放思想，勇于创新，发奋图强，攻坚克难，老区的经济社会建设取得了辉煌成就。特别是在改变中国的面貌、中华民族的面貌、中国人民的面貌、中国共产党的面貌的伟大实践中发挥了至关重要的作用。老区人民既是改革开放的参与者，也是改革开放的推动者。

艰苦练意志，危难见精神。老区人民在近百年的革命战争、社会主义建设和改革开放的伟大实践中，孕育形成了伟大的老区精神：爱党信党、坚定不移的理想信念；舍生忘死、无私奉献的博大胸怀；不屈不挠、敢于胜利的英雄气概；自强不息、艰苦奋斗的顽强斗志；求真务实、开拓创新的科学态度；鱼水情深、生死相依的光荣传统。这是党和人民宝贵的精神财富、丰厚的政治资源，是凝心聚力、振奋民族精神的重要法宝，也是社会主义核心价值观的重要内容。

中国老区建设促进会怀着强烈的政治责任感和历史使命感，组织全国各地老促会人员克服困难，尽心竭力编纂“全国革命老区县发展史丛书”，记录老区的光辉历史和辉煌成就，传承红色基因，弘扬老区精神，是功在当代、利及千秋的一件大事。手捧这部丛书的部分书稿，读着书中的故事，我倍感亲切，深感这部丛书具有资政、育人、存史的社会功能，有着重要的时代和历史价值。它是不忘初心、牢记使命的源头活水，是赞颂共产党、讴歌老区人民的一部精品力作，是弘扬老区精神、传承红色记忆的丰厚载体，是一项继承优秀传统文化、弘扬革命文化、发展社会主义先进文化，坚定“四个自信”的宏大文化工程。它必将成为一种文化品牌，为各界人士了解老区、宣传老区、支持老区提供一部有价值的研究史料。希望读者朋友们能从中了解并牢记这些为党和民族的利益不断奉献的老区人民，从中得到教益，汲取人生奋斗的精神动力。

新时代赋予新使命，新起点开启新征程。让我们更加紧密地团结在以习近平同志为核心的党中央周围，坚持以习近平新时代中国特色社会主义思想为指导，增强“四个意识”，坚定“四个自信”，做到“两个维护”，弘扬老区精神，铭记苦难辉煌。为实现“两个一百年”奋斗目标，实现中华民族伟大复兴的中国梦做出新的更大的贡献！

遲浩田

2019年4月11日

序

在举国上下欢庆中华人民共和国成立70周年之际,《云霄县革命老区发展史》经过云霄老区建设促进会的精心编纂,终于付梓问世,我县老区研究与宣传又结硕果。任职于斯,深感其意义重大,值得庆贺。

《云霄县革命老区发展史》以翔实可靠的资料,饱含感情的笔触和简练独特的语言,真实记述了云霄革命老区近一百年来艰巨而光辉的发展历程,多层面地生动再现了云霄老区人民在中国共产党领导下开展艰苦卓绝革命斗争、投身社会主义革命与建设以及改革开放伟大事业所取得的辉煌成就,内容丰富,文字优美,引人入胜。可以说,它既是一部集史料性、可读性、经典性为一体的鸿篇巨作,亦是一部反映云霄老区人民革命斗争的英雄史诗。它的出版,对于传承红色基因、弘扬老区精神、不忘初心使命、牢记时代担当都有着不可估量的现实意义和历史价值。

云霄是中国共产党在闽南开展武装革命斗争的根据地之一。早在革命战争期间,云霄县就建立过中国共产党的组织和基层苏维埃政权。是靖和浦和饶和埔诏苏区的重要组成部分,起着连接闽南苏区和粤东苏区的重要作用。中央红军长征后,云霄老区人民在党的领导下,开始以乌山为依托,进行了艰苦卓绝的三年游击战争,使乌山成为闽粤边革命力量的汇集地,是三年游击战争时期闽南最重要的革命根据地。抗日战争时期,云和诏县委一方面恢复和发展党的基层组织,一方面执行党的抗日民族统一战线政策,通过各种方式开展抗日救亡运动。解放战争期间,云和诏县委和乌山游击队在广大老区人民群众的紧密配合下,先后粉碎了国民党反动派多次军事“围剿”和经济封锁,乌山革命红旗屹立不倒,直至1949年10月1

日云霄和平解放。

在云霄红土地上，曾经留下过饶和埔诏游击队、红三团、红九团、独立营、闽南支队等工农红军指战员的战斗足迹。卢胜、何浚、卢叨、陈文平、朱曼平等革命前辈，在这里进行了英勇不屈的革命斗争。张长水、陈桃庆、曾益效、许克、文阿业、何文德等革命烈士，血染沃土、壮烈捐躯。红军奇袭云霄城、坪坑伏击战、车仔圩等战斗威震闽南。

中华人民共和国成立后，云霄老区人民在中共云霄县委的领导下，继承先烈遗志，先后开展剿匪、土地改革、民主建设、“三反”“五反”等一系列巩固新生政权的斗争，完成了对农业、手工业和资本主义工商业的社会主义改造，实现了中国几千年历史上的一次最深刻的社会变革。改革开放以来，云霄老区人民锐意进取，开拓创新，各项事业出现了蓬勃发展的局面，县域经济实力大幅提升，工业总量持续壮大，特色农业稳步发展，生态旅游魅力凸显，城乡面貌焕然一新，一个宜居宜业宜游的新云霄正在崛起。

综上所述，无论是革命战争年代还是社会主义建设时期，云霄老区人民都付出了巨大牺牲，做出了极大的贡献。在建设有中国特色社会主义的道路上，我们应该始终铭记和珍惜云霄老区人民的光荣历史和优良传统，这是我们取之不尽的宝贵精神财富和丰厚政治资源。为此，希望读者朋友们能以为国为民的老区人民为榜样，从中汲取教益、汲取动力。

在建设宜居宜业宜游新云霄的征途上，《云霄县革命老区发展史》的编写，对于各级党政机关、社会各界人士了解老区、宣传老区、支持老区；对于下一步挖掘整理老区红色历史文化，推动老区精神的深入研究；对于老区脱贫致富，全面建成小康社会具有十分重要的积极意义。

是为序。

中共云霄县委书记　王金狮

云霄县人民政府县长　张明东

2019 年 9 月 30 日

编纂说明

2017年6月，中国老区建设促进会组织全国各地老促会启动编纂“全国革命老区县发展史丛书”，按照“建立中国共产党、成立中华人民共和国、推进改革开放和中国特色社会主义事业”三大里程碑的历史脉络，系统书写革命老区百年历史，深入挖掘革命老区红色文化资源。这对于充实丰富中国革命史籍宝库、在新时代传承红色基因、弘扬革命精神、强固根本，对于激励人们在新的历史条件下夺取中国特色社会主义伟大胜利，实现中华民族伟大复兴的中国梦具有重要意义。

丛书编纂以习近平新时代中国特色社会主义思想为指导，以《中国共产党历史》《中国共产党的九十年》等重要文献为基本依据，以党的领导为核心，以老区人民为主体，以老区发展为主线，体现历史进程特征，突出时代发展特色，坚持辩证唯物主义和历史唯物主义相统一、历史真实性与内容可读性相统一的原则，书写革命老区从站起来、富起来到强起来的光辉革命史、不懈奋斗史、辉煌成就史，把老区人民的伟大贡献、伟大创造、伟大成就、伟大精神充分展示出来，形成一部具有厚重历史特征和鲜明时代特色的精品力作。这是一部培根铸魂、守正创新，既为历史立言，又为时代服务，字里行间流淌着红色血脉、催生着革命激情的传世之作。丛书的编纂出版将成为讴歌党、讴歌人民、讴歌时代、传播红色文化、为革命老区和老区人民树碑立传的重要载体。

丛书按照编年体与纪事本末体相结合、以编年体为主的编写体例确定框架结构；运用时经事纬、点面结合的方式记述史实；坚持人事结合、以事带人的原则处理人与事的关系；采取夹叙夹议、叙论结合、以叙为主的方法展开内容。做到了史料与史论、历史与现实、政治与学术统一，文献性、学术性、知识性相兼容。

为编纂好"全国革命老区县发展史丛书"，打造红色文化品牌，中国老区建设促进会认真组织积极协调，提出政治立场鲜明、史料真实准确、思想论述深刻、历史维度厚重、时代特色突出、编写体例规范、篇目布局合理、审读把关严格、出版制作精良的编纂出版总要求，力求达到革命史籍精品的精神高度、思想深度、知识广度、语言力度，增强丛书的权威性和社会影响力。各省（区、市）、市（州、盟）、县（市、区、旗）老促会的同志，以强烈的使命感、责任感和紧迫感，勇于担当，积极作为，认真实施，组织由老促会成员、专家学者等参加的十余万人编纂队伍。编纂工作主体责任在县（市、区、旗），省（区、市）、市（州、盟）组织协调、有力指导、审读把关。各方面人员以高度负责的精神和科学严谨的态度，满腔热情地投入工作，为丛书编纂出版做出了重要贡献。丛书编纂工作还得到了党和国家有关部委、地方各级党委政府及有关部门的大力支持和积极参与，社会各界也给予了热情帮助。中共中央政治局原委员、中央军委原副主席、国务委员兼国防部长迟浩田首长，对革命老区建设发展十分关注，对老区人民怀有深厚情感，欣然为"全国革命老区县发展史丛书"作总序。

丛书由总册和1599部分册（每个革命老区县编纂1部分册）组成，共1600册。鉴于丛书所记述的史实内容多、时间跨度长和编纂时间紧，不妥之处，敬请批评指正。

中国老区建设促进会

目　录

中篇　全面开展老区县社会主义建设

概　述

云霄县是开漳祖地，是近代民主革命志士秋瑾出生地，是闽南革命根据地，是福建省著名台胞祖籍地和重要侨乡，是福建省省级重点老区县和扶贫开发工作重点县，也是著名的“中国枇杷之乡”“中国民间艺术（戏曲）之乡”“中国温泉之乡”“中国书画之乡”。1988 年，被国务院批准为福建沿海对外开放县。1996 年、1997 年，连续获得中共福建省委员会、福建省人民政府授予的“福建省经济发展十佳县（市）”称号；2000 年，获“全国科技工作先进县”称号；2013 年 7 月，被确认为原中央苏区范围县。2017 年 11 月，被评为福建省经济发展十佳县。

云霄县位于福建省南部沿海，地处北纬 23°45′—24°14′，东经 117°7′—117°23′之间。东北与漳浦县交界，东南隔八尺门海峡、东山湾与东山县相望，西南与诏安县毗邻，西北与平和县接壤。全境东西最大距离 31 公里，南北最大距离 38 公里，总面积 1157.45 平方公里。县境北连厦门、漳州，南接汕头、潮州，国道 324 线、沈海高速公路、厦深高速铁路贯穿全境，历来为闽粤往来必经之地。

1998 年 10 月，在县境南部常山华侨农场成立漳州市常山华侨经济开发区（11 个管理区，4 个村委会），由漳州市政府管理。2018 年末，县辖云陵、莆美、陈岱、东厦、火田、列屿等镇，下河、马铺、和平乡（和平农场）和云陵工业开发区。下设 158 个建制村、25 个社区，和平农场 13 个作业区。全县通行闽南话（漳州音），在和平乡水晶坪一带少数居民讲客家话。2017 年末，县辖住户 12.44 万户，44.57 万人，含常山开发区住户 13.05 万户，46.67 万人。

云霄县依山面海，四山环抱，一水中流，属丘陵、台地、低山结合地带。陆域面积 1050.75 平方公里,漳江出海口的红树林天然群落、繁育栖息 150 多种珍稀鸟类,为国家级红树林自然保护区和国际重要湿地。海岸线长 75.5 公里,海域面积 106.7 平方公里。有佳洲岛等大小岛屿十余个,较大的海湾有漳江湾、东山湾。

云霄列屿墓林山贝丘文化遗址在 4500 年前就有人类聚落。秦汉时期先后隶属于揭阳岭屯戍区、南海郡、南海国、南海郡揭阳县。东晋咸和六年(331 年),南海郡分出其东部地区增置东官郡,析粤地揭阳县置绥安县,治在云霄。隋开皇十二年(592 年)绥安废,云霄漳江以北隶于泉州(今福州)之龙溪县,漳江以南隶于潮州之万川县。唐总章二年(669 年),玉钤卫翊府左郎将归德将军陈政奉诏率兵入闽平"蛮獠啸乱",镇守故绥安县地,与子元光于云霄火田开屯建堡。垂拱二年(686 年),陈元光以云霄漳江为名奏置漳州,治在今云霄西林村,并置漳浦、怀恩两县。

清代嘉庆三年(1798 年),以县丞所辖 30 保、加划入平和县属 25 保,诏安县属 2 保 13 村置云霄抚民厅(亦称漳州分府)。民国二年(1913 年)改云霄抚民厅为云霄县,先后隶属于漳州府、福建西路道、汀漳道。民国十四年隶于福建省政府。民国二十二年"福建事变"爆发,云霄隶于龙汀省。民国二十三年以后,隶于福建省第六行政督察区、第五督察区。

云霄是中国共产党在闽南开展武装革命斗争的根据地之一。民国二十一年 3—4 月,中共漳州中心县委派员进驻云霄;翌年 3 月,云霄、漳浦交界的火田镇徐南坑自然村设立秘密交通站。民国二十三年 4 月,马铺乡坪水村建立云霄县第一个中共党支部,8 月成立坪水乡苏维埃政府;民国二十四年秋开辟乌山革命根据地,成立中共云和诏县委。云霄老区人民在中国共产党领导下,与红三团、红九团、独立营、闽南支队等工农革命武装,先后粉碎国民党军队的多次"围剿",奇袭云霄城、坪坑伏击战、车仔圩等战斗威震闽南。全县共有 117 个老区基点村和 100 个老区建制村。和平乡、下河乡、马铺乡、火田镇为老区乡镇,莆美镇(含云陵开发区)、陈岱镇、东厦镇、云陵镇为老区分布乡镇。

1949 年 10 月 1 日，云霄和平解放。中华人民共和国成立后，中共云霄县委、县政府带领全县人民进行社会主义革命和建设。在经历三年困难时期及十年“文化大革命”动乱等艰难曲折之后迎来了改革开放，老区人民积极贯彻执行中共十一届三中全会以来的路线、方针、政策，推进改革开放。近年来，老区人民认真学习贯彻十八大、十九大精神，坚持以习近平新时代中国特色社会主义思想为指导，全县政治、经济、文化、社会等方面发生极大变化，国民经济快速发展，人民生活水平显著提高。革命老区云霄成为海峡西岸经济区充满勃勃生机的一块发展热土。

上篇

革命根据地的建立与武装斗争

地处闽粤边陲的云霄，境内梁山、大帽山、乌山绵亘数十里，层峦叠嶂，便于在边界地区实行武装割据，建立革命根据地。

第一章　红色苏区的产生和拓展

辛亥革命后，全国陷入军阀割据混战的局面，民不聊生。云霄也深受其害。1918 年至 1922 年间，先后有粤军陈绍鹏部、李厚基部、陈炯明部攻入云霄。他们在云霄横征暴敛，烧杀抢掠，无恶不作。从 1911 年至 1929 年的 18 年间，云霄县先后换了 27 任县长。这些县长在任时间长的 1 年多，短的只有几天。官府与地方上的土豪劣绅相互勾结，制定了名目繁多的苛捐杂税，如田赋税、遗产税、兵差费、自治费等不下百种，全县平均每人每年负担捐税几十元。此时，帝国主义势力也利用不平等条约进行文化和经济侵略。20 世纪初期的云霄，百业凋敝，民生困苦，内忧外患。

五四运动爆发后，云霄爱国青年学生组织“学生联合会”，通电全国，展开反帝爱国宣传活动，抗议帝国主义的暴行，声援北京学生的反帝爱国运动。五四运动使马列主义在中国得到了传播。以就读于泉州培元中学的陈元宰和赴法勤工俭学的吴正谊为代表的云霄籍青年学生深受新潮流的影响，把进步书刊带回家乡传阅，各种新思想纷纷为有识之士和进步青年学生所接受。

1925 年，五卅惨案发生后，云霄青年学生举行示威游行，发动群众抵制日货。官办小学教师方鸣征带领学生到处搜查日货，在方鹅船上搜到日本洋纱 80 粒、火柴 42 件，在成利号查出日本布 100 匹、白糖 80 包、日用杂货一批。学生们把没收来的日货交给商会处理。商会却暗中把这些日货物归原主。革命果实被把持商会的富豪劣绅掠夺了。

随着闽南各地以反对帝国主义文化侵略、收回教育权为内容的“反对基督教”(简称“非基”)运动进一步开展，在厦门、漳州中共党组织的影响下，云霄进步师生也组织云霄“非基”运动委员会，带领学生上街游行，到云霄礼拜堂张贴“哀灵位”横匾及标语，吓得牧师不敢露面。1925 年，陈元宰从泉州培元中学毕业，到云霄俊源小学任教，由于支持师生“非基运动”，被校方敌视。他毅然辞去教师职务，先到厦门，随后到广东参加孙中山领导的国民革命军，并加入中国共产党。1926 年冬，他与方同柏、庄少青等随国民革命军东路军北伐，与在广州第六期农民讲习所学习的中共党员黄昭明进入县城集友小学举办农民讲习所；与共产党员李联星等一起在漳浦等地搞农运；在漳浦举办农民讲习所，为云、和、浦等县培训农运骨干。1927 年，在云霄邻县漳浦马坪育才小学，以印尼归侨教师身份为掩护，创办平民夜校。马坪附近的几十个农民，夜里拿着马坪小学教师印发的传单，到夜校听课，接受革命道理教育。1928 年 1 月 10 日，爆发了震惊全省的“马坪暴动”。马坪千余名农民高举农会大旗，带着镰刀、锄头、土枪、火炮，包围佛昙镇烟苗捐征收处。1928 年夏，陈元宰奉调到厦门工作，任中共福建省委组织干事，兼任厦门市委执委。1930 年 5 月，在陶铸指挥下，参加震惊全国的“厦门劫狱行动”，协助中共省委组织部长谢景德，负责传达命令，筹备船只，护送出狱同志安全离开厦门等后勤工作。同年 8 月，陈元宰任漳属特行委书记，统一领导漳属各县的党、团、工、妇工作。

第一节　西北边陲星火燃

一、云霄首个红色村庄陂下

1928 年 8 月，饶平“温子良惨案”发生后，中共饶平、大埔、平和三县县委避敌锋芒，紧急疏散转移。1929 年初，隐藏在平和大溪一带的饶平县委委员余丁仁、平和县委委员朱赞襄、大埔县委委员谢卓元等人，到云霄、平和、诏安三县交界处的三星、金坑、曲溪、陂下、仙石、龙透、七高磜、梅林等乡村秘密串联，访贫问苦，向广大农民宣传革命道理。

1930 年 9 月，活跃在诏安龙伞岽、栗竹头地区的饶和埔诏游击团部，在闽粤边工委宣传部长余丁仁率领下，挺进云霄陂下村，镇压反动地主豪绅，组织农会、赤卫队，实施武装割据，并迅速向曲溪、金坑、三星及龙透、仙石、七高磜、梅林一带乡村拓展，在云和诏边开辟一片赤色区域。11 月 23 日，平和县委在《关于目前革命形势估量与党的任务决议案》中提出“与永、埔、饶密切关系，并注意诏安、漳浦、云霄的工作”。随后，平和县委书记陈彩芹会同谢卓元等人，在乌螺、大仑、枧脚、磜美、石鼓、新楼、客寮、桥头、粗溪、湖洋、乌石坑、龙镜一带乡村，发动群众，开展革命活动，在云和边界地区燃起革命烽火。

二、饶和埔诏县委点燃西北地区的革命星火

为统一领导闽粤边陲地区的斗争，中共南方局代表陈舜仪在大埔和村召开饶平、大埔、平和三县县委及闽粤边工委联席会议，决定组建饶和埔县委。1930 年 12 月，在闽西特委具体指导下，正式成立饶和埔县委，书记邱宗海，统一领导饶平、大埔、平和、诏安、云霄五县的赤色区域，划分并成立 11 个区委，诏安的官陂、秀篆，云霄的仙石、陂下、乌螺、大仑，平和的大溪为第四区。1931 年 3 月，在诏安石下村召开饶和埔县委扩大会议，做出恢复老区、开辟新区的部署；选举产生新的县委领导班子，刘锡三当选为书记；饶和埔县委仍辖 11 个区委，云和诏边、云和边的云霄赤色区域仍属第四区领导，区委书记李和尚。随后，饶和埔县委改称饶和埔诏县委。

苏区中央局成立后，饶和埔诏苏区隶属于闽粤赣边特委。1931 年 2 月，在饶和埔诏第一届工农兵代表大会上，陈彩芹当选为饶和埔诏县苏维埃政府主席，下辖 9 个区级苏维埃政府，拥有 10 多万人口，是中央苏区外围的重要组成部分。

处在诏安官陂与平和大溪之间的云霄赤色区域，是连接诏安苏区与平和苏区的红色走廊。1931 年 4 月，饶和埔诏县委书记刘锡三、县委委员张华云假扮夫妻，到云霄陂下村创办福成昌碗窑公司，

作为饶和埔诏县委联络点，加强对云和诏边、云和边赤色区域的领导。

饶和埔诏县委非常重视第四区的工作，尤其是云霄赤色区域的政权建设。县委书记刘锡三，县委委员余丁仁、谢卓元、张华云，区委书记李和尚多次到云霄指导基层组织建设和政权建设。至 1931 年 6 月，三星、金坑、曲溪、陂下、龙透、仙石、七高礤、梅林等村都有较健全的农会、赤卫队组织，村村建立党支部，豪绅地主、保长、捐棍纷纷逃往车仔圩、下河、上河等地。乌螺、大仑、枧脚、礤美、石鼓、新楼、客寮、桥头、粗溪、湖洋、乌石坑、龙镜等村的农会组织，由秘密转向公开，村村组织赤卫队，开展减租减息、抗捐抗税斗争。6—7 月，饶和埔诏县委贯彻闽粤赣省委关于扩大红军的指示精神，在诏安秀篆石下村组建工农红军饶和埔诏第三连，连长邱春光、副连长黄佛、党代表苏国书。云霄苏区人民积极响应饶和埔诏县委号召，踊跃报名参加红军，有 20 多名赤卫队员被挑选加入饶和埔诏第三连。该连下辖三个排，拥有 100 余人枪，成为保卫红色苏区、捍卫人民胜利果实的中坚力量。

第二节　红军进漳东风劲

漳州（中心）县委乘着红军进漳的强劲东风，在云霄边界地区开展游击战争，创建小苏区。饶和埔诏县委抓住红军进漳的有利时机，向云霄方向拓展。

一、梁山西麓地区的早期斗争

1930 年 12 月 13 日，中共漳属特委将南北乡游击队合并，成立工农红军闽南游击队第一支队。红一支队在斗争中不断发展壮大，活动区域不断拓宽。

1931 年 8 月 9 日，漳州县委将红一支队改称闽南红军游击司令部，司令王占春、政委李金发、参谋长冯翼飞，并指示王占春、李金发把活动区域推进到平和、南靖、漳浦、云霄边界地区，实施武装割据。

巍巍梁山，把漳浦、云霄两县隔开，东侧属漳浦，西麓为云霄辖。1931 年秋，王占春、冯翼飞带领部分游击队员挺进梁山西麓地区，来到云霄浯田、荷步一带乡村，向当地农民散发传单，宣传革命道理，号召贫苦农民团结起来，推翻国民党的反动统治。周木（云霄荷步人，革命烈士）当即加入红军游击队，跟随王占春、冯翼飞一起行动，边游击边宣传革命，在大洞、瓦坑、古楼等地撒播革命火种。

在漳州县委策动下，漳浦小山城农民武装抗缴国民党闽南驻军四十九师（师长张贞）派发的“飞机捐”。1932 年初，邓子恢、王占春、李金发、冯翼飞带领闽南红军游击司令部进驻小山城，支持小山城人民的抗捐斗争。随着斗争形势的发展，党和红军完全掌握了斗争主动权，逐步形成以漳浦龙溪圩、小山城、龙岭为中心的红色区域。

小山城人民抗捐斗争胜利，极大地鼓舞了云霄人民。瓦坑村民林水涌、林治国叔侄以探亲为名，到漳浦小山城找到邓子恢、王占春等人，要求游击队支持云霄人民的抗捐抗税斗争。1932 年 2 月，王占春、冯翼飞、周木率领游击队进驻大洞村，在朱氏祠堂召开农民运动积极分子大会，荷步、岳坑、水头、大洞、大径、瓦坑、古楼等村的 100 多名农友参会。会堂正中悬挂一面苏维埃大红旗，两边悬挂“打倒土豪劣绅”“建立苏维埃政权”大幅标语。会后，荷步、岳坑、水头、大洞、大径、瓦坑、佳园、古楼等村纷纷建立农会组织，在闽南游击队武装护卫下进行减租减息、抗捐抗税斗争，迅速在梁山西麓地区形成一片赤色区域，并与靖和浦革命根据地连成一片。

二、中央红军挺进云霄

1932 年 4 月 20 日，中华苏维埃共和国临时中央政府主席毛泽东在时任苏区中央局书记周恩来的支持下，率领中央红军东路军攻克漳州。同日，毛泽东在会见邓子恢、罗明、王海萍时指出：目前革命中心仍在农村，必须抓住时机，发动群众，巩固和发展以漳浦龙溪圩、小山城、龙岭为中心的农村革命根据地，向南靖、平和、云霄、漳浦、龙溪五县扩大游击战争，创造小红军，建立小苏区。4月22日，毛泽东致电周恩来："现决以龙溪圩为中心，向南靖、平和、云霄、漳浦、龙溪五县扩大游击战争，创造小红军，建立小苏区。"

中央红军攻克漳州后，迅速挥师南下，4月24日攻克漳浦。4月26日，红军分两路挺进云霄：一路由盘陀岭进入云霄境内的古楼、瓦坑、佳园、后埔、小水一带；一路由漳浦沿海进入云霄境内的浯田、荷步、岳坑一带。驻守云霄县城的国民党四十九师残部仓皇后撤，退据诏安。4月27日晚，红军侦查小分队搜索进入云霄县城，国民党云霄县长带着一队警员连夜出逃。

《聂荣臻回忆录——红军时期》一文记述了这段史实："四月二十日逐占领漳州城。随后又占领离厦门不远的石码（龙海）和漳州以北的长泰，以南的漳浦、云霄、平和。"杨成武在《回忆中央红军东征攻克漳州》也确认红军进占云霄的史实："三军占了漳浦旧镇、云霄、平和，三军军部驻漳浦。"

中央红军进驻云霄梁山西麓地区期间，古楼、瓦坑、佳园、后埔、小水、大径、大洞、岳坑、荷步等村，全部赤化，村村组织农会、赤卫队，镇压反动地主豪绅、宣传红军政策，筹款筹粮，50多名青年踊跃报名参加红军（这些人后来被编入红三团）。

三、漳州中心县委领导下的小苏区

中央红军攻克漳州，犹如一股强劲的东风，推动漳属各县农民运动蓬勃发展，漳州县委根据毛泽东关于把工作重点放在农村、开展农村游击战争、创造小红军、建立小苏区的战略构想，借助进漳红军的武装力量，横扫漳浦、云霄、平和、南靖、长泰等县的地主民团，镇压土豪劣绅。废除苛捐杂税，在斗争中发展壮大漳属各地的农民武装，闽南红军游击司令部发展到六七百人枪，并建立起各级红色革命政权，迅速形成以漳浦龙溪圩、小山城、龙岭为中心，涵盖云霄荷步、岳坑、水头、大洞、大径、佳园、瓦坑、古楼等乡村，纵横百余里，连接闽西苏区的靖和浦红色苏区。

为了统一领导漳属各县的工农革命运动，在福建苏区省委具体指导下，1932 年 5 月，成立新的漳州县委，1932 年 10 月与漳州市委合组成立漳州中心县委领导班子，蔡协民任书记，曾志任常委兼秘书长，王占春、冯翼飞为委员。同时，以闽南红军游击司令部为基础组建中国工农红军闽南独立第三团（俗称红三团），总指挥蔡协民、团长冯翼飞、政委王占春。红三团具有较强的战斗力，副团长和连排干部由中央红军中抽调的 20 多名军事骨干担任，拥有 800 多人枪。红三团成为武装保卫靖和浦苏区，向南靖、平和、漳浦、云霄、龙溪五县扩大游击战争，创建小苏区的主要力量。

红军离漳后，漳州县委领导机关由漳州南乡迁入漳浦小山城，担负起领导红三团和靖和浦苏区人民反击国民党残酷“围剿”、开展农村游击战争的重任。

四、饶和埔诏苏区向云霄方向拓展

中央红军攻克漳州，极大地鼓舞了饶和埔诏苏区人民。1932 年 6 月初，在诏安秀篆石下村召开饶和埔诏工农兵代表大会，选举产生新的饶和埔诏县苏维埃政府，主席余丁仁，下设秘书处和军事、粮食、土地三个委员会。会议决定在饶和埔诏辖区内“深入开展土地革命，没收地主土地，分给农民”，要求各区、乡迅速展开分田分地运动。会后，饶和埔诏县委、县苏领导成员分赴各地指导工作，余丁仁负责第四区的分田和建立苏维埃政权工作。在诏安官陂、秀篆，平和大溪这些老区，主要是开展分田分地运动。在云霄新区，主要是帮助各村建立苏维埃政权组织。在余丁仁的具体指导下，云和诏边、云和边的红色村庄相继建立苏维埃政权。至 8 月底，已建立起陂下、仙石、龙透、七高磜、梅林、曲溪、金坑、三星、乌螺、大仑、枧脚、磜美、石鼓、新楼、客寮、桥头、粗溪、湖洋、乌石坑、龙镜等 20 个村级苏维埃政权，并与诏安苏区、平和苏区连成一片，成为饶和埔诏苏区的组成部分。

1932 年 9 月 14 日，国民党粤军四十九师会同数千民团进攻诏安龙伞崇。敌人采取“进剿一村，烧杀抢一村，攻占一个山头，焚烧一个山头”的战术，对饶和埔诏老苏区施行惨绝人寰的毁灭性破坏，许多村庄连同周边的整片山林被焚毁，财物被洗劫，数百名县委、县苏及区、乡干部、革命群众被捕杀，饶和埔诏第三连损失惨重，斗争形势异常险恶。更严重的是，由于敌人的重重封锁，饶和埔诏县委失去与上级党组织的联系。刘锡三、余丁仁带领仅存的20多名游击队员分路突围。

余丁仁带领10多余名游击队员来到云霄陂下村，以后又陆续会合了10多名突围出来的同志。1933年春，刘锡三肺病复发，无法主持县委工作，由余丁仁代理县委书记职责。余丁仁将仅存的20多名游击队员改编为饶和埔诏游击队，分为三个工作组，一组到饶平双善，一组到诏安石下，这两组的任务是恢复遭国民党军队严重摧残的饶和埔诏老苏区工作；另一组留下在陂下一带活动，开辟新区。从1932年9月下旬至1933年9月余丁仁与福建省委接上关系的一年间，饶和埔诏县委、县苏领导机关长驻云霄陂下村，这里成为饶和埔诏中后期斗争的大本营。

五、建立徐南坑交通站

中央红军离漳后，国民党军队及各县地主民团大举进犯靖和浦苏区，红三团除留部分兵力在尪仔石山与敌周旋外，主力跳出外线作战，频繁活动于云霄的梁山、龙墓山、大帽山一带，在云霄、平和、漳浦三县边界地区打击地主民团、镇压土豪劣绅，开辟新的活动区域。1933年春，漳州中心县委派县委常委林路，县委委员、红三团军医处主任李克己到达云霄、平和、漳浦三县交界处的徐南坑设立交通站，其主要任务是：为红军采购、运送粮食、医药和日常用品，隐藏、治疗红军伤病员，掩护过境的红军游击队和地方工作人员。随后，漳州中心县委又派周木到徐南坑发展组织，建立红色据点。

周木到徐南坑后，发展林江为助手，担负起为活动于云和浦边界地区的红三团采购紧缺物资的重任。红三团副团长张长水以平和五寨某商号“老板”的名义，开出采购清单，经五寨石门村捎带至徐南坑，再由周木、林江委托云霄县城长源号店铺采购代办点，直接转运至平和五寨。从1933年初至1937年夏，这条红色交通线为红三团采购、运送了大量紧缺物资，为打破国民党当局的经济封锁做出重大贡献。

李克己、周木等人还在徐南坑创办红军医疗所。红三团军医骆奇峰、张志赫长驻徐南坑，医治数以百计的红军伤病员，使他们得以重返前线，杀敌立功。骆奇峰、张志赫还为当地群众免费疗伤治病，医术高明，疗效显著，深得徐南坑人民赞誉。李克己升任红三团政治部主任后，仍然兼任军医处主任，在戎马倥偬之余，经常到徐南坑医疗所接诊红军伤病员和当地群众。

交通站里有一台缝纫机，夜以继日地为红军缝制军衣、棉被，其所需布匹、棉花，由周木、林江多方筹措。

徐南坑红色据点开辟后，云霄古楼地区与平和南胜五寨地区的赤色区域连成一片。

第三节　武装割据建政权

一、坪水乡首创红色政权

1933年底至1934年秋，闽南党组织、红三团着力向云霄方向发展，在云霄与邻县边界地区实施武装割据，建立苏维埃政权，创建小苏区。

坪水地处云霄、平和交界处，是一个拥有20多个小自然村、130多户的偏僻小山村。1933年4月，漳州中心县委委员，红三团军医处主任李克己率领一个连到这一带山区活动，散播革命火种。是年冬，红三团战士何酒容（云霄县马铺乡坪水村人）受漳州中心县委派遣，回家乡开展地方工作。

何酒容回坪水后，向贫苦农民宣传党和红军政策，介绍漳浦小山城农民的抗捐抗税斗争，启发农民的阶级觉悟，很快串联起何志成、何照、何咯、何交连、何其容等10多位农友，并将活动范围扩展到各个小自然村。不久，漳州中心县委派林来有到坪水协助何酒容开展工作。1934年2月，组建坪水乡赤卫队，队长何曼成。

林来有被捕牺牲后，靖和浦中心县委又派五区区委常委李若松到坪水，把工作范围拓展到邻近的牛埔、高坎、大石、决老、长湖、老公、茶仔后、新厝、楼仔借，杨美村的鹅江豆、石埒、片仔、小坪水、博史古、山城，湖洋村的湖洋，粗溪的圆仔团、水办头，赤卫队迅速发展至40多人，形成以坪水为中心的一片赤色区域。

1934年4月，成立坪水乡党支部，书记何照，党员有何酒容、何咯、何其容、何两花(女)、何意、何志成等7人，随后又发展何交连、何水泡入党。党支部成立后，革命活动由秘密转为公开。6月，红三团团长张长水率领团部及第一连从平和五寨开进坪水村，镇压反动族长何如信，活捉地主何赤九、何励水父子，武装支持坪水人民的抗税抗债斗争，在云和边界地区实施武装割据。

靖和浦县委常委、苏维埃政府主席林路因势利导，指示李若松帮助坪水乡建立苏维埃政府。1934年8月，正式成立云霄县坪水乡苏维埃政府，主席何意、妇女主席何两花、军事委员何志成、土地和经济委员何照、赤卫队长何水泡。这是云霄境内第一个，也是唯一一个乡级苏维埃政权，傲霜斗雪，屹立在云和边界地区。

坪水乡苏维埃政府成立后，着手进行分田工作。先以户为单位进行调查摸底，内容包括各户男女人口、劳动力、土地(分为上、中、下三等)、欠债或放债数额等。随后，召开全乡群众大会，党支部书记何照当众宣布：欠债、放债一律取消，田契、账簿全部烧毁，参照《闽西土地法大纲》开始分田。具体分田办法是：以“斗种”(注：斗种指1斗种子的播种面积，约为2亩)为单位，按照人口、劳动力平均分配，上中下搭配，抽多补少。至10月底，分田工作基本结束，土地分配情况列榜公布，130户500多名无地或少地农民分到500多亩土地。

二、靖和浦县边区苏维埃政府在云霄创建小苏区

1933年11月“福建事变”后，十九路军停止进攻中央苏区，停止“清剿”靖和浦革命根据地。闽南党组织和红军抓住“闽变”后的有

利时机，着力向云霄发展，在云霄与邻县边界地区打土豪、分田地，建立苏维埃政权，创建小苏区。红三团于1933年底进行了整编，团长张长水、副团长陈桃庆、政治部主任李克己，政委由何鸣（漳州中心县委书记）兼任，下辖三个连，拥有300多人枪。整编后的红三团加强在梁山、龙墓山、大帽山、乌山一带的活动，武装支持云霄人民的分田建苏工作。

1934年3月，漳州中心县委为适应游击战争的需要而迁入靖和浦苏区，更名为靖和浦中心县委，书记何浚，常委林路、朱曼平。3月18日，召开靖和浦边区工农兵代表大会，正式成立靖和浦边区苏维埃政府，主席林路、副主席吴庭坚。5月，靖和浦中心县委划归闽粤边临委领导，更名为靖和浦县委，下辖五南区委、云和区委、浦云区委、浦南区委、浦西区委、占春区委、双格区委和小溪市内工作团。8月，靖和浦县委隶属于闽粤边特委。至中央红军长征前夕，靖和浦边区苏维埃政府下辖两个区苏（欧寮中心区、五南区）、18个乡苏（欧寮乡、山树浦乡、洋尾溪乡、白云乡、过水乡、三坪乡、车本乡、山城乡、龙岭乡、山坪顶乡、茶塘乡、邦马坑乡、东楼乡、茅坪乡、坪水乡、侯洋乡、梁山乡、龙潭后井乡）和一个革命委员会（东山乡革命委员会），有近2.8万人口。

在闽粤边特委、靖和浦边区苏维埃政府及五南区委、浦云区委、云和区委领导下，云霄苏维埃运动进入全盛时期，与坪水乡苏维埃政权遥相呼应，古楼地区、白石横山地区、宝石宝洞地区的苏维埃运动如火如荼，方兴未艾。

古楼地区，位于盘陀岭下，处于梁山革命根据地与平和五南苏区的中间地带。1934年春，漳州中心县委派周木、施木火到古楼地区开展工作。施木火遇袭后，党又派陈吉祥、王大麦（女）夫妇会同周木、林江等地方工作人员，在山仔顶、内楼、大湖、新厝楼、岭脚、官园、口厝、东楼、古楼、白楼、白云坑、后门、山尾、顶方、旧铺等乡村掀起土地革命风暴，打土豪、分田地，建立村级苏维埃政权。王大麦还发展庄细花、林大席为助手，发动古楼地区妇女上扫盲夜校，宣传革命道理，教唱革命歌曲，推动妇女自我解放运动。红三团第一连在洪安定连长带领下，在云和浦边武装割据，支持古楼地区红色村庄的建苏分田工作。

大帽山下的白石地区与平和五南苏区接壤。1934 年 1 月，红三团副团长陈桃庆带领第四连到白石小尖村、鞍仔村活动。漳州中心县委委员林路带领工作人员林盾、李川、老唐等进入白石地区，联络小尖村庄言、庄日，鞍仔村庄贯砚及平和筛头坑村林禄等人，向当地群众宣传革命道理，组织农会、赤卫队，开展抗租抗债抗捐抗税斗争。

白石横山村族长庄寄组织壮丁队，逼迫群众围篱笆，阻拦红军入村开展工作。3 月 27 日，陈桃庆率领第四连，在鞍仔村、坪水村赤卫队配合下，一举攻破横山壁垒。随后，林路派陈志仁、老唐到横山村做群众思想工作，向群众宣传党和红军政策，迅速打开工作局面，发展庄镭、庄竹高、庄添美为联络员，并组织一支 10 多人的赤卫队，庄水成任队长。

横山战斗后，白石地区全部赤化，形成从小尖、鞍仔村、横山、厘仔坪、内槽、口槽直至圆峰的一片赤色区域，村村发展联络员，如小尖村庄贯砚、横山村庄镭、厘仔坪村林仙等。小尖村还建立党支部，书记庄贯砚。

靖和浦县委成立后，白石、横山、徐南坑等乡村划归五南区领导。在五南区委、区苏指导下，白石地区着手进行建苏分田工作。

宝石、宝洞地区东面、北面均为饶和埔诏县委创建的老苏区，群众向往革命。1934 年夏，靖和浦县委派张树英、林禄、何意到宝石村开展工作。打开工作局面后，党又派林禄、许青龙、何诗到宝洞村秘密串联，将活动范围扩大至田地、大碑、赤土园、东头、峰头等村。为策应地方工作人员开展革命活动，红三团一个连经常到宝石、宝洞一带活动，打土豪，镇压反动分子。在红军武力支持下，这一地区的活动由秘密转向公开。宝石村成立农会，罗臭头为主席、罗溪来为副主席，罗溪木、罗金练等 5 人为代表，还组织一支 10 多人的赤卫队。农会、赤卫队组建后，立即组织农民进行减租减息、抗捐抗税斗争。宝洞村组织起一支 20 多人的赤卫队，主要骨干有罗铁树、罗庆、罗青云、罗同仔、罗买、罗万年等。整个宝石、宝洞地区的赤卫队达到100余人，红三团给赤卫队骨干配备步枪、毛瑟枪，其余的则配备鸟铳、猎枪，在云和边区实施武装割据。随着革命形势的蓬勃发展，靖和浦县委立即指示林禄、何意在宝石、宝洞、部上、峰头等乡村开展建苏分田工作。

至1934年10月，靖和浦县委领导下的三块小苏区日臻完善，并与饶和埔诏县委领导下的两块老苏区连成一片。

三、云霄境内的五块小苏区

1934年1月，中共中央决定组建闽粤边特委，加强对闽南漳属及粤东北地区的统一领导，指定代表厦门市委前往中央苏区参加第二次全国苏维埃代表大会、列席党的六届五中全会的黄会聪为特委书记。5月，成立闽粤边临时特委，漳属各地党组织划归临委领导，同厦门中心市委脱钩。8月，正式成立闽粤边区特别委员会，书记黄会聪，常委何鸣，委员林路、许其伟、余丁仁、谢卓元、张华云(女)、陈树连，候补委员文锡响。闽粤边特委下辖靖和浦县委、饶和埔诏县委、潮澄饶县委。至此，原饶和埔诏县委领导下的云霄两块小苏区和靖和浦县委领导下的三块小苏区，成为闽粤边特委统一领导下的闽粤边红色苏区的重要组成部分。

第一块，位于云霄、平和、诏安三县交界处，在饶和埔诏县委、县苏指导下，建立三星、金坑、曲溪、陂下、仙石、龙透、七高磜、梅林8个村级苏维埃政权，隶属饶和埔诏县第四区。

第二块，位于云和边界突出部，区内有乌螺、大仑、枧脚、磜美、石鼓、新楼、客寮、桥头、粗溪、湖洋、乌石坑、龙镜12个村级苏维埃政权，在饶和埔诏县委、县苏指导下创建，隶属饶和埔诏县第四区。

第三块位于梁山西麓地区。这一地区的斗争错综复杂，政权几经更迭。红军进驻云霄期间，梁山西麓地区全部赤化，建立红色政权。红军离漳后，国民党军队、地主民团疯狂反扑，苏区沦陷，党的活动转入地下。“闽变”后，漳州中心县委派出得力干部，恢复、巩固这一地区的工作，红三团也加强在梁山地区的活动。闽粤边特委成立后，这一地区划归靖和浦县委浦云区委（区委书记陈吉祥）领导，在梁山西麓、盘陀岭下建立起荷步、水头、大洞、岳坑、大径、后埔、佳园、新园、瓦坑、古楼10个村级苏维埃政权，与漳浦梁山乡苏维埃政府遥相呼应，给国民党当局极大的震动，《江声报》惊呼："盘陀岭交界之岳坑（云霄辖），亦已成立伪苏维埃政府。"

第四块即靖和浦县委五南区委（区委书记梁培德）领导的云和浦边界地区，包括徐南坑、鞍仔、小尖、白石、横山、厘仔坪、圆峰7个村级苏维埃政府。该地区为模范苏区，村村建立党支部，有较健全的苏维埃政权组织，还设立"赤色儿童学校"。为打破国民党当局对五南苏区的经济封锁，林路、李克己、骆奇峰、周木协助平和石门村党支部书记、村苏主席林临创办石门村消费合作社，林临任经理。石门村消费合作社的一应货物，全部交由徐南坑交通站林江代办。林江则通过地下渠道向云霄县城采购，然后转运至石门村。该区域也是争夺最为惨烈的地区，红三团政治部主任李克己为捍卫红色苏区而血染尪仔石山，红三团副团长陈桃庆为拔除云霄旺林尾联防据点而壮烈捐躯。

第五块即靖和浦县委云和区委（区委书记由林路兼任）领导的从坪水至宝洞、宝石的大片区域，包括1个乡级苏维埃政权（坪水乡）和8个村级苏维埃政权（宝石、宝洞、峰头、杉脚、坑口、枋村、上洋、下庵）。坪水乡是云霄境内唯一的乡级苏维埃政权，也是斗争最坚决、坚持时间最长的红色村庄。1934年11月16日，云霄县保安大队会同何氏四大房地主武装"清剿"坪水村。赤卫队长何水泡、妇女主席何两花在战斗中牺牲，十几名党员、革命群众被捕被杀，财物被洗劫一空，部分房屋被焚毁。面对敌人的淫威，英雄的坪水人民没有屈服，继续进行不屈不挠的抗争。林路、林禄仍坚持在坪水领导革命斗争，将被打散的赤卫队重新整编，何庆水任队长。1935年5月底，坪水赤卫队配合红三团击毙横寨村反动分子吴松枝。随后，又配合红三团第一、三连，攻打平和五寨的前坂、东楼、龙头，云霄的马铺、石芹、下山、大林口、马溪、上洋等村，打土豪，镇压反动分子。从坪水至宝石、宝洞一带，仍然处在党和红军的控制之下。

四、云霄苏区在中央苏区中的地位和作用

云霄处在诏安、平和、漳浦之间，自古便是“控引番禺襟喉”的闽粤军事要冲。云霄小苏区的创建，使漳南四县的红色苏区连成一片。浦云苏区、五南苏区、云和苏区是靖和浦苏区的重要组成部分，是拱卫中央苏区的东南屏障，也是粉碎敌人东方阵线进攻的前哨阵地。云和诏边、云和边的两块小苏区，是饶和埔诏苏区中后期斗争的大本营，成为中央苏区的外围组成部分。

为落实闽粤边特委关于在敌人的侧翼和后方开展猛烈的游击战争、减轻对中央苏区的进攻压力的战略意图，从 1934 年夏天开始，红三团、饶和埔诏游击队会同各苏区的地方武装，主动出击，遍地开花，吸引了大量的国民党军队，承受了沉重的进攻压力。黄会聪在给中央的报告中写道：“敌人经常以一个师的兵力，配合当地的豪绅地主武装，连续不断地向靖和浦苏区进攻。尤其是中央红军向西北发展后，敌人进行大举‘清剿’。”云霄苏区军民先后牵制了国民党第四十九师、第三师、第七十五师、十九路军一部、第一五七师，福建省保安团，云霄、漳浦、平和、诏安四县自卫队及不计其数的地主民团，与闽粤边各苏区军民一起，“粉碎敌人十余次的大举‘清剿’，消灭敌人有一团之众，攻破敌人炮垒、土楼百余座，缴获步枪千余杆，水机关枪 2 架、自动机关枪 2 挺，手提机关枪数挺，子弹不计其数”。云霄各苏区人民为支援中央红军第五次反“围剿”斗争和策应中央红军长征做出了重要贡献。

饶和埔诏县委委员、苏维埃政府主席余丁仁，靖和浦县委委员、苏维埃政府主席林路，地方工作人员周木、陈吉祥、王大麦等人，为云霄红色苏区的创建，做出了不可磨灭的贡献。不少英烈为了人民的解放英勇战斗，前仆后继，血染沃土。云霄人民为捍卫红色苏区，付出了重大牺牲。据不完全统计：有 700 多人参加地下工作和人民武装队伍，为革命牺牲的同志 417 人，被国民党当局摧毁的革命据点村 7 个，被烧毁的房屋 375 间，被杀的苏区群众 1029 人，被逼逃亡的 344 户 1285 人。

第四节　乌山腹地红旗展

乌山革命根据地开辟后，云和诏县委、独立营相继成立，乌山地区的革命斗争翻开新的一页。

一、挺进乌山

中央红军长征后，闽粤边特委同党中央失去联系。国民党军队疯狂进攻靖和浦、饶和埔诏苏区，苏区大部沦陷，闽粤边区的斗争由此转入三年游击战争时期。在闽粤边特委统一指挥下，红三团分三路跳出外线作战：团长张长水率领第一连，向漳浦象牙庄、盘陀、杜浔和云霄的荷步、古楼一带挺进；副团长陈桃庆率领第四连挺进大帽山地区，在平和五寨和云霄白石一带活动；第六连指导员卢胜率领连队，挺进乌山，奉命打通与饶和埔诏县委的联系。

卢胜率部从尫仔石山出发，到平和峨眉山下党的东坑、寨仔尾、白楼一带活动，打土豪，镇压反动分子。随后，直插云和边，在云霄的坪水、马铺、宝石、宝洞与平和的田径、小角岭等地，配合当地赤卫队，连续拔除了10多个地主武装设立的联防据点。这一带大多是饱受摧残的老苏区，群众基础好，党的各项工作很快得到恢复。至1935年夏，卢胜把活动区域拓展至石屏的尖山、茅仔坑，下洞的安前、宅兜、后山、酒瓮山，车仔圩的车仔楼、欧下、顿坑、田头里等村。8月间，卢胜部进入云和诏边的陂下、梅林、七高磜、银坑、泗近塘、十八间一带开展工作，在饶和埔诏县委、县苏创建的老苏区再度燃起熊熊的革命烈火。

1935年9月，卢胜部进入云霄的坪坑、半岭一带，领导当地群众进行减租减息、抗捐抗税斗争。10月3日，卢胜率领一支100多人的小分队，镇压了水晶坪桥头村反动地主张亚钗，没收其全部财产，分发给贫困农民。

二、闽粤边红军会师月眉池

中央红军长征后，广东浮凤苏区在国民党军队残酷“围剿”下，大部沦陷，潮澄饶县委机关、红三大队、特务大队只得实施战略转移。1935年春，进入诏安境内活动。8月，转战乌山，在诏安北蔗至云霄水晶坪一带乡村，发动群众，打土豪，镇压反动分子。9月，潮澄饶红军与红三团卢胜部在云霄常山农场月眉池村（村址今被坪水水库淹没）胜利会师。

在诏安龙伞崠一带山区坚持斗争的饶和埔诏游击队，探听到闽粤边红军胜利会师月眉池的喜讯，在饶和埔诏县委委员余丁仁率领下，也赶到月眉池会合。此时的饶和埔诏县委，仅剩三位县委老前辈——余丁仁、许其伟、张崇。饶和埔诏游击队也仅剩10多名队员。

闽粤边三支红军队伍的胜利会师，极大地壮大了乌山地区红军的声威。同时，潮澄饶县委领导机关、饶和埔诏县委领导成员也齐集乌山地区。乌山，成为闽粤边革命力量的汇集地。

1935年10月，闽粤边特委派特委委员何鸣到乌山十八间召开潮澄饶县委扩大会议，决定恢复潮澄饶老苏区、开辟云和诏新区、建立乌山革命根据地。10月底，从潮澄饶县委抽调部分干部组建云和诏县委，书记蔡亚民（蔡蔚林），统一领导乌山地区的斗争。原潮澄饶县委书记张敏任特委常委、特委驻云和诏特派员。云和诏县委下辖7个区委，云霄境内有3个区，即第四区（区委书记许大贵）、世吉区（区委书记文阿业）、车吉区（区委书记曾益效）。与此同时，组建中国工农红军闽粤边独立营，卢胜任营长、吴金任政委，下辖2个连、有200多人枪。是年底，撤销饶和埔诏县委，其所辖区域划归云和诏县委领导。

云和诏县委、独立营成立后，领导乌山人民进行减租减息、抗捐抗税斗争，迅速打开工作局面，形成以云霄半岭、水晶坪、诏安北蔗、公田为中心的乌山革命根据地。乌山革命根据地的开辟，打通了潮澄饶、饶和埔诏、靖和浦三块老苏区之间的联系，成为闽粤边区最可靠的革命根据地。

三、风展红旗如画

乌山脚下，风展红旗如画。水晶坪地区、官洋地区、世吉区、第四区、车吉区的革命斗争形势迅猛发展、如火如荼。

（一）水晶坪地区

云和诏县委先后派出工作人员李三海、亚里、黄速苏、文香、禄桃、曾益效、纪力候等人到水晶坪一带开展工作。1936 年 8 月，县委委员曾益效发展张日春、吴白毛（女）、张亚金、张舜周、张火养、张亚变（女）等 6 人为党员，并成立了水晶坪村党支部，书记纪力候。

（二）官洋地区

闽粤边红军月眉池会师后，独立营经常在常山坪水、月眉池、丝竹洋、白水礤一带乡村活动。云和诏县委派县委宣传部长陈老诏带领地方工作人员亚执、亚区、亚夹、三益、亚兴、芬连（女）等人进驻月眉池一带乡村，访贫问苦，宣传革命道理。至 1936 年夏，官洋地区村村建立赤卫队，组建一支 100 多人的不脱产的抗日义勇军，队长许德钦。

（三）世吉区

1935 年 11 月，云和诏县委派文阿业担任世吉区区委书记，文阿业选择宜谷径村作为打开该区工作局面的突破口。1936 年春，文阿业、文莲（女）到宜谷径村，串联高握杉、高集吉、高鸡角、高来福等 10 多名积极分子，组织秘密农会。文阿业向农民兄弟详细介绍潮澄饶老苏区的武装斗争、分田地、建立苏维埃政府等情况，向农民兄弟反复说明红军就是穷人自己的队伍，苏维埃政府就是穷人自己的政府，号召农民兄弟起来推翻国民党的反动统治，建立苏维埃政府。6 月，农会会员已发展到百余人，文阿业因势利导，推动成立了宜谷径村苏维埃政府筹备会。7 月，云霄县保安队大队长张建雄率兵突袭宜谷径村，文阿业带领青壮年迅速突围。保安兵一进村，劫掠财物，宰杀家禽家畜，将来不及逃走的 20 多名青少年妇女全部轮奸。嗣后，文阿业组织农会干部做善后工作，抚慰受害姐妹，并召开大会控诉保安兵的兽行。劫后的宜谷径村人民更坚定了跟共产党的信念，这个只有200多人的小村庄，就有60多人报名参加义勇军，出现了父母替儿子报名、兄弟竞相报名的动人情景。经组织挑选，组建了一支直属云和诏县委领导的宜谷径义勇军，共45人，文阿业任队长。宜谷径村的革命风暴，迅速蔓延到和平乡的河溪、田仔苏、半坑、乌石坑、内坑、半岭、棪树、金山、征山、上坂、吉坂、安吉和常山农场的罗田、白狗洞、观阳等村庄。

（四）云和诏第四区

该区包括现在的三星、曲溪、金坑、陂下、仙石、龙透、七高磜、梅林等行政村，是饶和埔诏县委、县苏开辟的老苏区，也是红三团卢胜部曾经开展过革命活动的地方。1936年4月，许大贯（许克）发展仙石泗近塘村的张六齐、张六土、张石来、张三富、张水俊等5人加入党组织，建立党支部（书记张六齐），组织农会、赤卫队。5月1日，在泗近塘村召开庆祝“五一”国际劳动节大会，高悬“纪念五一国际劳动节”“纪念红五月”“建立苏维埃”等大幅标语。随后，许克把活动范围扩展至龙透、梅林、长田、金坑、洞仔、柯仔仑等村，村村组织农会、赤卫队，还建立起一支全脱产的抗日义勇军。6月1日，云和诏县委在玉寮村四角丘召开独立营、赤卫队、地方工作人员参加的扩大会议，传达云和诏县委关于加强根据地工作、扩大游击区的决定，同时任命许大贵为第四区区委书记、张六齐为副书记。第四区下辖7个党支部，即泗近塘支部（书记张六齐）、五溪支部（书记吴阿曼）、龙透支部（书记赖亮生）、洞仔村支部（书记吴木生）、七高磜支部（书记吴振耀）、金坑支部（书记吴金盘）、下寮支部（书记张木辉）。当时，云霄境内仅有8个党支部，第四区就占了7个。8至9月间，第四区义勇军配合独立营到诏安公田打土豪后，又相继攻下平和安厚、新圩和云霄车仔圩、下洞、水头、莲花楼、下河等村。同年，云和诏县委在梅林银坑村组建“云和诏人民抗日义勇大队”，下辖5个中队，拥有500多人枪。

（五）云和诏车吉区

该区包括车仔圩、上坂、吉坂直至棪树、半岭、水晶坪的一条狭长区域。云和诏县委委员、车吉区区委书记曾益效带领工作人员方和尚、张泉等人在这一带乡村发动群众，组织农会、赤卫队，组建义勇军。1936 年 11 月 18 日，水晶坪村党支部联络月眉池、仙石、棪树等村的赤卫队，配合独立营，一举端掉半岭反动据点，活捉反动分子蔡祺、保长蔡萃。翌日，在水晶坪楼仔村召开公审大会，公审反动分子蔡祺，将其当众处决。半岭一役，彻底扫除了水晶坪一带的反动势力，整个车吉区基本处在党和红军的控制之下。

第五节　艰苦卓绝反“清剿”

从 1935 年秋至 1937 年春，国民党军队对革命基点村发动疯狂“清剿”。在闽粤边特委统一领导下，红三团、独立营、义勇军、赤卫队以乌山、梁山、尪仔石山为依托，紧紧依靠人民群众，展开艰苦卓绝的反“清剿”斗争。

一、反击敌人的第一期“清剿”

云和浦边的徐南坑，首当其冲，遭到国民党七十五师的蹂躏。1935 年 9 月，七十五师一部 300 多人进驻徐南坑，把群众的财物、粮食、家禽劫掠一空，武力胁迫当地群众移民，企图切断党和红军与人民群众的血肉联系。不久，徐南坑人民纷纷返回家乡，搭盖草寮，恢复生产。1936 年 1 月 23 日(乙亥年除夕)，七十五师一部从平和五寨绕道而来，奔袭徐南坑。正在松仔鞍一带休整的红三团第四连，获悉敌军行踪后，设下伏击圈，痛击来敌，打死打伤敌军 40 多人，缴枪 10 多杆。

大帽山下的白石、横山地区也未能幸免，遭到“清剿”。1936 年 1 月 24 日(正月初一日)，国民党七十五师及云霄县保安大队 400 多人驻扎白石店仔村，烧毁小尖、鞍仔、横山等村庄，强迫胶东岽、庵缸等村群众到白石村、店仔村居住。敌人还在白石村、店仔村修炮楼，围篱笆，站岗放哨，阻隔党和红军同人民群众的联系。靖和浦县委避敌锋芒，指示地方工作人员停止公开活动，转入地下斗争。红三团根据“敌进我退，敌驻我扰，敌疲我打，敌退我追”的十六字游击战方针，与敌周旋。

在进攻靖和浦革命基点村的同时，国民党八十师在粤军一五八师的配合下纠集云霄、平和、诏安三县保安队、壮丁队1000多人，大举“围剿”乌山革命根据地。军事上，国民党军队采取“驻剿”和“搜剿”相结合的战术，他们在乌山周边地区驻扎，筑炮楼、修工事、围篱笆、布竹篾，围困红军游击队；利用保甲长，组织“守望队”，监视红军游击队的动向；集中优势兵力，进山搜寻红军游击队主力，企图围而歼之；派出小股部队在各个山头隘口埋伏，捕杀红军交通员。政治上，实行一系列法西斯专政手段：焚毁革命基点村，强迫群众移民并村；强化保甲制度，实施“联保连坐法”；引诱党和红军中的不坚定分子投降“自新”，玩弄“全村集合自新”的欺骗手段；颁布《十杀令》，主要有资“匪”不报者杀、供“匪”粮食者杀、济“匪”窝“匪”者杀等；推行白色恐怖，用砍头、活埋、火烫、灌胡椒水、坐老虎凳、上飞机吊等严酷手段，残害红军游击队、地方工作人员、红军家属和革命群众。

面对敌人的淫威，党和红军没有退缩。军事上，独立营不与敌人打硬仗、拼消耗，而是采取灵活机动战术，在乌山腹地与敌人兜圈子，捉迷藏，把敌人拖得筋疲力尽。政治上，党组织发动月眉池、白水磜等被移民并村的群众向国民党当局要房子、要耕地、要粮食，搞得国民党当局很被动。

国民党军队在乌山地区折腾了14天，烧、杀、抢、劫，无恶不作。但是，乌山人民没有屈服，不向敌人透露红军游击队和地方工作人员的行踪，敌人只得撤出乌山地区，无功而返，结束第一期“清剿”。

二、红军奇袭云霄城

“西南事变”后，驻守闽南的国民党八十师、一五八师调往广东。闽粤边特委抓住这一时机，在闽南大地开展猛烈的游击战争，发展壮大人民武装力量。根据闽粤边特委决定，独立营改编为中国人民红军闽南抗日第一支队，支队长卢胜、政委吴金；红三团改编为中国人民红军闽南抗日第三支队，支队长张长水、政委何鸣；云和诏县委领导下的抗日义勇大队改编为云和诏人民抗日义勇军，下辖5个中队。

1936年8月，国民党当局调动七十五师两个主力团及云霄、平和、漳浦三县保安队共2000多人，大举进攻尪仔石山革命根据地。8月底，闽粤边特委召集红抗第一、第三支队领导人开会，决定出击敌占区，围魏救赵，迫使“围剿”尪仔石山革命根据地的国民党军队撤兵回防。会上，确定敌人防守力量较为空虚的云霄县城作为袭击目标。此时，因病没有跟随红军长征的陈元宰，由闽东革命根据地回到云霄，在胞弟陈其元的搀扶下，从水路到宜谷径上乌山找到曾在厦门地下党一起工作过的何鸣，提供了云霄县城情况和地图。根据他的云霄城区图，卢胜与地下工作人员陈文叶潜入云霄城，进行暗中侦察，确定洪利钱庄、豫通钱庄作为筹款目标。9月2日，红抗第三支队政委兼支队长何鸣（支队长张长水在攻打云霄白泉村联防据点的战斗中牺牲，何鸣兼支队长）率部到宜谷径村与卢胜联合。9月3日拂晓，何鸣带领大队人马埋伏在将军山脚下的甘蔗园里，负责接应；红抗第三支队连长陈高顺（陈岱人）带领一个连迂回回到鹅江后，佯攻北门，牵制驻守望安山的国民党七十五师一个连；卢胜率领一支40多人的精干武装，负责奇袭云霄城。

这天正好是云霄城区“十八福”中元节，卢胜等人装扮成赶集的农民混进云霄城。陈松连长带领一组突击队，干净利落地突击了洪利银庄，缴获银圆300多块、钞票1万多元、步枪6支、子弹1箱，抓获3名钱庄工作人员。另一组突击队袭击豫通钱庄时，遭遇钱庄武装阻击而未能得手。随后，卢胜指挥两组突击队边战边撤，冲出经堂口，在何鸣接应下，经前埔、演武亭胜利返回宜谷径。

红军奇袭云霄城，给国民党闽南当局造成极大震动，急忙调回“围剿”尪仔石山革命根据地的两个主力团，加强漳属各县县城防务，敌人精心策划的“清剿”计划不攻自破。

三、宜谷径树滋楼保卫战

1936年9月3日，闽南红抗支队奇袭云霄县城后，凯旋返回乌山。国民党政府恼羞成怒，急调七十五师一个连，于1936年9月4日上午8时多直闯宜谷径村，宜谷径村群众闻讯，连同牲畜全部转移入树滋楼内，关闭楼门，并搬30多条阶石堵住楼门，清理水槽，蓄水，以防敌人火烧楼门。敌人到达村外，见到树滋楼楼门紧闭，以为红军在楼内，立即占据村前村后的荣妈墓、高埕尾、墓林埔、龙身、岭后坪、垅旗尾等7处高地，把树滋楼团团围住。接着向楼内群众喊话，令开城门，交出红军，楼内一片寂静。敌人鸣枪示威，打打停停，但楼门始终紧闭。第三天，敌人调来迫击炮，轰了30多发炮弹，有几发炮弹落进楼内，炸死妇女1人，伤2人，还炸死了许多牲畜、家禽，楼壁被炸了几处弹坑。至11日上午9时，敌人迫于无奈，便叫两名乡绅向楼内群众喊话。群众同意谈判，打开楼门，在面对敌人两挺机关枪的广埕逐个接受检查，没有发现红军。宜谷径群众坚守七天七夜保护了树滋楼，保护了红军队员高金山。

四、反击敌人的第三期“清剿”

“西南事变”平息后，国民党闽南当局即着手策划对漳属红色据点实施第三期“清剿”。1936年11月，粤军一五七师入闽，该师九四一团进驻云霄，在福建省保安团、云霄县保安大队配合下，在县城、浯田、高地、圆峰、白石、车墩、马铺、车仔圩、仙石、安吉、上坂、吉坂、水晶坪、官宅等地驻军，把靖和浦县委、云和诏县委领导下的革命根据地分割成几个互不相连的小块，层层设防，然后集中优势兵力，逐区逐块“清剿”。

军事上，敌人采取“清剿”“追剿”“堵剿”并用的战术，千方百计寻找游击队主力决战。敌人还重金雇佣暗探，收集我党我军活动情报，采取夜袭、奔袭等手段，捕杀隐藏在深山密林里的我党地方工作人员。1937年1月，由于暗探密报，驻安吉保安队突袭深山村姑姥湖，躲藏在山洞里的云和诏县委委员曾益效与敌激战，最后留一颗子弹自尽。此外，敌人还派出小股部队，埋伏深山隘口，捕杀红军交通员，切断游击队交通线。一五七师驻云期间，共杀害地下工作人员、接头户、交通员100多人。

政治上，强化保甲制度，利用各村保甲长，抓捕辖区内的红军游击队员、地下工作人员和革命群众。1937年1月，瓦坑联保主任林达道带领一五七师一个连包围口槽、山顶、白楼、瓦坑等村，抓捕革命群众36人(其中赤卫队员和红军战士4人)。敌人还使尽各种手段收买革命队伍中的不坚定分子，利用叛徒抓捕我党地方工作人员。叛徒何六水等人带领保安兵，打死白石地区地下工作人员庄言、庄贯砚2人。1937年2月14人，叛徒林龙祠、林憨读等人设下圈套，捕获浦云区区委书记陈吉祥、区委委员王大麦夫妇。夫妇2人被县保安队枪杀于古楼桥头。叛徒罗露脚勾结族长、保长，诱捕世吉区区委书记文阿业、警卫员李清春，2人在县城经堂口被杀害。

第三期“围剿”期间，一五七师在云霄境内共抓捕红军战士、游击队员、地下工作人员和革命群众300多人，他们大多惨遭杀害，仅1937年2月13日(农历正月初三日)这一天，在经堂口刑场就枪杀了36位革命者，陈尸路边，惨不忍睹。

在国民党军队残酷摧残下，云霄革命事业蒙受重大损失。白石区、古楼区、世吉区、宝石、宝洞等地暂停革命活动。但是，党和红军没有被消灭！1937年2月，红抗第三支队第一连和特务排200多人在车仔圩与敌激战一天，而后撤至马铺石字，设下伏击圈，痛击尾随而来的追敌，毙伤敌兵50多人，红军无一伤亡。石字埋伏战充分显示了红抗第三支队的战斗力，戳穿了一五七师“半年内肃清闽南红军”的谎言，国民党闽南当局精心策划的第三期“清剿”计划宣告破产。

第二章　闽南红军开赴抗日前线

抗日战争全面爆发后，闽南红军游击队被编入新四军，奔赴苏皖抗日前线。地方留守人员埋藏隐蔽，生产自救，反顽自卫。

第一节　国民党当局制造的事件

一、漳浦事件

西安事变后，闽粤边特委根据中共中央关于国共合作、建立抗日民族统一战线的指示精神，主动与国民党闽南当局谈判国共合作事宜，达成《六·二六政治协定》。然而，国民党当局背信弃义，于1937年7月16日策划了震惊全国的“漳浦事件”，国民党一五七师将红抗第一、第三支队千余名指战员强行缴械，共收缴枪支581支，子弹10万多发。

二、月港事件

同日，国民党当局又制造“月港事件”，在诏安月港村，包围正在召开的云和诏县、区委负责人会议会场，捕杀闽粤区边特委及云和诏县、区委12名领导人。

事件发生后，毛泽东7次分别给林伯渠、博古、张闻天、潘汉年、周恩来、叶剑英和负责闽、粤、桂、香港的张云逸等去电，关切两个事件，敦促国民党当局退还枪支弹药，迫使国民党南京政府在1938年初将红军独立第三团的300多支枪归还。

第二节　建立抗日支队

一、重建红三团

“漳浦事件”发生当晚，卢胜、王胜、陈高顺等20多名营连排骨干逃离虎口，在漳浦清泉岩宣布重建红三团，卢胜任团长。随后，卢胜带领队伍重回乌山，挖出埋藏的枪支，在坡下、仙石、龙透、梅林、水晶坪一带活动。当地群众主动筹款筹粮支持红军，踊跃报名参加红三团。卢胜派陈高顺到诏安金溪一带恢复地方工作，与李梨英及乌山伤兵处的同志接上关系。8月，闽西南军政委员会派谭震林率领红九团一个加强排40余人进入闽南，协助红三团开展武装斗争。10月，红三团改称闽南人民抗日义勇军第三支队。

1937年10月17日，国民党云霄县保安大队大举进攻闽抗第三支队。卢胜指挥部队在泗近塘至大沙岗一带设下伏击圈，诱敌深入，与谭震林、李德安带领的闽西武装排并肩战斗，痛击来犯之敌，毙伤敌军20多人，缴枪20多支。根据地人民扬眉吐气，奔走相告：“红军还在！红军还在！”“红军在泗近塘大沙岗打了大胜仗！”

二、抗日支队从陂下村出发开赴苏皖抗日前线

泗近塘大捷后，闽抗第三支队迅速发展至300多人，其中200多人是云霄、平和、诏安三县的子弟兵，仅云霄陂下村就有吴健、吴仔贵、吴金寿等30多人参军。1938年1月底，闽南子弟兵在卢胜带领下，从陂下村出发，到龙岩白土集中，改编为新四军二支队四团一营，3月1日，部队开赴苏皖抗日前线。

第三章　坚持乌山革命根据地的艰苦斗争

1937年11月，闽粤边特委派卢叨、莫丁贵到乌山地区恢复因“月港事件”而停顿的云和诏地区的地方工作。1938年3月，重建成立云和诏县委，卢叨任书记，莫丁贵任副书记。云霄境内有2个区8个支部80多名党员：世吉区，区委书记张日春，下辖水晶坪支部；四区，区委书记蓝理，副书记张六齐，下辖泗近塘、龙透、五溪、洞仔、七高礤、金坑、下寮等7个支部。云和诏县委机关先后设在诏安坪路，云霄月眉池、水晶坪桥头对面的四层石山等处。

第一节　与国民党顽固派的残酷“清剿”针锋相对

一、隐蔽精干，积蓄力量

云和诏县委根据中共中央关于在国民党统治区实行“隐蔽精干，长期埋伏，积蓄力量，以待时机”的十六字方针，有计划地将党的干部和武装骨干转入地下，或边远山区的革命据点村。云霄的泗近塘、大沙岗、石仔岗、洞仔底、酒瓮山等村，群众基础好。许多党的干部和武装骨干来到这里，住山洞、宿草寮、喝稀粥、啃地瓜，过极其艰苦又充满革命乐观主义的生活。为渡过难关，在乌山地区工作的朱曼平、卢叨、陈文平、莫丁贵、李梨英等人自谋职业，各显神通，有的当教员，有的当帮工，有的开荒种田，有的上山烧炭……既解决了经济困难，又保存了革命力量。

皖南事变后，国民党闽南当局掀起第二次反共高潮，大举“清剿”云和诏、靖和浦老革命基点村。云和诏县委根据闽南特委指示精神，以保存党的组织、党的骨干为中心工作，立即转移已暴露的基点和干部；重建生产点，把党的干部和基干队分散到各生产点，实行埋藏生产；停止武装斗争，以免遭受更大损失。

南委事件后，闽南特委、云和诏县委取消党委制，改设特派员制；区以下组织解散，区设联络员、支部设观察员；白区组织全部解散，停止活动。

共产党人的一再退让，换来的却是国民党当局的步步紧逼。这期间，云和诏县委书记吴永乐、世吉区区委书记罗理(陈文汉)、地下工作人员谢世杰等一大批共产党人惨遭杀害。血的事实证明：共产党人如不武装自卫，就有被消灭的危险！

二、重建武装，反顽自卫

1943年初，闽南特委在乌山腹地组建两个武装班：在云霄龙透村成立“新”字队，有赖其生、赖新德、赖新水、赖新宗、赖新旺等10余人，班长赖其生；在诏安豆畲成立“振”字队，有张振福、张振财、张振礼、张振顺等8人，班长张振福。不久，又组建了“永”字队，有吴永周、吴永文、吴永武等10多人，班长赖新德。同年11月，闽西南武装经济工作总队在总队长刘永生、政委范元辉带领下，进入乌山地区。闽南特委新组建的三个武装班编入经工队，根据“有理、有利、有节”的原则开展武装斗争、反顽自卫，云和诏地区的斗争形势有所好转。

经工队离开闽南后，闽南特委决定进一步扩大地方武装。1944年秋，在乌山合仓崇成立闽南特委机关政治保卫队，简称政保队，队长卢炎、政委由卢叨兼任。政保队下辖3个班，3个班分别来自“新”字队、“振”字队和“永”字队。政保队成立后，张振福带领“振”字队一个班，在牛屎窟伏击豆畲村反共联防队，击毙队长张钦钦，毙伤敌军10多名，缴枪10多支。政保队旗开得胜，极大地鼓舞了根据地人民的斗志。1945年3月29日，赖其生带领“新”字队一个班10余人，在桃仔鞍伏击壶仙乡反共联防队副队长林国裕带领的征税队，毙敌3名，缴枪3支、纸币2000多元。两次伏击成功，极大地震慑了乌山及其周边地区的反动势力，革命形势进一步好转，党迅速恢复仙石、水晶坪、丝竹洋、坪水（常山）等地区的革命活动。4月18日，国民党顽军包围政保队驻地桃仔寮，政保队奋起还击，毙伤敌兵18名。6月，云和诏县委在仙石下寮村成立云和诏游击独立分队，队长赖其生、政委张木辉，有张国忠、张章言、张国文等10多名骨干，进一步壮大了乌山地区的反顽自卫力量。

第二节 活跃在乌山的人民武装游击队

一、王涛支队

1944年10月25日，由闽西南武装经济工作总队和支队部及一、三大队在上杭县海树乡褚树坪合编，成立王涛支队，共49人，在刘永生司令员率领下，再次挺进闽南，1945年7月初在平和乌龙坑与闽南政保队会师。闽南政保队改编为王涛支队第四大队，大队长卢炎、副大队长张北柱，政委由闽南特委书记陈文平兼任。7月26日，王涛支队进入云霄仙石地区，在陂下开谷仓分发群众，然后向乌山根据地进发。8月5日凌晨，王涛支队第一、三、四大队奋勇出击，一举端掉设在诏安公田的云和诏三县联防办事处，全歼顽军，活捉少校主任张建雄以下官兵20多人，缴获大量枪支弹药和军用物资。公田战斗后，王涛支队又在官陂大路旁设伏，痛击赶来增援的国民党诏安县自卫队，活捉敌兵12名，缴枪12支。

二、钟骞支队

钟骞，广东潮安人，1942年2月任闽南特委副书记，1943年10月，代理闽南特委特派员，抱病主持全面工作，1944年5月，因病去世，1946年6月，为纪念钟骞为闽南革命事业做出卓越贡献，王涛支队第四大队改为钟骞支队，支队长陈亚明，政委陈育光。当月，钟骞支队在桃仔寮击退省保安团陈铁英部的袭击，以劣少武器战胜武器精良的数倍之敌。在乌石坑村和坑仔尾村，开展镇压反革命活动，分别镇压了杀害文阿业和陈文汉的叛徒、反动分子。钟骞支队成为活跃在乌山地区的游击队。同年 11 月，闽南地委决定钟骞支队分散活动，陈文平、李仲光率领四、五、六班在乌山坚持斗争。

历经磨难的乌山地区党组织、游击队，在反顽自卫的凯歌声中，迎来抗战胜利的曙光。

第四章　解放战争胜利
迎来云霄解放

解放战争时期，闽南武装力量由战略防御到战略反攻，取得节节胜利。

第一节　与老区人民生死与共的战斗

一、泗近塘激战

泗近塘是云霄下河乡仙石村一个小自然村，是乌山革命根据地的一个重要红色基点村，这个小山村里曾经发生过三次大规模战斗。

抗日战争胜利后，闽粤边委鉴于国民党当局即将大举进攻闽粤边区各革命根据地的严峻现实，于1945年8月27日至9月3日在平和水尖山召开闽粤边委紧急扩大会议，决定闽西南党和人民武装力量继续贯彻“隐蔽精干，长期埋伏，积蓄力量，以待时机”的十六字方针；党组织要分散到各地“添丁发财”，即扩大队伍、发展经济；王涛支队支队部及第一大队挺进南靖树海开辟新区，第三大队返回闽西，第四大队（大队长连大汉、政委陈文平）留驻乌山地区。

1945年冬，国民党福建省保安第三团陈清河中队进驻仙石新楼村，省保二团陈铁英中队进驻水晶坪坑仔尾，侦察游击队行踪。1946年2月18日，陈清河中队倾巢而出，兵分三路包抄王涛支队第四大队驻地泗近塘，双方短兵相接。为掩护地委机关安全撤离和战友顺利突围，大队长连大汉壮烈捐躯。泗近塘战斗后，陈亚明接任第四大队大队长，部队转移到桃仔寮整训。4月18日，陈铁英中队偷袭我军驻地桃仔寮，第四大队奋起阻击来犯之敌，鏖战一个上午，迫敌撤退，一中队指导员潘金德血洒桃仔寮。

二、乌山反“围剿”斗争

与蒋介石悍然撕碎“双十”协定、大举进攻解放区相呼应，国民党闽南当局调集重兵大举进攻乌山革命根据地。1946年夏，省保二团团长吴子高亲率一个中队到诏安公田设立指挥部，会同云霄、平和、诏安三县的地方武装，在诏安的官坡圩、金溪、进水、大元中、彩霞、四都，云霄的水晶坪、车仔圩、下河、上坂、仙石及平和的大溪驻兵，采取军事“围剿”、政治瓦解、经济封锁等手段围困乌山。

钟骞支队避敌锋芒，主动跳出外围作战：政委陈育光带领一队人马到诏安四都一带活动，开辟新区；副政委柯永麟带领3个班到平和，恢复靖和浦老苏区工作。云和诏县委在乌山龙磜、花眉石的大山洞里设立枪械修理处，在乌山鸡笼山创办医疗室和军医处，自修自造枪械、治疗伤病员、自制衣被，加强后勤保障工作，打破敌人的经济封锁。

1946年7月20日，省保二团林凤祥部300多人偷袭钟骞支队驻地淡水尾，20多名留守人员与敌激战一昼夜，支队长陈亚明喋血沙场。淡水尾战斗后，李仲先接任支队长。11月，成立闽南地委，陈文平任书记。地委机关驻地由乌山共头里迁往南靖树海。

为扭转战略上的被动局面，留守乌山的陈文平、李仲先等人，用自制的土地雷，在北蔗雷公陂地段摆下长约一华里的地雷阵。1947年1月1日，引诱驻云霄吉坂的林凤祥保安中队进入雷区，引爆地雷，把保安兵炸得魂飞魄散，四处奔逃。从此，保安队再也不敢长驱直入乌山腹地。雷公坡地雷战后，云和诏县委组建乌山民兵组织，各基点村都建立民兵组织，严密监视保安队的一举一动。3月，组建云和诏县委领导下的4个武装游击大队，共300多人枪，四处游击，分散敌人的注意力，减轻对乌山革命根据地的进攻压力。

第二节 转入战略反攻

一、乌山再度成为闽南革命中心

随着人民解放军转入局部反攻，闽南的革命形势也发生了根本性的变化。1947 年 7 月，闽南地委机关从南靖树海迁回乌山，卢叨任地委书记，陈文平任副书记。地委机关驻扎在云霄通贝村共头里，设有保卫班、财政处、军衣处、伤兵处、修械处、看守所等。乌山，再度成为闽南革命的中心！

8 月 1 日，在常山坪水西山岩葱仔寮成立中国人民解放军闽粤赣边区总队闽南支队，支队长李仲先，政委卢叨。9 月，在水晶坪凹仔湖设立闽南地委交通站，下设七高磜、龙磜、进水、半岭、官洋等 5 个分站，作为闽南地委对外联络的公开机构。12 月，组建云和诏县委领导下的东、西、南、北四路工作团，配合云和诏 4 个武装游击大队筹款筹粮，镇压反动分子，开展农村游击战争。

1948 年 1 月 8 日，闽南支队在水晶坪坪坑设下伏击圈，伏击从水晶坪调往公田的国民党省保二团第二大队大队部及第五中队，活捉少校大队副郑汝勤以下官兵 27 名，毙敌 7 人，缴获捷克式轻机枪三挺，闽南支队无一伤亡。卢叨当时乘兴写下 90 字的自由诗《战场即景》①。坪坑大捷后，国民党当局再也不敢以中队为单位进入根据地，只能以大队为单位实施重点进攻，闽南武装力量由此转入战略反攻。当月中旬，闽南地委在梾树村组建闽南地委武工队云霄分队，队长吴有水。1 月 31 日，闽南支队乘胜出击，一举端掉了车仔圩炮楼，俘国民党云霄县保安队中尉分队长熊蔚林以下官兵 12 人。

① 韦立、杨涛、曾一石编：《乌山情》，香港：天马出版有限公司，2013 年。

二、闽南地委主动出击

面对日益壮大的人民武装力量，国民党当局惊恐万状，急调省保三团增防乌山，会同省保二团残部，统一由省保二团团长吴子高指挥，对乌山革命根据地实施重点进攻。1948 年 3 月 1 日，保安团主力集结车仔圩，随后进入平和大溪，诏安官陂、梅州、湖内、公田。3 月 5 日，从公田折回云霄境内，经车仔圩进入吉坂。3 月 7 日，又从吉坂进入水晶坪、半岭。3 月 8 日，突然扑向诏安北蔗、常山坪水，随后经梅州、湖内进入金溪。保安团在乌山腹地“武装游行”了十多天，连个游击队的影子都没碰到。

敌进我退，敌驻我扰。闽南地委制订了“依靠群众，保存有生力量，避敌主力”的斗争策略，闽南支队兵分两路跳出外线作战：支队长李仲先带领第一连向诏安、饶平边界地区发展，副支队长吴扬带领其余人马挺进平和山内。同时，重组云和诏县委，书记李亚伟，副书记张振福、钟亚治，委员张大目、张龙发，统一指挥云和诏四个武装游击大队和东、西、南、北四路工作团，在乌山腹地四处出击，诱敌追击，牵着保安团的鼻子走，不给敌人喘息之机。保安团黔驴技穷，只得负隅公田、水晶坪、车仔圩、安吉等少数几个战略据点，国民党当局精心策划的“乌山地区重点进攻计划”被彻底粉碎。

敌疲我打，敌退我追。云霄武工队、云和诏武装游击大队展开一系列反击作战：6 月 24 日，云霄武工队在虎扒胶东伏击到云霄县城购买粮食、匏瓜的国民党驻安吉保安分队，活捉分队长黄发贞及以下的官兵 5 人，并乘胜逼退安吉守敌，拔除安吉据点；6 月底，云和诏武装第一、四大队在李亚伟、张国忠、张章言带领下，挺进梁山，恢复梁山地区工作。驻盘陀圩保安队闻风而逃，龟缩到漳浦县城。

三、水晶坪桥头村演“红军戏”

为了庆祝胜利，闽南地委于 2 月初请戏班到水晶坪桥头村演“红军戏”，闽南支队 400 多名指战员及周围十几个村的群众赶来看戏，盛况空前。闽南地委书记卢叨登上戏台讲演，指出国民党的垮台已为期不远，共产党将解放全中国，穷人即将过上幸福的日子，号召乌山人民继续战斗，推翻国民党的反动统治。2月14日至15日，闽南支队、云和诏游击大队配合各村民兵，接连摧毁了国民党当局经营十多年的公田、长田、进水、仙石、柘林、官宅等地的炮楼或防御工事，在乌山腹地扫荡国民党残余势力。

第三节　黎明前激战

一、恢复白区地下工作

1948年8月15日，闽南地委在传达闽粤赣边区党代会精神时提出："巩固乌山、山内，加强靖和浦、龙（溪）、平（和）、（南）靖，建立梅花式的游击根据地，恢复白区地下工作，配合基点的斗争"的具体任务，确定闽南支队继续配合游击队、武工队、民兵，广泛开展农村游击战争，把战火引向国民党统治区。同月，闽南地委在通贝共头里建立无线电台，李志忠任台长。9月，陈国桢受闽南地委委派，与地下工作人员汤崇兴一起，深入云霄城区新福街（今南强路135号），以开办"兴农"米店为掩护，开展地下活动。

二、反击新一轮"清剿"

1948年10月，省保一团胡季宽部进驻云霄，会同省保二、三团残部及云霄县自卫队，驻守仙石、安吉、上坂、马铺等地，向乌山革命根据地发动新一轮"清剿"。此时，根据地里秋粮即将成熟，留守乌山的卢叨、陈文平指挥地委机关干部及部分云和诏地方武装，采取打冷枪、伏击敌人薄弱环节的机动战术，先后打退到水晶坪、梅林、公田、龙磜等地抢粮的敌人。

面对国民党保安团的重兵"清剿"，闽南地委副书记陈文平带领云和诏武装第四大队（大队长张章言、副大队长张国文、政委赖其生）到仙石、车仔圩一带活动，诱敌出击，与敌周旋。泗近塘又打了一次胜仗。11月12日,第四大队抓住战机,在担椅仔鞍痛击国民党云霄自卫队,伤敌6人,俘1人。11月27日,第四大队在车仔圩场内袭击平和壶仙乡乡长、抢割稻谷委员会主任吴耀汉带领的乡丁队,当场击毙吴耀汉及2名乡丁。这期间,闽南地委书记卢叨带领一队人马冲出包围圈,到河塘、宜谷径一带活动,广泛开展农村游击战争,兵锋直逼云霄县城。12月26日,国民党福建省新任省主席李良荣到云霄召开闽南各县县长、参议长参加的"剿共"会议,督促各县加强联防、巩固治安。会后,进攻乌山革命根据地的保安团撤出乌山地区,回防漳南各县县城。

1948年底,出击外线的闽南支队主力回到乌山,闽南地委在通贝共头里的大山洞里复刊地委机关报——《前哨报》。1949年1月29日,闽南支队改编为中国人民解放军闽粤赣边纵队闽南第八支队,支队长李仲先、政治委员卢叨,下辖两个团,一团团长张国忠,政委陈光;二团团长张振礼,政委郑显玉。人民解放军攻占南京后,闽南地委、云和诏县委领导云霄人民在各条战线上展开攻势,把国民党统治势力压缩在县城及少数几个据点内。

第四节　云霄和平解放

一、云和诏县委建立地下工作组

1949年4月,闽中地下党漳州工委副书记周兴民在香港达德学院发展云霄籍学生汤维崎、许德邦为中共党员。随后,汤维崎、许德邦受党组织派遣,潜回云霄建立地下工作组,并在列屿、世坂、莆美、下河、城关等地设立工作点,发展17名地下工作人员。7月,汤维崎上乌山找到云和诏县委书记李亚伟,接上组织关系。从此,地下工作组在云和诏县委直接领导下,有组织、有计划地开展地下工作。

同月,刘汝明残部南下窜入云霄城关,在溪美路礼拜堂通往王府路上,为抢住基督教堂,刘汝明残部官兵内部互相残杀,打了一下午枪战，打伤士兵数名。国民党残兵祸云一个月，拉挑夫，勒索财物，百姓不堪其苦。刘汝明残部离城后，国民党福建省保安团也随即离开云霄，云霄城区只有云霄县自卫团200多人和少量警察驻守。9月初，张大目工作团进驻和平乡，派张天基、吴春锦、汤维崎、张荣三到庙后村，会同地下工作组，着手策动国民党军政要员起义投诚。首先争取了国民党云霄县参议员、农会理事长许桂芳，再通过许桂芳争取了国民党云霄县自卫团副团长吴荣贵、警察局长张启圣和地方绅士吴绍基。同时，云和诏县委派赖新水、张天基与宝树村"示大"(族长)方时言接洽，再通过方时言、张怀三等人，与回乡的英驻汕头皇家海军东南亚特混舰队导航组组长汤精义会晤，并委托汤精义向其同乡、国民党云霄县长汤涛传话，劝其改弦易辙，只有起义投诚才是唯一出路。

二、国民党云霄军政要员接受谈判，云霄和平解放

漳州、漳浦相继解放后，南下大军直指云霄。国民党军政要员迫于时局，同意举行和平谈判。9月25日，云和诏县委派汤维崎到后汤汤氏公寓与国民党云霄党、政、军、警及地方绅士谈判，原则上达成如下口头协议：一、国民党方面做到即日起停止行使一切权力；所有弹药、武器、文书、档案、财粮等，即日起造册封存，等待接管，接管前，由原单位保护，不得转移、动用、分散、损毁；所有文武人员原地待命，听候处理。二、共产党方面做到执行起义人员有关政策，不咎既往，保护其人身安全。9月30日，云霄县自卫团分队长张水达奉副团长吴荣贵之命，率领官兵22人，携带自动步枪2支、步枪18支、木柄手榴弹17枚、子弹1751发，到安吉村举行武装起义，参加中国人民解放军。10月1日，中国人民解放军云和诏边政治处印制捷报，宣告云霄和平解放。上午，人民解放军三十一军前哨部队、长江支队第五大队第一中队、张大目工作团从莆中村出发，取道下坂，挺进云霄城，与国民党云霄党、政、军、警人员一起举行入城仪式，沿途受到各界人士的热烈欢迎。

10月2日，云霄各界人民举行盛大游行，庆祝中华人民共和国

成立暨云霄解放。同日，成立中国共产党云霄县委员会，书记郑国栋，委员石瑞、赵克良、张大目，县委下设秘书室、宣传部、组织部；成立云霄县人民政府，县长石瑞、副县长张水满，县政府下设秘书室、公安局、建设科、财粮科、教育科。

10 月 5 日，县委、县政府派出工作组，着手接管旧政权机关、单位，并建立 5 个区委和区政府。从此，云霄这座千年古郡，终于回到人民的怀抱！

捷報

雲霄縣自衛隊分隊長

張水達率部光榮起義

雲霄縣自衛隊張分隊長水達，率領部下官兵二十二人，光榮起義。並攜來自動步槍二挺，步槍十六桿，木柄手榴彈十七枚，子彈一七五一發。於九月三十日（古曆八月初九日）中午十二時間入解放區安吉鄉，參加我人民解放軍。

中國人民解放軍

雲和詔邊政治處製

一九四九年十月一日

云和诏边政治处印发的《捷报》(方志南提供)

三、巩固人民政权

云霄和平解放后，在中共云霄县委和县人民政府的领导下，各区、乡、村新生政权和农会相继成立，人民群众一面参加土地改革，恢复生产；一面投入紧张的支前工作，支援人民解放军解放诏安、东山两县，全县共组织船工 868 人、船只 182 艘、担架 200 多副，运输粮食 60 多万斤、柴草数百万斤和大批的副食品等支援前线。1950 年，县委、县政府还组织民工 7 万多人，修通公路 34.5 公里，造桥涵 16 座，使抗战期间毁断的公路畅通。

县委、县政府抓好基层党、政建设。全县由设 5 个区改为设 6 个区的建制，作为加强乡、村领导的派出机构。一区：三街；二区：船场、荷步；三区：陈岱；四区：下河；五区：车墩；六区：菜埔。下辖 7 个乡镇(包括城关、陈岱两镇，5 个街道)。1951 年底，全县共建立党支部 30 个，发展党员 142 人，使党支部成为各级政权的领导核心。在民主建政的同时，全县基本完成土地改革任务，使 17078 户农户、78447 人分到土地 52528 亩，平均每人分地 6 分 7 厘。广大农民群众获得土地，劳动积极性大大提高，农业生产蓬勃发展。

人民当家做主，欢欣鼓舞。但是，国民党反动派不甘心失败，以张镇隆、陈清河、何耀南和林金山等反革命分子为骨干，组织土匪武装八五支队，袭击基层政权和农会组织，杀害 15 位区乡干部。这伙土匪不仅杀害了岳坑区乡干部罗龙、朱刘敏、朱水金、朱表水和 1 名民兵，而且杀害了古楼乡干部林猴、林颜春、林生毛，浯田乡干部陈镇邦、陈成法、陈潮、吴银寿等，制造了岳坑、古楼、北旗惨案。同时，抢走了民兵枪支数十支和部分弹药，抢劫民财，强奸妇女，群众深受其害。

在县委、县政府的领导下，各区成立区干队，各乡建立民兵组织，配合人民解放军部队，组成一支主力部队、地方武装和民兵组织共 5000 多人的剿匪大军，提出“不怕爬山，不怕涉水，不怕挨饿，不怕扑空，不怕疲劳，不怕风雨”的精神，通力协作，密切配合，连续作战。从 1951 年 3 月 19 日至 4 月 2 日的 15 天内，抓获匪首张镇隆、陈清河，击毙匪首林金山、何耀南和其他 6 名匪特，活捉土匪 103 名(其中队长以上 6 名)，缴获各种枪支 72 支、子弹 3 万多发。同时，开展了强大的政治攻势，充分发挥党的“坦白从宽，抗拒从严”的政策威力，通过土匪的家属、亲戚，动员其下山回来登记自新，进行分化瓦解。从 1950 年 9 月至 1951 年 6 月，自新的土匪和回归人员 678 人，收缴枪支 67 支、近千发子弹和部分黄金、银圆、军用物资等，剿匪给云霄人民创造了努力生产，发展经济，建设社会主义新云霄的安定环境。

中篇

全面开展老区县社会主义建设

第五章 基础设施建设

1949年以前,云霄县的道路、码头、水利等基础建设设施落后,联系境外仅靠水运,码头十分简陋。农业种植全靠天吃饭。县内只有2家小卷烟厂和手工业作坊。通讯只有邮政局的批信和邮件、电信局电报和少量固定电话。

新中国成立后,云霄老区基础设施有了长足进步,特别是1978年以后,更是突飞猛进发展。

第一节 交通道路建设

一、公路

(一)国道、省道

1951年5月1日,开通抗战时期毁断的龙汾干线,接连国道324线(福州至昆明),全长2740公里,境内39.23公里。1966年3月,建设省道漳云线,云霄经此道通厦门,1996年7月23日动工拓宽改造,1997年春竣工,全长165公里,境内13.7公里。

省道双码线 1949年10月,县支前委员会组织民工沿民国云东公路路基筑临时公路,同年11月通车。1951年续修为县道双东线,1952年竣工。1954年,八尺门渡口建方舟车渡,1961年建八尺门海堤,车辆直通东山岛。1986年,双东线更名双码线(云霄双山至东山县铜陵镇码头),原为四级公路,1988年入省道养护。1996年2月6日动工改建为水泥路面,1997年12月竣工,改建后为二级公路，路基由8米拓宽为23米，路面宽15米，总投资2400万元，2002年3月并入漳东线。全长32.54公里，境内8.8公里。

漳东线 原名漳云线。2002年3月26日，改称漳东线。境内从浯田经下坂常山至八尺门，长35.7公里(其中下坂至常山14.5公里为国道324线重合线)。1996年7月，对浯田至下坂12.75公里砂土路面进行二级公路沥青路面拓宽改造，1997年6月竣工，路基宽16～18米，路面宽12米，总投资2004万元。2003年，该路段列入水泥路面改造项目。2005年2月8日竣工，经改造后里程为12.44公里，水泥路面宽9米，总投资1600万元。

国道324线云霄段 1992年改造建设，全长39.1公里，路基宽23米，路面宽15米，水泥路面，为二段公路。1996年12月30日，在盘陀岭第一隧道左侧(漳州—云霄方向)，动工建设第二隧道及连接线，1997年12月30日竣工，全长4.56公里，路面宽15米，路基宽23米(其中隧道长950米，宽9米)。

漳州沿海大通道云霄段二期工程 起于东厦镇郊洋村，经列屿、陈岱，终于省道S201，建设里程9.56公里，按一级公路技术标准施工，路基宽24.5米，双向四车道沥青混凝土路面，工程总投资2.8亿元，建设年限2015—2017年，2017年度投资1.07亿元，年底通车。

漳江湾特大桥及连接线工程 起于云霄、漳浦交界处，终于东厦镇郊洋村(二期起点)，路线长3.58公里，总造价6亿元。按一级公路技术标准施工，设计速度80km/小时，路基宽度32米，双向6车道，沥青混凝土路面，合同工期36个月。建设年限2016—2018年，2017年度实际完成投资2.9亿元，占年度计划投资的145%，超过时序进度45%。

(二)县道

云平线 1959年，省支前委员会拨款10万元进行筹备，1960年9月，省政府拨款56.76万元，至12月，修通从原天主教堂至十二牌岭14公里的公路，1962年从十二牌岭续修经下洞至车圩公路，全线长17公里。1964年10月1日，由县财政拨款6万元，县供销、粮食部门拨化肥、粮食各12万公斤，以平价供应马铺公社，由该社34个生产大队组织4421名民工上场，次年1月修通下河产田埔经峰头、双溪、石字至马铺圩16公里的公路，1965年2月，省交通厅两次拨款共115万元，由云霄、平和两县组织民工修建，同年底竣工，路长9.455公里。而后又拨款30万元，改建下河至马铺5座临时木架水面桥为永久性桥梁，36孔临时性涵洞为永久性涵洞，1968年7月，达到晴雨通车。1974年，峰头至马铺11公里被划为库区，由水电厅拨款84万元，从车头岭改造经赤涂园、宝洞、福石至坪美岭与马铺至平和安厚衔接，长7.2公里，实际投资78万元。1975年5月，交通部门投资8.5万元，提高为四级公路，列入县道专养，境内长26.68公里，路基宽7米。1985年，县城城区规划从7.5平方公里扩大为12.5平方公里，云平路从城关西门外金霞路段至世坂桥头2.63公里范围内纳入城区开发管理。

云四线　2002年3月26日，省交通厅将云霄云列线（云陵—列屿）、陈列线（陈岱—列屿）和陈岱至竹港村路段贯连通诏安县四部镇，称云四线，境内长48.83公里。1997年起分段进行拓宽，改造为沥青路面和水泥路面。2002—2006年，结合战备公路及农村公路建设，分段进行拓宽改造，全线改造为水泥路面，路基宽8～8.5米，路面宽7米，为三级公路。

云太线　2002年3月26日，省交通厅将云霄云和线（云陵镇风吹岭—和平乡乌泥山）5.9公里、和水线（和平乡乌泥山—和平乡水晶坪）19.4公里贯连至乌山诏安县界，通诏安县太平镇，称云太线，境内长27.5公里。1999—2000年由泥石路面改建为沥青路面，2004年后，扩建为水泥路面，为三、四级公路。

下大线　2002年3月26日，省交通厅将云霄下车线（下河—车圩）6.4公里、车曲线（车圩—曲溪）10公里贯连通平和县大溪镇，称下大线，境内长16.4公里。2002年改建下车段为沥青路，2005年4月动工改建泥石、沥青路面为水泥路面，2006年春竣工，路基宽7.5米，路面宽6.5米，为三级公路，投资730万元。

马火线　2002年3月26日，省交通厅将云霄马铺乡政府驻地至火田镇后埔村接国道324线，命名为马火线，全长24公里。原为等外泥土路面，2004年开始，分段改建为水泥路面，2007初竣工，路基宽7.5米，路面宽6～6.5米，为三级公路。

坂云线 2002年3月26日，省交通厅将云平线(云陵镇至平和县坂仔镇)改称坂云线，境内长37.5公里。其中云陵至马铺乡政府驻地26.5公里，1997—1998年由泥石路面改建为沥青路面；马铺乡政府驻地经乌螺至平和县界11公里，1999年由泥石路面改建为沥青路面。2004—2007年，全线改建为水泥路面，三级公路。

疏港公路 从国道324线海峰路段至列屿镇接云四线，长11.4公里。2006年6月1日开工，2007年11月竣工。水泥路面，路基宽23米，路面宽15米，总投资3436万元。

2015年8月，省交通运输厅、市交通运输局对普通国省县道进行重新规划编号。全县7条县道合计155.399公里。

(三)乡道村道

1996年全县有乡道村道516.31公里，多为泥石路面等外公路。1997年，部分乡村筹集资金扩建改造，建为水泥路或沥青路。1999年，实施“村村通柏油路”规划，至2003年全县改建沥青路40公里。2003—2006年，根据省交通厅提出的“实施年万里农村路网工程，实现村村通水泥路”要求，全县共改造农村公路(含县道)104条(段)279.4公里，总投资1.76亿元。至2006年底共有乡道村道598公里，170个建制村、作业区有163个通水泥路和沥青路。2017年末，全县建制村、作业区实现村村通水泥路或沥青路。

二、高速公路

(一)沈海高速公路云霄段

漳诏高速公路为国家高速公路网沈海高速(沈阳—海口)的漳州境内路段，全长140.59公里。云霄路段从浯田村接漳浦路段经船场、大步山隧道、大埔、竹港至诏安县境，全长24.87公里。设置云霄(位于东厦镇船场村)、常山(位于莆美镇大埔村)2处互通口，2个主线收费站，1个服务区。路基宽26米，双向四车道，中央分隔带宽2米，全封闭，全立交，设计时速100公里，沥青混凝土路面。高压线路2950米、通信线路2040米、通信电缆3050米、抵押送电线12887米、广电线路12030米、引水管道2990米。2000年5月中旬动工，2002年12月29日竣工。由漳州市高速公路有限公司投资8.6亿元建成。

（二）云霄至平和（闽粤界）高速公路

海西网云平高速公路起于东厦镇浯田村，终于平和县九峰镇赤石附近，接广东大埔至潮州港高速公路漳州支线（简称大漳支线），主线里程97.8公里（其中新建里程78公里，与沈海复线共线里程19.8公里）。按双向4车道高速公路标准建设，起点至沈海复线段设计时速100公里，路基宽度26.0米；沈海复线至终点段设计时速80公里，路基宽度24.5米。项目初设批复概算69.16亿元，2016年10月27日开工建设，项目总工期3年。

云平高速云霄段全长29.1公里，总投资25.8亿元，经过东厦、火田、下河、马铺4个乡镇，涉及17个行政村和1个镇办农场，项目总征地面积210.9公顷，截至2017年底，云平高速云霄段完成征地签约200.7公顷，占总数95.11%，实际交地201.89公顷，占总数95.72%。

（三）海西高速网东山联络线

2015年完成云霄段2.5公里建设任务，同年10月建成通车。

三、铁路

厦深高速铁路云霄段于2007年11月23日开工，2013年12月28日建成通车。以每小时200公里的速度（设计200公里/小时，预留250公里/小时）运行。

厦深铁路云霄段途径东厦镇的荷东、荷中、荷西、溪塘、船场、东厦、佳洲、埭洋、白塔及云陵工业开发区的上坑、狮山、马山等12个村，线路全长18公里。全线征地72.88公顷。

云霄火车站位于云陵工业开发区马山村，距离中心城区2公里，站房中心里程DK116＋485，属线侧平式站房，可聚散人流600

人，建筑面积3968平方米，其中候车厅1370平方米，出站厅378平方米，办公面积1973平方米（其中，火车站1250平方米，派出所723平方米）。车站为3台6线，进出站共用一个地道，宽12米，建筑面积1207平方米。

投资建设情况：红线内投资12.75亿元，地方投资1.278亿元。站房投资：云霄县承担2161万元，中国铁路东南投资有限公司出资4750万元。站前广场总投资2650万元，面积6.21公顷。广场道路工程总投资960万元，四车道，20米宽，沥青路面，人行道铺砖宽3米。广场景观工程总投资1170万元，面积3376平方米，包括集散广场，休闲广场，两个停车场，景观、绿化、消防、排污、排水等项目；主广场1.8万平方米，停车场18795平方米（容纳600辆车辆）；广场绿化工程总投资116万元。通站道路总投资3450万元，全长1.533公里，宽40米，占地面积6.16公顷。红线内征地、“三改”工程征地及安置地建设4519万元。

云霄站停靠动车开始有13个班次，上行6个班次，下行7个班次，分别是深圳北至厦门北2班、深圳北至福州南3班、深圳北至上海虹桥1班；厦门北至深圳北2班、福州南至深圳北4班、上海虹桥至深圳北1班。2017年停靠云霄站的旅客列车每日36车次，基本与上一年持平。上行17车次，下行19车次。2016年上车旅客851180人次，平均每天上车2332人次，最高峰日达5000人次，而2017年上车旅客1181505人次，平均每天上车3237人次，最高峰日达14000多人次（其中云霄站买票上车，约11000人次，持跨区票在云霄站上车的约3000人次）。

四、道路配套设施

（一）桥梁

民国期间，云霄县有石桥11座，长258米；木桥23座，长294延米。抗战时期，木桥与公路同时破坏无存。1949年10月至1959年，先后建成21座公路和人行木架桥。1959年后，陆续改建为石拱石墩和钢筋混凝土桥。1960—1996年，全县共建永久性桥梁141

座，总长 5209.11 米。1997—2006 年，全县共建扩建永久性桥梁 30 座，总长 4250.87 米。2007 年后，云漳大桥上游新建 1 座长 150 米、宽 12 米的永久性大桥。2016 年建设漳江湾特大桥及连接工程，建设年限 3 年，2018 年通车。2007 年 11 月，厦深高速铁路在云霄建设漳江特大桥，起点在东厦镇荷东村，终点在东厦镇埭洋村。

（二）隧道

1997—2006 年，境内新建公路隧道 2 座，总长 4893 米。盘陀岭第二隧道，洞口两端为分离式路基。隧道长 950 米，净高 5 米，净宽 7.5 米、人行道 0.75 米。总投资 4200 万元。大步山隧道，穿越东厦镇与莆美镇之间的大步山，为双洞单向行车隧道，左洞长 1988 米，右洞长 1955 米，隧道净高 5 米，净宽 10.25 米。

2007 年 11 月，厦深高速铁路在云霄建设梁山隧道和大步山隧道 2 座。

第二节　农田水利设施建设

一、水库

1955 年春，东厦区东崎乡农业生产合作社在铜人坑（亦称东南坑）建成全县第一座小（二）型水库，坝高 10.3 米，集雨面积 0.38 平方公里，总库容 15.1 万立方米，直接放水串灌，有效灌溉面积 13.33 公顷，保灌 10.73 公顷。4 月 20 日竣工后，农业部门召开现场会推广。1956—1957 年，全县相继建成小（二）型水库 15 座，总库容 192.9 万立方米。此后，水库建设以小（二）型为主，并向小（一）型、中型、大型发展。至 2014 年，全县共建水库 90 座，其中小（二）型 79 座、小（一）型 9 座[其中由小（二）型扩建 2 座]，中型 1 座、大型 1 座。

（一）小（二）型水库

20 世纪 50 年代建小（二）型水库 30 座，总库容 826.88 万立方米；60 年代建 18 座，总库容 516.29 万立方米；70 年代建 15 座，总库容425.97万立方米；80年代建9座，总库容180.72万立方米；1991—1996年建6座，总库容97.1万立方米。合计78座，总库容2046.96万立方米。2004年，油车村新建小（二）型水库1座，总库容23.3万立方米。

（二）小（一）型水库

大坑内水库 在列屿镇大坑内，1957年10月建成，总投资50.16万元，坝高18.51米，集雨面积3.7平方公里，总库容119.6万立方米，渠道总长15.1公里，保灌面积80公顷。

碗窑水库 在莆美镇碗窑山，1959年6月建，坝高25.08米，总投资27.58万元。水库拦截山美溪上游支流碗窑溪13.2平方公里地表径流，总库容988万立方米，渠道总长47公里，有效灌溉面积721.13公顷，保灌676公顷。组建后与中型杜塘水库、小（一）型列屿大坑内水库配套，构成灌溉网络。1978年1月，溢洪道平流段由13米扩大为17米，陡坡段两侧墙加高0.4米，主副坝风浪墙加高0.4米，总投资3.78万元。

白花洋水库 在火田镇境内云霄、漳浦交界处的原白花洋村。1964年10月动工，至1967年3月竣工，工程总投资217.05万元，坝高29米，拦截火田溪上游支流，集雨面积4.1平方公里，总库容432万立方米，渠道总长26.4公里，有效灌溉面积330.93公顷，保灌246.67公顷。白花洋村23户108人移民安置于云霄佳园、古楼和漳浦盘陀、大南坂。

坪水水库 位于国营常山华侨农场境内的乌山上，原坪水村。1980年竣工，总投资247.1万元，坝高24.88米，集雨面积4.2平方公里，总库容486万立方米，渠道总长23.48公里。该水库主要用于分级发电，其尾水注入杜塘水库，仍发挥灌溉作用。

半坑水库 在和平农场下半坑村。1979年2月竣工，总投资60.39万元，坝高29米，拦截罗田溪上游4.35平方公里地面径流，总库容518万立方米。该水库承接坪水水电站尾水。尾水注入杜塘水库，发挥灌溉效益。

石对坑水库 在和平农场境内，石对坑村。1983年12月竣工，投资179.58万元，坝高33米，拦截南溪上游流域面积12.5平方公里地表径流，总库容562万立方米，保灌面积390公顷，并可开荒扩种133.33公顷。

下庵水库　在马铺乡下庵村。1994年竣工，总投资308万元，双心双曲拱坝，坝高30.9米，集雨面积21.42平方公里，总库容102万立方米，干渠支渠总长16公里，灌溉面积200公顷。

五谷王水库　在列屿镇油车村。原为1958年建的小(二)型水库，1991年通过防洪校核，将大坝加高0.6米，集雨面积2.6平方公里，总库容103.6万立方米，灌溉面积160公顷。

陂仔内水库　在东厦镇荷步梁山。原为1964年建的小(二)型水库，1995年通过防洪校核，在大坝上增建高度1米的防洪墙，集雨面积1.2平方公里，总库容113万立方米，灌溉面积233.33公顷。

(三)大中型水库

杜塘水库　属中型水库，在莆美镇境内，距县城10公里，因库区淹没杜塘村故名。1959年5月建成蓄水。工程总投资571.1万元，顶宽4米，坝顶高程64米，最大坝高33米，拦截土美溪上游白银溪25平方公里地表径流，总库容1621万立方米，渠道总长67.55公里。建成后，与碗窑水库、山美水闸构成灌溉网络，有效灌溉面积3128.2公顷(其中农地1212.73公顷，可改为水田)。1959—1960年，云霄发生严重干旱(从1959年9月12日至1960年3月26日，历时194天)，计由杜塘水库、碗窑水库和虎头潭、山美抽水机站供水1809万立方米，保证2100公顷冬种田、2100公顷早稻田和266多公顷秧田的灌溉和溶田插秧，以及1200公顷花生、大豆的抢种。1960年，陈岱利用杜塘水库水改农地为水田266.67公顷，改变“十年九旱”和“地瓜乡”的落后面貌。灌溉面积为1900公顷，其中诏安县64公顷。

峰头水库　漳州市管工程，在马铺乡境内，为福建第二大水库，因水库大坝在峰头村故名。该库距县城13公里，与向东引水渠配套，送水至东山县，1973年向东渠竣工后，决定在渠道水头建峰头水库。1974年5月至6月，国家水电部到峰头召开技术审查会议决定施工方案，11 月 5 日成立工程指挥部，由云霄县革命委员会主任李玉科任指挥。1977 年 2 月 1 日大坝动工，第一期工程由云霄、东山两县民工完成，第二期工程于 1979 年 11 月由省水电工程第一工程处施工，1986 年 3 月 16 日封堵蓄水。水库拦截漳江干流上游流域面积 333 平方公里地表径流，总投资 4763.11 万。大坝为细骨料混土砌石重力坝，由 12 个坝段及土石坝接头组成，全长 356 米，坝顶长 311 米，宽 5 米，最大坝高 64.4 米，高程 77.6 米，总库容 1.77 亿立方米。峰头水库与向东渠、杜塘水库、漳江水闸及东山县红旗水库组成漳江灌区，近期保灌面积 1.53 万公顷，远期灌溉面积 1.87 万公顷，并为两县提供饮用水，坝后建水力发电站。2004 年 3 月，被列入中央直属库区管理。

二、水闸

历史上，云霄漳江及其下游支流直泻入海，不能发挥灌溉和抗旱作用。1956 年，县水利局在漳江下游支流美溪建第一座拦咸蓄淡水闸，此后，陆续增建。至 1996 年，全县共建水闸 20 多座，主要有山美水闸、南江水闸、北江水闸、东方埭蔗港排洪闸、竹港西埭水闸、山前水闸。

南、北江水闸合成漳江水闸，灌溉面积 0.17 万公顷 ，保证东方、东升、竹塔、西埭等埭田水源，并扩大可耕地 358.2 公顷，保护江海堤 39.20 公里和 200 公顷耕地免受潮灾。但因船闸只能通过 12 吨以下船只，且城关污水无法排出，使环境受到污染。

三、引水渠

历史上，云霄县在建陂的地方依地形山势开凿小渠道引水，称圳、圳沟，大都狭窄弯曲，浅薄易崩，引水量小，抗旱能力差。较主要有火田军陂圳，总长约 2.5 公里，引水灌溉火田洋 26 公顷；马山新店万两圳，总长 2 公里，引杜塘溪水灌溉马山、荷仔埔等地农田 21 公顷。

新中国成立后，每年冬春进行一次兴修水利活动，除整修原有陂圳和新建小水坝、引水渠外，主要集中力量建较大型引水工程。1996 年，全县共有水闸、陂、坝引水渠 2199 处，总长 500 多公里，有效灌溉面积 0.4 多万公顷，保灌面积 0.26 余万公顷，其中灌溉 666.67 公顷以上引水渠 2 处。

（一）漳江水闸南、北干渠

南、北干渠为漳江南、北江水闸配套工程，于 1966 年 8 月南、北江水闸相继建成后同时动工，同年 10 月竣工。1977 年 1 月，由水电局重新勘测设计，东厦公社组织施工，共投资 37.47 万元，于同年 4 月竣工。

南干渠进水口在埭洋村外水闸上游右岸，设双孔进水闸 1 座，孔总宽 2.8 米，流量 1 立方米/秒，干渠总长 8 公里，有建筑物 5 座，灌溉面积 429.13 公顷。

北干渠进水口在水闸上游左岸 600 米处，设进水闸 1 座，流量 2.5 立方米/秒，干渠总长 10 公里，灌溉面积 800 公顷。

（二）向东渠和向东渠精神

1970 年春旱时，云霄决定与东山县共建向东渠。将坝址上移，使到达陈岱八尺门的水位高程从 6 米提到 18 米，将水送到东山红旗水库。1970 年 8 月 28 日，县成立向东渠工程领导小组和指挥部，县武装部政委李文庆任领导小组组长，武装部副部长宋修亭任指挥。9 月 17 日破土动工，上场民工及工人、干部、学校师生 4 万余人，指挥部施工组由省、地下放的工程师和县水电系统工程技术人员 50 多人组成。1973 年 3 月 12 日竣工通水。工程总投资 1074.4 万元，完成工程量 438.25 万立方米，使用劳力 622.93 万工日，引水渠起自马铺下墩滚水坝和下河水尾村滚水坝，经马铺、下河、城关、莆美、常山、陈岱等公社（场），跨八尺门渡槽进入东山县，总长 85.81 公里，渠底宽 3 米，过水深 2.6 米，流量平均 8 立方米/秒。向东渠位于乌山山麓，把漳江上游的水尾、下墩两条溪流拦腰截断，筑起两座 105 米长的滚水坝，逼水上山，穿嶂越洞，劈开 24 座山头，盘绕 100 多个层峦峻岭，跨越 15 条溪河。建设 18 座总长 7335 米的石拱渡槽，浇筑了一座 637 米长、内径 2 米的钢筋混凝土双管倒虹吸，铺砌

4 座计 910 米长的暗涵，还有水闸、溢洪堰、过路桥等 447 处建筑物。渠道上游集雨面积 24 公里，设计最大流量为 14 立方米/秒，水过东山县境，还有 5 立方米/秒，受益面积共 1.53 万公顷，其中云霄 1.07 万公顷，东山县 0.46 万公顷。每逢灌溉季节，“水在天上流，人在地下走”。

工程第一个战役是清基开渠。全县 10 个公社（场）都成立了民工团，均由各社、场党委书记担任团长，工程进入挖方不久，主干渠在上河附近地段，被石狮山挡住了去路，半山巍然伸出两块巨石，山下深潭数丈，工程必须在这里劈掉几十米的石壁，从半山腰开凿一条渠道，令渠水从石狮山边流过。肩负这一艰巨任务的列屿公社民工，在团长邹和顺的带领下，组织一支精悍的民工突击队，突击队遇到一块巨石，插在岩壁上，人无立足之地，要站在上头撬挖，会连人带石往下滚。两位基干民兵英勇而上；民兵柯国文一手紧抱大树，一手抓住陈阿陶系腰的布带，让阿陶腾出双手握锄抡钎，勇挖边角，猛撬石缝，硬是把这块几顿重的巨石翻下了山。就这样，民工们激战两个多月，搬走了 3.4 万多立方米的土石方，终于在坚硬的巉岩峭壁上，凿通了一条 450 多米长，底宽 3 米的盘山石壁渠道。

在第一个战役中，东厦、下河公社的民工，在团长张招仁、蔡太林的带领下，在好几个地段，战胜了险恶的石流坡、大塌方；陈岱公社的民工，在团长林串枝的带领下，完成了车头岭的深挖方。1972 年秋天，工程进入建设各种建筑物阶段。当时缺乏钢筋、水泥，工程部决定就地取材，渡槽建设改钢筋混凝土为坚硬的石头构造，可是要建数百处建筑物，就需要 20 多万立方米的规格石。工程指挥部发动各社场社员、城关居民、机关干部和学校师生都来义务参战，数百架手推车、独轮车、牛拖板车和几百艘木帆船，组成浩浩荡荡的海陆运输队。人民解放军还派出汽车增援，许多大队还组织了自行车运石队，莆美公社武装部长方老团带领青年突击队，硬是把条石从梁山运到工地。整个工地掀起了“千车万载运石忙”的竞赛热潮，东厦公社洲渡大队的党支书方松有带领的一支 20 位十八九岁姑娘成立的铁姑娘突击队，在挖基运石比赛中样样走在男子前头。

各民工团边备料、边砌筑，打响了砌石拱渡槽的战斗。莆美公社承建第一座渡槽——风吹岭渡槽。在团长张汝生的带领下，他们起初采用“满堂式”支撑木拱架，但需耗费大量木材，他们成立了“三结合”技术革新小组，试制成功了“双铰矩形夹合木拱架”，但是要把2～7 吨重的木拱架和一块块数百斤重的规格块石，吊上 20～30 米高空，没有吊装、卷扬机械设备，云霄糖厂吊装师傅刘集昌等，因陋就简，土法上马，用木材和钢丝绳制成土绞车，采用单杆吊、龙门吊和活动丁字架，解决了全部吊装问题，从而提前建成了这座横跨云平公路，高 18 米、长 195 米的渡槽。它腾空而起，横跨公路，巍然屹立，建得又快又好，这标记着革命老区云霄工人阶级在 20 世纪 70 年代技术革新水平！

火田、东厦公社共建的世坂渡槽，北锯瓦埔山，南抵虎头山，长885 米，渡槽设计流量 12 立方米/秒，在团长黄长茂、张招仁的带领下，技术员吴禹门、王梓才和技工一起研究，用水车的结构原理，设计出一种“轻型、薄壁、大流量”的新型渡槽，使渡槽厚度由原设计0.8米减至 0.2 米。结果，他们成功地建成了这座构造精巧，质量坚固的渡槽，它宛若瑰丽的彩虹，高挂云天，气势磅礴。

与世坂渡槽紧接的上窑倒虹吸管，是由城关、和平、常山 3 个社场的民工负责清基开挖，备运沙砾石和砌筑，由县建筑社负责绑扎钢筋、假设模板、浇筑混凝土。城关民工团长李金田、和平民工团长李祥瑞、常山民工团长许圣都亲临工地，率领民工英勇奋战。县建筑社副经理杨镜坤负责上窑倒虹吸的钢筋混凝土管道建设，管道直径大、结构复杂，模具制作安装质量要求严格，他创造圆径内模拱力安装等多项革新成果，得到国家水利部的高度肯定和推广。

向东渠以及随后建设的大型峰头水库，与云霄县水利设施成龙配套，组成漳江灌区，不仅使灌区内云霄 7 个社场和东山县1.87万公顷良田受益，而且还解决两县人民饮用水需要。2017 年 5 月，向东渠流入的峰头水源自来水引向古雷经济开发区项目在云霄开工，预算投资 9985 万元，设计日引水 10 万吨，2018 年初，已完成投资2000 万元。

向东渠建成后，峰头大型水库接着建设，1977 年 2 月 1 日大坝动工，1986 年 3 月 16 日封堵蓄水，淹没了马铺乡的 11 个行政村，这些村都是革命老区基点村。当年马铺公社和民工团 28 个行政村的民工，在团长蔡良云的带领下，也同样参加建设向东渠两个战役并出色完成工程任务，但是他们家乡都在向东渠上游，不但没有收益，而且有 1 万多位社员还要背井离乡移民他处，但他们从国家建设大局出发，毫无怨言地完成了搬迁；和平乡、火田镇也是革命老区，也是没有受益的社场，但都提前完成工程任务，体现了崇高的向东渠精神。

进入新时代，当年向东渠指挥员李文庆，从耄耋之年开始坚持写回忆录，花了 8 年时间，一部翔实、生动地再现当年向东工地上动人场景的《向东！向东！——向东渠引水工程回忆录》于 2014 年付梓。

2016 年，中共云霄县委书记王金狮在云霄县委十三次党代会上号召党员干部“学习向东渠精神，争当‘四型’干部”，县长张明东在 2016 年“两会”上提出“弘扬向东渠精神、乌山革命精神、赛龙舟精神”；云霄县委宣传部正在做“弘扬向东渠精神”调研课题，创作了歌曲《向东！向东！》；县潮剧文化传承中心编排大型潮剧现代戏《向东渠》，参加福建省第十七届戏曲会演并获奖；中共云霄县委党校创办了 2 个“弘扬向东渠精神，争当‘四型’干部”教学点；县新闻中心拍摄制作《弘扬向东精神主题片》；县政协原常委谢鹏志主持创办了“向东精神纪念馆”；中国集邮公司发行 2018 年“弘扬向东渠精神”纪念邮册等。2019 年 7 月，中共云霄县委会编印“不忘初心、牢记使命”主题教育学习材料《渠水欢歌向东流》和《向东渠老照片》，云霄县水利局编印《云霄县向东渠引水工程志》3 本图书发送。

四、提水与节水工程

新中国成立前，云霄遇旱田地不能自流灌溉时，农民要依靠戽斗、绞桶、水车和筒车、吊桶、辘轳等工具进行提水抗旱。

50 年代至 60 年代初，主要发展抽水机站，至 1963 年，县、公社、大队抽水机站共有抽水机146台套、2384匹马力，可灌面积2300公顷。60—70年代主要发展水轮泵站，1963年高田村试建第一座水轮泵站，至1969年，全县共建147座，取代了大部分小型抽水机站。80年代发展电力灌溉站和电力喷灌设施。随着灌溉设施的日臻完善，抽水机已基本停用，水轮泵也大部分转作碾米或发电照明用。至1996年，共建电力灌溉站26座，电力喷灌6处，总灌溉面积1100公顷。

1992年开始在沿海地区推广管道输水灌溉，至1996年，共建成管道输水灌溉站14个，埋设管材3.49万米，总投资256.34万元，灌溉面积700公顷。1997年开始，建设水田节水灌溉工程，主要为修建防渗渠道及铺设塑胶管两种形式。2005年，建成防渗田间渠道总长151.55公里，塑胶管总长15.6公里。全县1999—2005年建成节水灌溉工程32处，灌溉面积5873.37公顷（占全县有效灌溉面积的56.91%），其中管灌面积489.34公顷。总投资2373.7万元。

2006年末，全县17个村建有机电井，110个村建有能够使用和灌溉的水塘和水库，29个村建有排灌站。

五、乡村饮水工程

（一）乡镇级饮水工程

1997—2003年，投资235万元，建成6个乡镇驻地饮用水供水工程，受益人口2.34万人。2003年底，全县乡镇政府驻地全部通自来水。

（二）村级饮水工程

1997—2003年，建成马铺乡的3个村，和平乡的安吉，陈岱镇的岱北、中江，东厦镇的东崎，列屿镇的油车、林坪等9个村级饮用水供水工程，总投资78万元，受益人口15206人。2004—2006年，建成云陵开发区马山、山美，火田镇火田、瑞堂，陈岱镇竹港、礁美等43个工程。至2006年全县共建成村级饮用水工程52个，占建制村总数的32.1%，总投资645.62万元，受益人口8.46万人。至2017年底，全县建制村实现村村通自来水。2013—2017年，全县共投资引水工程8519.85万元，同时投资农田水利设施工程14327.91万元。

六、防洪防潮工程

（一）海堤工程

1997年，全县海岸线长75.5公里，其中应建海堤58.81公里，全部建成石砌或草皮护坡的标准海堤。1998年10月—2006年7月19日，被台风和暴雨损坏海堤共352处、26.727公里（含决口），水闸6座，都及时按标准进行修复。2012年，又投资1060万元，砌石5.32万立方米加固海堤。

（二）城区防洪堤工程

县城区防洪堤工程在漳江两岸，共8.95公里。1999年9月动工砌石，2001年10月竣工，东岸砌石2.25万立方米，抛石1.38万立方米；西岸汀洋段完成石方9.2万立方米，土方8.5万立方米，设计标准为20年一遇，总投资1578.2万元。2017年，西岸江滨路铺设沥青路面，对防洪堤也进行整修加固。

第三节　电力建设

云霄县发电设备始于1945年底，县城有华美、合成等卷烟厂装火电发电机组发电，仅供厂内卷烟和照明。1951年，城关永记、时光、达昌3家商户集资开办永光电灯公司，装备8马力柴油机和5千伏安发电机，从事营业性电力生产，供和平路邻近60多家店户夜市照明，1953年停办。1952年，由县财政出资41.78%，商户集资58.22%，共1.54万元，创办公私合营云霄电厂，址在和平路后街20号，安装50马力内燃机和25千伏安发电机，供给机关办公和部分商店、居民照明，年发电量3.76万千瓦时。

一、水力发电

1959 年 9 月，和平农场河溪村建成全县第一个微型水电站，安装木制旋式水轮机 17.5 匹马力，配 12 千瓦发电机 1 台，发电供村内照明和碾米加工。同年，该场顶楼、桥头、官田、林脚和马铺公社坎仔等村相继建成 5 处水电站，总装机容量 35 千瓦。1977—1980 年，建成坪水 4 级水电站。1985 年，全县有微型水电站 117 处，装机容量 1076 千瓦。至 2017 年末，全县共建成水电站 32 座，合计装机容量 30870 千瓦，其中发电上网电压等级为 35 千伏的有 8 座，装机容量 20150 千瓦。实际运行 28 座、在运机组 53 台，实际运行容量 29865 千瓦。

二、风力发电

至 2018 年底，全县境内有风力发电场 2 处，装机容量 49.5 兆瓦，分别为青径风电场 19.5 兆瓦，曾江风电场 30 兆瓦。青径风电场位于列屿镇东北部沿海一带，2012 年 6 月动工兴建，采用 13 台明阳公司 1.5 兆瓦风机，总装机容量为 19.5 兆瓦，是福建省内首次引进低风速抗台型风力发电组。工程于 2013 年 4 月建成投产。曾江风电场位于陈岱镇沿海一带，覆盖当地 6 个村，工程于 2015 年 3 月动工，共建设 15 座风电发电机组，单座风机发电容量 2 兆瓦。2016 年 1 月 31 日，曾江风电场首台机组并网发电。2017 年青径、曾江风电场全年上网电量分别达 3586.38 万千瓦时、7782.06 万千瓦时。

三、光伏发电

至 2017 年底，全县境内已并网分布式光伏发电项目 23 个，装机容量 5887.96 千瓦，其中并网 10 千伏电压 1 个，为十八重工光伏发电项目，装机容量 5250 千瓦；其余均为低压光伏发电项目，装机容量 637.96 千瓦；建设中的项目有 21 个，装机容量 7676.755 千瓦，其中并网电压 10 千伏项目 2 个，分别为新顺兴 5000 千瓦，华威 2000 千瓦，其余均为低压光伏发电项目，装机容量 676.755 千瓦。

四、电网建设

投产35千伏金埔、真珠、船西三个输变电项目，新增变电容量2.23万千伏安、10千伏线路12回，有效提升区域电网供电可靠性。云陵变—梁山简易变35千伏线路改造完成全线19基杆塔征地，安厚变—马铺变35千伏路线完成征地5基，项目2018年年中投运。积极做好属地协调工作，220千伏东林—奇才线路全面完成71基塔征地任务，110千伏竹港输变电工程施工有序推进，加快村村通动力电等农网升级改造工程。2017年度109个配网改造大修项目全面完成。

五、供电规模

至2017年底，云霄境内共有220千伏变电站1座、容量24万千伏安；110千伏及以下变电站11座，容量33.97万千伏安，其中110千伏变电站5座、35千伏变电站6座。现有线路107条1308.04公里，其中，110千伏线路7条，35千伏线路12条，10千伏线路88条。公用配变1178台、专用配变870台。

六、用电结构

2017年，县供电公司实现购电量8.1亿千瓦时，售电量7.68亿千瓦时；综合线损率6.81%。其中，居民生活用电3.96亿千瓦时，占售电比重51.63%，大工业用电1.65亿千瓦时，占售电比重21.45%。2018年，全社会工业用电量2.97亿千瓦时，比上年同期3.09亿千瓦时下降4%。

第四节　现代化通信设施建设

云霄于清光绪间设立电报和邮政机构，民国二十五年（1936年）开通电话。新中国成立后，邮、电机构合并成立邮电局。1992

年开通无线寻呼，1993 年开通模拟移动电话，1996 年开通数字移动电话。1998 年邮、电业务分营，成立县邮政局、电信局。邮政局主要经营储蓄、汇兑、包裹、函件、快递、报刊、集邮、代理业务等。

一、邮政

1998 年，成立邮政局特快公司。1999 年增设代收贷款业务。进入 21 世纪，快递业务由邮政局一家专营改为多家经营，进入城乡千家万户。

二、电信

1998 年 10 月长途电话实现程控电话，2001 年推出宽带业务，互联网进入百姓家。经营主体逐步实现多元化，1999 年 7 月移动通信业务从电信局分出，成立移动通信有限公司云霄分公司。2004 年 2 月，中国联合网络有限公司成立云霄分公司。形成固定电话、移动电话多家经营、竞争的局面。2006 年底，全县固定电话用户 125566 户，是 1997 年 25078 户的 5.01 倍，移动电话用户 145795 户，是 1996 年 2826 户的 51.59 倍。

进入 21 世纪，电信云霄分公司，先后建成了天翼 4G、光宽带、物联网三张精品网，实现 1000M 引领、200M 主流、100M 普及的智能光宽带精品网络。进一步优化无线网络建设，完成 185 个 LTF800M 基站建设及开通，基本完成全县各乡镇主要行政村、城关以及国道、省道的 LTE 信号覆盖。

网络运营方面，顺利完成厦门金砖会议、十九大等重要时期通信保障工作，确保会议期间通信畅通。2017 年在网络运营方面，完成 11 个节点 OTN 环网设备 OLP 保护、46 台 OLT 设备双路由直挂 SR 设备、38 台 TPRAN A2 设备物理双路由上行、富士通本地网、政府机房、教育局机房、农业银行机房搬迁和云霄建设力度。

移动分公司以发展“4G 与宽带”为主，2017 年成为全区首个宽带到达份额突破 40％的区县公司，宽带达到份额达 41.2％，较 2015 年底提升 6.5％，到达份额在全区排名第一。2017 年运营收入1.94

亿元，移动客户25.3万户，其中4G客户16.6万户；宽带客户3.98万户，宽带份额突破40%。推进“互联网+政务服务”工作，公司承建的云霄县委、县政府建设政务OA在政务部门内全面推行公文电子化网络化流转，推进电子公文应用；承建县防汛视频会议系统传输线路，为省、市、县、乡镇搭建联网视频会议系统公共平台；持续推进国库支付传输线路的建设，配合推进政府、医疗、教育、旅游、公安、综治、住建等整体行业的数字化应用。累计发送安全及打假宣传短信400万条，承接县电商扶贫项目信息服务的网络终端业务，“互联网+智能电网”已接入终端约3200部。2017年完成238个宽带项目的建设，新增宽带端口数2.5万个，实现所有行政村光宽带接入，累计宽带端口超过10万个。

2017年底，联通公司在全县所有乡镇设有3个网络：云陵网络、东厦网格及常山网格，有营业厅2家，3G沃体验店8家，合作代理网点200余家，各类综合用户超过7.8万户。为用户提供全方位、高品质的3G/4G、宽带通信和信息服务。信息化基础设施升级结合“智慧沃家”发展，推进“提网速、降网速”建设。2017年新开通20个行政村的FTTH光纤到户宽带接入工程，新增200个端口；同时光改5个国标小区，新增端口280个；3个PON+LAN小区，新增端口150个。智能电子信息化方面，完成“平安云霄”公安视频监控、水利防汛监控，开展光伏产业、中石化、环保局、金融与政法等信息化工作，推进教育“班班通”“警务通”“政务云”等信息化建设。加快3G/4G移动网基站建设，通过沃赶超规划建设，新增3G基站30个，4G基站25个，3G已实现村村通，4G主要乡镇及人口密集的村落已基本覆盖；3G和4G基站各达到330个和220个。

第六章　国民经济建设

1949年以来，云霄县国民经济发生了巨大的变化，特别是中共十一届三中全会以后。1978年，全县生产总值6757万元，比1949年的936万元年均增长7.1%。2018年，生产总值191.58亿元，比1949年年均增长11.17%，比1978年年均增长15.16%。农村活力进一步增强，农林牧渔业全面发展。2018年，全县农林牧渔业总产值58.74亿元，比上年增长5.6%。工业支撑进一步突出，非公有制企业崛起。2018年，全县规模以上工业总产值238.76亿元，比上年增长10%，规模以上工业增加值66.56亿元，比上年增长9.7%。第三产业欣欣向荣，国内外贸易、交通、邮电、旅游、房地产和金融等服务行业齐头并进发展。2018年，全县第三产业增加值76.96亿元，占地区生产总值的40.18%，比1949年的22.22%提高了17.96个百分点，增加值比1949年的208万元年均增长12.65%。2018年第三产业增加值在地区生产总值的占比比1978年的24.37%提高了15.81个百分点，增加值比1978年的1647万元增长467.27倍，年均增长16.61%。

2015年，根据《中共云霄县委关于制定云霄县国民经济和社会发展第十三个五年规划的建议》编制的《规划纲要（草案）》，提出了今后五年经济社会发展的主要目标：生产总值年均增长11%，至2020年突破200亿元；全社会固定资产投资年均增长20%，至2020年突破400亿元；财政总收入年均增长14.9%，至2020年力争突破15亿元；规模工业增加值年均增长13%，至2020年突破100亿元；实际利用外资年均增长7%，至2020年达到0.88亿美元。

第一节　农业生产与农村体制改革

一、农业生产曲折发展

云霄属亚热带气候区，光照热量充足，年均无霜期347.4天，耕地宜种农作物主要为粮豆、果蔬、烟、蔗等。民国期间，由于战乱和宗派械斗连年不断，加之洪、风、旱等灾害经常发生，农业生产遭到破坏。1939年，据《福建农报》载，实行“农村佃农及租赁制度”，有大税、小税、佃头税和各种杂费等，苛捐重赋和杂税的盘剥使农民所得无几。1946年，全县仅有渠、坝、陂、圳等29处，自流灌溉290公顷，远不能防御自然灾害，加之抓丁拉夫，农业歉收，农民挣扎在饥饿线上。

新中国成立后，经土地改革，组织互助合作，农作物产量得到提高。20世纪50年代中期，大兴农田基本建设，改革农具，推广良种，1957年全县粮食总产64499.1吨，比1949年22141吨增产42358.1吨。但由于刮“共产风”、浮夸风等，1958年秋后连续三年减产减收。1962年，贯彻“调整、巩固、充实、提高”的方针，农业生产得到恢复。1966年开始的“文化大革命”十年间，农业片面强调“以粮为纲”，限制多种经营，农业经济停滞不前。中共十一届三中全会以后，实行家庭联产承包责任制，促进了农业生产的快速发展。20世纪90年代后，突出农业基础地位，围绕“脱贫致富奔小康”主线，努力实现农业从粗放经营型向高产、优质、高效的集约经营型转变，1996年粮食产量13.15万吨，农业总产值9.95亿元，比1978年的5870万元年均增长17.02%。1997—2006年，进一步落实党的农村政策，因地制宜调整农业产业结构，大力提倡科技兴农，发展商品农业和创汇农业，建成粮食、蔬菜、水果、水产、食用菌、禽畜等六大农产品生产基地。2006年，全县农业总产值22.39亿元，比1996年9.95亿元年均增长8.45%。粮食产量12.34万吨，比1996年下降

6.16%。完善家庭承包责任制,减少粮食作物种植面积0.32万公顷,转变农业增长方式,发展水果种植,建立种植基地,增加农民收入。大力推广农业新技术、新品种和机械化,推进农业产业化。1999年,县农业局被农业部授予全国农业技术推广先进单位。1997年,县委、县政府提出“争创农业品牌,发展枇杷产业”战略,实施枇杷“1113”工程(面积1万亩,产量10万吨,产值10亿元,果农人均增收3000元),大力推广种植“早钟六号”等枇杷优良品种。经过近10年的发展,2006年全县枇杷种植面积4635.8公顷,总产量3.72万吨。2001年,云霄县被中国特产之乡宣传与推介委员会和国家林业局命名为“中国枇杷之乡”。2006年,全县各种水果种植面积17994.9公顷,产量169720吨,产值超4亿元,分别比1997年增加4909.1公顷、6535.9吨。2006年,全县农业总产值22.39亿元,农户人均纯收入从1996年2628元增加到4805元。

(一)农业综合开发

全县农业综合开发改变传统的“稻—稻—麦(烟)”的种植模式,大力发展多种经营,重点做好“两水”(水产、水果)开发工作。农业产业化经营在进入21世纪以后更加蓬勃发展。2017年全县农业总产值52.18亿元,同比增长5.3%;农村居民人均可支配收入15353元,同比增长9.3%。新型农业经营主体培育成效显著。全县新型农业经营主体1240家,其中农业企业261家。农业产业化龙头企业销售收入17.62亿元,比上年增长6.25%;实现净利润32645万元,比上年增长6.95%;通过订单、合同、股份合作等形式带动全县26%以上农户从事种养、加工、休闲旅游等农业产业化经营,带动农户数7.8万户。农业产业发展方式逐步完善。组织农业企业参加农博会、花博会等展销活动。佳洲岛“番茄音乐节”、下河“欢乐杨桃采摘季”等特色展销活动,结合了当地特色旅游项目。依托红色文化资源着力打造“山农史海”旅游路线,全年共吸引旅客40多万人。

农民专业合作社　2017年末,全县已发展各类农民专业合作社293家,比上年增加5家。入社成员7602人,带动农户4.35万户,占全县农户总数的50.3%。2011年至2017年全县有1家农民专业合作社被评为国家级示范社，15 家被评为省级示范社，21 家被评为市级示范社，63 家被评为县级示范社，还有 4 家专业合作社是省级规范社。

家庭农场 2017 年末，全县各类家庭农场 686 家，比上年增加 198 家。其中，有县级示范场 63 家、市级示范场 22 家及省级示范场 9 家。

（二）社会化服务和精准扶贫

1997 年，重点做好农业科技服务和农业机械作业服务。县农办、农业局聘请市、县有关农业专家授课，每年举办农业技术员培训班 3～4 期，培训 1500 多人次，每年组织科技下乡 1000 多人次，帮助解决农业生产过程中遇到的问题，加强农业信息化服务。2002 年，县农业局开通 969155 农业服务热线，选聘 10 位不同专业的农业专家负责在线解答指导，每年接受技术咨询 2000 多人次。2005 年，建成云霄县农业信息网，印发《农技简讯》《病虫情报》等农技宣传材料。10 年间，为农户提供的农业机械服务主要有：机耕 34058 公顷，植保 1200798 公顷，收割 1315 公顷，灌溉 870796 公顷。

2017 年，云霄县荣获全市脱贫攻坚考核第一名，2017 年建档立卡贫困人口数从 2016 年底的 5544 人减少到 1243 人，净脱贫 4301 人，减贫幅度达 77.6％；40 个贫困村实现脱贫摘帽（市下达 10 个贫困村实现脱贫摘帽任务）。实施 139 个扶贫项目，贫困村生产条件日臻完善；投资 9300 多万元，建成 4 个造福工程集中安置区，1400 人住上新居；实施农村贫困单人户和因病因残户安置工程，有效解决 125 户贫困群众的安全住房问题。发放扶贫小额信贷 4799.75 万元，受益建档立卡贫困户数 960 户，发放贴息资金 110.5 万元，在全市位居前列；完成“雨露计划”，培训 804 人，超额完成培训任务；引导本地企业新吸纳建档立卡贫困对象 200 多人实现就业；健康扶贫、教育扶贫、旅游扶贫、低保兜底等政策全面落实。相继成立 12 支社会扶贫志愿队，不断壮大社会扶贫队伍。实施光伏＋扶贫、脱贫攻坚“养鸡生蛋”工程和扶持村级集体经济发展试点工作，贫困村村财增收和贫困户稳定脱贫的保障机制基本建立。

造福工程　2017年，全县造福工程易地扶贫搬迁指标1400人，计划投资6400万元(工程包)。全县造福工程371户1451人，已完成投资额9300万元。建成集中安置区7个。

富美乡村建设　2017年，全县确定富美乡村创建村10个(其中市级创建村2个、县级创建村8个)，村庄环境整治村12个(其中市级示范村4个，县级重点村8个)。年末，全县富美乡村创建暨村庄环境整治行动已完成计划投资5936万元，完成市里下达投资任务的123.7%。全县10个富美乡村创建示范村，棪树村、下河村2个市级创建村年度计划总投资2789万元，建设19个项目。村庄环境整治方面，年末，12个环境整治村累计完成投资1664万元，占市里下达投资任务的104.0%。

一村一品　2017年，云霄县共有4个“一村一品”专业镇，44个专业村。4个专业镇主导产品分别为列屿镇的贝类、和平乡的枇杷、东厦镇的锯缘青蟹及马铺乡的淮山。44个专业村的主导产品设计水果、蔬菜、水产养殖、林产品、畜禽、茶叶、生猪养殖等7个产业。

(三)主要农产品种植

粮食　2017年全年粮食作物播种面积1.48万公顷，总产量10.22万吨，2017年度全县建设产能区2833.3公顷，重点推广两优688，中浙优8、10号等优质稻和适栽杂优良种，推广水稻工厂化机插育秧、叠盘暗出苗、绿色增产技术、测土配方施肥、病虫害专业化统防统治、水稻耕种收全程机械化等水稻“五新”技术，产能区早稻平均亩产506.7公斤；继续开展机收再生稻示范活动，再生季平均亩产250公斤，实现“一茬双收”，做好稳粮技术储备；开展农业设施大棚水稻全程机械化生产和无纺布育秧试验并取得成功，提高了种稻技术水平。

水果　云霄枇杷、马铺淮山、云霄蕹菜、下河杨桃入选2017年度全国名特优新农产品目录。云霄枇杷获中国“驰名商标”“地理标志保护产品”等荣誉称号。全县水果总种植面积1.63万公顷，产量26.31万吨，产值15.52亿元。其中，枇杷种植面积0.53万公顷，产量5.5万吨，产值7亿元；还有荔枝、龙眼、香蕉、杨桃、青枣、蜜柚等。

茶叶　2017年全县茶园总面积906.1公顷，采摘面积901.9公顷，总产量2381吨，主要品种有铁观音、黄观音、金观音、白鸡冠、金牡丹等。加工产品以乌龙茶为主。全县注册登记的茶业企业855家，其中公司、合作社78家，共有23家通过SC(QS)认证，年销售茶叶3500吨。

食用菌　全县金针菇生产面积5.33公顷，年产量11100吨，年产值9579万元；秀珍菇生产1.33公顷，年产量123吨，年产值122.8万元；蘑菇栽培20万平方米左右，年产量4000吨，年产值5000万元左右。全县建有3家食品菌工厂。港荣泰(福建)生物科技有限公司和福建港舜泰生物科技有限公司均生产金针菇，是漳州乃至福建省首次采用机械化生产金针菇的公司。

淮山　全县淮山种植面积700公顷，年产量2.2万吨，年产值0.8亿元，产后加工有淮山片、淮山面线等6种产品。在马铺客寮村建成富硒淮山标准化生产示范基地13.5公顷，推广淮山套管栽培，套管栽培淮山薯形平直、产量高、效益好，引进了多个省外的淮山品种。漳州何氏农业有限公司矾山牌紫淮山粉获漳州市旅游特色食品称号，干制山药粉伴手礼获2017年第三届海峡两岸(漳州)工业设计创新大赛优秀奖。

蔬菜　全县蔬菜种植面积0.75万公顷，年产量14.5万吨，年产值3.83亿元，其中秋冬种蔬菜种植0.43万公顷，设施蔬菜种植0.15万公顷，占秋冬种面积的三分之一。大力推广蕹菜籽繁种，现全县每年繁种面积近200公顷，产量近300吨，主要种植品种为云霄柳叶白梗蕹菜和半青白品种。形成30多个有县级特色的农产品专业村。

(四)绿色防控和专业化统防统治技术推广

2017年，全县继续开展绿色防控和专业化统防统治技术的推广工作。全年共完成生物防治面积0.06万公顷，绿色防控示范面积0.22万公顷，绿色防控推广面积3.83万公顷次，专业化统防统治服务面积20万亩次，测土配方施肥技术推广示范面积33.3公顷，推广测土配方施肥技术2.07万公顷(次)。新建高标准农田0.15万公顷，设施农业 53.3 公顷，实施高效节水灌溉面积 339.07 公顷。实现全县农作物、畜禽良种覆盖率 95%以上，主要增产关键技术入户率超 90%，主要农作物测土配方施肥技术覆盖率达 80%以上，农用化肥施用量减少 3%。以高档优质稻新品种为重点，根据本地生态气候条件、土壤类型、耕作制度，选择隆两优黄莉占、甬优 4550、天优华占、甬优 1540、T 两优明占、荃优 822、晶两优 534、晶两优 1206、泰优 2165、两优 98816、Y 两优 7 号、桃优香占等 5～15 个适宜本县种植的高档优质稻品种作为主推品种进行示范推广。

（五）农业精品园区建设

云霄县东厦镇佳洲岛现代生态农业园　东厦镇佳洲岛是漳州（云霄）国家现代农业核心示范园区，总面积 5.1 平方公里，农户 2234 户、7951 人，耕地 446.67 公顷，土地流转面积 333.33 公顷，土地流转率达 75%。佳洲岛内现有涉农经营主体 18 家，其中上市企业 1 家、市级以上龙头企业 4 家、市级以上合作社 3 家、市级以上家庭农场 2 家。岛内绿洲公司已建成高标准现代设施农业核心示范区 20 公顷，其中玻璃温室 0.33 公顷（公顷造价 675 万元），温控大棚 10 公顷（公顷造价 300 万元），连栋温室大棚 8.67 公顷（公顷造价 60 万元），并配套建设了智能化控制室和物联网技术应用系统。近年来，佳洲岛按照“优化一产、深化二产、强化三产”创建要求，岛内十大功能区即现代设施农业核心区、农产品加工区、休闲垂钓区、农耕文化主题园、休闲农家大院、主题水景、家禽养殖观赏区、荷塘度假休闲区、农耕劳作体验区、渔家乐主题区等配套设施建设日益完善，累计完成投资 2.4 亿元。2017 年，佳洲岛被评为省级现代蔬菜产业园以及省级智慧农业园创建核心区。

云霄县和平乡棪树枇杷生态观光园　2017 年底，园区累计完成投资 3500 万元。主要完成了 2 公里的木栈道铺设及其路灯安装，基础、钢构建设，1.5 公里的园区鹅卵石漫道铺设等；十八潭溪景观栈道、游客休息平台、索道、观光道路改造、河道整治等项目。新增 16 个景点及小公园建设工程、棪树亲水栈道、内洞停车场、醉氧台、红军古道、游步道建设。棪树村于 2017 年荣获福建省最美休闲乡村称号。

(六)科技服务与管理

沼气推广 2017年末,全县270家生猪规模养殖场,全部采用了以沼气为纽带的生态种养型技术,应用"猪—沼—果(菜、稻、林)"等生态农业模式,使种植和养殖有机结合,实现生猪规模养殖粪便污水零排放或达标排放。新建沼气池0.23万立方米,新建沼液储液池0.96万立方米,推广应用土地面积0.51万公顷,实现消纳养殖粪便污水,减轻农业面源污染,改良作物生长环境。

病虫害防治 2017年,主要农作物病虫草鼠害发生面积为3.96万公顷次,防治面积5.09万公顷次。其中:水稻全年发生面积1.06万公顷次,防治面积1.43万公顷次,挽回损失3159吨,实际损失266.7吨;果树全年发生面积1.12万公顷次,防治面积1.59万公顷次,挽回损失830.7吨,实际损失64.45吨;蔬菜等经济作物全年发生面积0.91万公顷次,防治面积1.35万公顷次,挽回损失3373.9吨,实际损失216.7吨;农田鼠害全年发生面积0.84万公顷次,防治面积0.65万公顷次,挽回损失1355吨,实际损失162吨。

农业执法 县农业局对已列入平台建设的30家农资企业,在全面完成农资企业终端安装的基础上,全面启动农资平台监管,农业局每个季度对这些企业都要进行一次全面巡查。已录入农药品种896个、肥料品种176个、兽药品种87个。

二、农村经济体制改革

(一)土地延包

1997年,县委、县政府制订并组织实施《云霄县新一轮土地承包合同签订工作实施方案》,规定承包期限为1999年1月1日至2028年12月31日,计30年。集体土地承包权以"谁所有、谁发包"为原则,承包费以当年农民负担监督卡载明的村提留、乡统筹款额为准,总额控制在1996年村农民人均纯收入的5%以内,从1997年开始,一定三年不变。1998年,全县(不含常山)9个乡镇158个村基本完成承包经营权证书发放工作。2017年,全县国土二调耕地面积 11898.83 公顷，家庭承包经营农户 76476 户，承包合同面积 10394.93 公顷。2017 年年底，全县 159 个村全部完成合同签订，完成率 100％。

（二）惠农政策

1997 年以后，国家不断加大“支农”力度，实施统筹城乡发展和城市反哺农村的支农惠农政策，2003 年取消由农业人口承担的村三提留（公积金、公益金、管理费）、乡五统筹（教育附加费、计划生育费、民政优抚费、民办交通费、民兵训练费）等费用，每人每年在数十元至上百元之间。2003—2004 年分别停征特产税、农业税，至此，农民种田实现零税负。2006 年为鼓励农民种粮积极性，实行种植直补的政策，每亩每季补贴现金 5 元。

第二节　森林保护与集体林权制度改革

云霄多山，地处亚热带，古代多发育亚热带原始雨林。清云霄厅境内有森林 6 万公顷。1949 年大洞、梁山、大帽山和大湖山等地尚存部分原始森林。1952 年全县森林面积 35333 公顷。1957 年造林累计 8.8 万公顷。1958 年后，在“大跃进”“全民大炼钢铁”运动中，乱砍滥伐山林 13333 公顷。1972 年山林普查，全县森林面积恢复至 39333 公顷，木材总蓄积量 55.69 万立方米。此后由于“文化大革命”以及“以粮为纲”的影响，至 1978 年全县森林面积减至 27467 公顷，木材总蓄积量 31.3 万立方米。改革开放后，落实山地承包责任制，多种经营形式发展林业。1989 年全县森林面积增至 41053 公顷，木材总蓄积量 34.09 万立方米。1996 年全县森林面积 62020 公顷，木材蓄积量 49.66 万立方米。全县森林覆盖率为 60.72％。

1997 年 7 月，国家林业部授予云霄县“全国沿海防护林建设先进单位”。1998 年 1 月，和平乡内洞村被全国绿化委员会授予“全国造林绿化千佳村”称号。2003 年，全县通过集体林权体制改革，采用承包、租赁、联户、集体、股份合作等多种经营模式，并由农村集体经营转变为社会个人、单位经营，有效调动社会各方营林造林积极性。2006 年，全县森林面积 64042 公顷，蓄积量从 1998 年的 423770 立方米增为 710119 立方米，无林地由 15026.7 公顷减少到 12076.2 公顷，森林覆盖率达 59.7%。2013 年 4 月，云霄县获全国绿化委员会授予“绿化模范单位”，2013 年 6 月，县花卉协会被中国科协、财政部授予“全国科普惠农兴村先进单位”。2016 年 8 月，县林业局获全国绿化委员会、国家人力资源和社会保障部、国家林业局授予全国绿化先进集体等称号。2017 年 5 月，县林业局蔡泗明被中共福建省委、省政府授予 2011—2016 年度全省造林绿化先进个人。

一、森林保护及林业生产

造林育林　每年利用“3·12”植树节，县领导带领党、政、军部门开展植树造林。县分管领导召开造林绿化汇报和专题会，帮助解决具体难题；利用各种渠道和媒介做好宣传，提高群众爱绿、护绿、植绿的意识，自觉参与造林绿化活动。2017 年完成人工造林更新 621 公顷，占任务数(293.33 公顷)的 211.7%。

野生动植物保护　开展野生动植物知识宣传教育，深入开展“爱鸟周”“湿地日”“保护野生动物宣传日”等活动，发放《野生动物保护手册》、宣传单 15000 余份，现场解答咨询 200 余人次。

二、漳江口红树林国家级自然保护区

漳江口红树林国家级自然保护区位于云霄漳江出海口。2006 年，保护区面积 2360 公顷，有天然红树林 200 多公顷，是以保护红树林及栖息其中的野生保护动物为主要对象的森林生态类型与海洋和海岸生态类型综合性自然保护区，也是福建省唯一的国家级红树林湿地自然保护区。

红树林组成种类已知有 5 科 6 属 6 种，即红树林木榄（小乔木）、秋茄树（灌木），紫金牛科桐花树（灌木），马鞭草科白骨壤（灌木），爵床科老鼠簕（亚灌木）和蝶形花科鱼藤（藤木）。结构为两层次，层间即为鱼藤。其他植被为滨海盐沼植被、滨海沙生植被。树林和植被植物共20多种。

保护区范围内有鸟、兽和两栖爬行动物218种，其中国家I级保护动物有中华白海豚、蟒蛇2种，国家II级保护动物19种，中日协定保护候鸟77种，中澳协定保护候鸟41种。其中稀有鸟类有灰雁、豆雁、斑脸海香鸭、针尾鸭、黑尾鸥、黑鹳、白鹭等6目14科82种；两栖动物有黑眶蟾蜍、中国雨蛙、沼水蛙等10多种。重要经济软体动物种质资源有泥蚶、多纹巴非蛤、长竹蛏、缢蛏等，还有经济种质资源二色卓片参、黑斑口虾蛄、方格星虫等。还大量生长鳗鱼、弹涂鱼、长体鳝、锯缘青蟹、招潮蟹、泥螺、笋锥螺等。

1992年，县政府颁发《关于加强红树林管护的决定》，建立县级红树林自然保护区，加强对红树林的保护和管理。

1997年，经省政府批复，成立省级漳江口红树林自然保护区，面积1300公顷(19500亩)。同年，县委、县政府颁发《云霄县漳江口红树林省级自然保护区管理规定》，成立保护区管理站，负责对保护区的保护和管理。聘请厦门大学等高校专家对保护区进行综合科学考察，确定宜林滩涂地752.9公顷，作为保护区的发展范围，出版《福建漳江口红树林湿地自然保护区综合科学考察报告》，聘请省林业厅调查规划院进行总体规划。至1998年共营造新幼红树林120公顷。

2003年，保护区开展国际合作，与世界自然(香港)基金会合作开展漳江口红树林保护区的湿地资源保护和合理利用项目。2005年，开展“香港米埔红树林保护区帮助培训管理人员、编写管理计划”“培训12名宣传教育人员”“租赁保护区周边池地、农地作为鸟类的栖息、觅食场所”等意向合作项目。2006年，进行第一轮的可行性论证。同年，香港汇丰银行资助17万元港币建设的观鸟屋建成并投入使用。沃尔玛丹霞分店提供20万元人民币帮助建设“沃尔玛红树林标本园”。

三、集体林权制度改革

登记发证 2003年，县委、县政府根据《福建省人民政府关于推进集体林权制度改革的意见》精神，组织实施全县集体林权制度改革。至2005年5月，全县103个村27650.5公顷的集体林权制度进行改革，完成“山有其主，主有其权，权有其责，责有其利”的改革任务。2006年完成明晰产权面积27199.7公顷，其中家庭承包经营23005.1公顷，其他经营方式4194.6公顷。全县集体林应登记和发、换证面积55995.2公顷，已登记54414.2公顷，其中商品林应登记面积27830.5公顷，已登记面积（材料录入计算机）26069.5公顷；集体生态公益林应登记28344.7公顷，完成登记100%。全县应林改集体商品林宗地1451宗，达标宗地1300宗。林权证发证准确率100%，做到林权到人，林权与地、证、册、图相符。建立了经营主体多元化，权、责、利相统一的林权制度。2005年，云霄县代表全省沿海地区市、县向国家林业局做林权改革典型汇报。

经营方式 2003年林权改革后的林地分为承包经营、租赁经营、股份合作经营、折价转让、乡村集体经营等形式。

第三节　家畜与家禽饲养业

1949年，家畜与家禽饲养业产值占农业总产值的12.02%，1978年，占13.6%。1996年，全县牧业总产值2.19亿元，占农业总产值的22%。2017年，全县牧业总产值3.18亿元，占15.33%。

一、家畜饲养

猪 1949年，全县存栏数31590头，人均0.248头。1975年，存栏数102941头，人均0.349头。1980年，县内养猪逐渐趋向规模化和向专业大户集约型转变。其中和平乡中辉养殖场、常山毅刚养猪专业大户，年各养猪200～300头，产值25万～32万元以上。

20世纪80年代，全县仍保持以家庭户为主的养猪传统，一些养猪户专业饲养母猪，繁育仔猪出售，城区小猪交易市场每天均有数百头仔猪的交易量。20世纪90年代始城区住户基本不再饲养，农村住户因青壮年外出务工也多数停养。新中国成立后设立的小猪交易场至此关闭。

20世纪90年代后期，全县养猪业不断向集约化、专业化、规模化发展。主要有下径村的高山园加工养殖有限公司（年存栏约6000多头，出栏1万多头）、圆峰村的福建省漳州市海兴养殖有限公司（年存栏约3000多头，出栏近万头）、东车村的奕铭养猪有限公司（年存栏1500头，出栏5000多头）等10多家年存栏500头以上的饲养场。1997年全县存栏20.4万头，出栏19.7万头，能繁母猪1.47万头；2006年存栏12.96万头，出栏14.85万头，能繁母猪0.9万头。

牛 1949年，全县18120头，其中耕牛15065头，每头负担耕地24.95亩。1949—1978年存栏数在17546～20375头之间，农村实行生产责任制以后，农民从事农业生产对畜力的依赖程度大大减少。耕牛的数量逐年减少，肉牛数量逐年增加。2006年存栏数2.58万头，其中黄牛1.48万头（役牛0.59万头），水牛1.10万头（役牛0.44万头）。

羊 1949年存栏数745头，20世纪60年代，城区有一广东籍饲户，雇工养奶羊数只，挤奶上门分送订户。80年代，养奶羊户增加2家。90年代后，城乡陆续出现小规模的养羊专业户。市面常年有羊肉出售。并有由北方调入的冻羊肉在超市出售，鲜羊肉成为冬季受欢迎食品。1997年全县存栏2325头，出栏1866头；2006年存栏4200头，出栏5040头。

兔 1949年存栏800只。1961年存栏35896只（当时被誉为困难时期最佳补品）。2006年存栏1.346万只，出栏8.076万只。

二、家禽饲养

鸡 农村各农户均有养殖。1949年全县存栏11.5万只，70年代存栏14.7万～28.33万只，1981年开始有养鸡专业户，1992年全县存栏75.39万只。20世纪90年代后，部分果农在果园内养殖商品鸡，并出现数家养鸡场，如1997年陈岱镇石前村李建通养鸡场，存栏5万多只商品鸡；2000年火田镇高田村李其春养鸡场，饲养海褐蓝蛋鸡，2006年存栏2万只，年产蛋50吨；火田镇岳坑吉嘉禽畜养殖公司，2006年存栏1.6万只，年产蛋30吨。2006年，全县蛋鸡存栏3.8万只，产蛋82.6吨；商品鸡存栏45.8万只，出栏96.1万只。

鸭 1949年，全县存栏11.5万只，"文化大革命"期间年均存栏约7万～8万只，1978年后发展较快，1985年存栏21.83万只，其中东厦镇9.11万只，被省定为养鸭基地乡。1990年存栏11.08万只。2006年存栏30多万只，出栏50多万只。以东厦镇浯田、荷步、佳洲、洲渡等村和列屿镇碗窑及火田镇溪口、大坑、莱埔等地水库养殖较多。

鹅 1949年全县饲养800只，80年代前年均1000只以上。1986年后，陈岱镇董塘村年均养3000多只。2000年以后，随着草山草坡综合开发示范工程的推广应用，畜牧兽医技术服务中心从诏安灰鹅种苗场引进3000多只种鹅苗，在白花洋水库和下楼、孙坑等地示范饲养推广，全县养鹅业有较大的发展。2002年存栏9532只，出栏3.336万只；2006年存栏1.63万只，出栏5.71万只。

三、整顿畜禽养殖环境

家畜养殖 2017年全县仅保留270家可养区生猪规模养殖场（户），生猪存栏12.099万头，生猪年出栏22.6376万头，同比，生猪存栏下降16.03%，生猪出栏增加2.23%；肉牛存栏0.2559万头，肉牛出栏0.3183万头；肉羊存栏0.229万头，肉羊出栏0.2763万头。同年有3家规模养殖场参加省级畜禽养殖标准化示范创建场的示范创建活动并顺利通过验收。

家禽饲养 家禽饲养以肉鸡、蛋鸡、水禽养殖为主。2017年末，家禽存栏63.16万只，年出栏202.63万只，肉类产量2868.64吨，禽蛋产量1759.42吨。鸡存栏25.39万只，年出栏55.71万只。其中，专用型蛋鸡存栏6.4万只，出栏25.9万只；兼用型鸡存栏9.79

万只，出栏25.78万只。鸭存栏31.08万只，年出栏125.65万只。其中，蛋鸭存栏1.33万只，年出栏2.64万只；肉鸭存栏29.753万只，出栏123.02万只。鹅存栏6.697万只，出栏21.26万只。

第四节　农业“五新”推广和农业产业化

一、新技术推广

1997年，主要在农村地区推广沼气“一池三改”（建沼气池，改厕所、猪圈、厨房）技术，果蔬、茶叶、枇杷无公害栽培和育秧盘育秧技术，机械采茶、制茶技术，微灌、滴灌设备使用技术，机械收割，水稻、水果机械烘干技术，平整机打桩搭架、建塑料大棚技术。县农业局成立沼气技工队，在各乡镇设立沼气推广站，常年在农村推广沼气技术，修建沼气设施。至2006年，每年推广新技术10项，应用总面积4000公顷以上，新增经济效益1000万元。当年，全县农业科技贡献率达到42%。

二、新农药推广

主要推广阿维菌素系列、BT系列、吡虫啉系列等杀虫剂和链霉素系列、春雷毒素系列、代森锰锌系列等杀菌剂。

三、新肥料推广

主要推广水稻、香蕉、甘薯、荔枝、龙眼、枇杷专业肥和高乐、快丰收、富久利多等叶面肥。1997—2006年，每年推广新肥料5种以上，施用面积约16666公顷，年新增经济效益600万元。

四、新品种推广

1997—2006年，先后从国内各省及泰国、韩国等引进推广粮油、蔬菜、水果等新品种近百个，每年平均推广新品种8种，播种面积 3555.6 公顷以上，年新增经济效益 850 万元。

五、新机具推广

1979 年后，主要推广微耕机、割灌机、锄禾器、起垄机、平整机，微喷、滴灌设备（XMXFDG-XF-1），久保田联合收割机、洋马联合收割机，上海三久粮食干燥机、福州三发农产品干燥机，久保田 SPW-48C 型手扶进步式插秧机、育秧盘，上海纽荷兰 SNH704、SNH554、SNH504 大中型拖拉机，茶叶揉捻机、烘干机、采茶机、杀青机和水产养殖新型增氧机、投饵机等。

（一）农机新技术应用

2017 年水稻生产机械化，特别是工厂化育秧进一步提升，实现耕种收三大关键生产环节机械化。

（二）农机装备总量

截至 2017 年，由于农用汽车被剔除统计范围，农业机械的总动力 17.18 万千瓦，比 2016 年小幅上升，农业机械总值达 21340 万元，比 2016 年上升 1%。在册大型拖拉机 71 台、2893 千瓦，耕整机 290 台、1196 千瓦，比 2016 年有较大增长。重点配套机具旋耕机（含起垄机）566 台套，水稻插秧机 135 台，其中乘坐式插秧机 3 台，联合收割机 12 台，农用水泵 6960 台，节水灌溉机械 717 台套，轻便型电动值保喷雾机械（含机动喷雾机械）达 8591 台套，年引进外地跨区作业收割机达 200 多台次。在佳洲岛基本实现工厂化育秧供给。

（三）农业机械化水平

2017 年投入农机化各项服务领域的服务队、农户超万个（户），服务项目涉及耕、种、收、运输、加工、修理、中介、营销等。

六、农业产业化模式

2003 年，县政府颁发《云霄县人民政府关于发布 2003 年农业产业化县级龙头企业的通知》，确认东州冷冻食品有限公司、鲜品冷冻食品有限公司、丽西罐头厂、金山农业生态园有限公司、漳江实业有限公司、臣果经贸有限公司、绿洋农业开发有限公司、云峰粮油贸易公司、北坑庄园、日特水产冷冻有限公司、列屿集华冷冻厂、绿洋农作物有限公司等 12 家为农业产业化县级龙头企业。至 2006 年，全县以“公司＋基地＋农户”为主要发展模式成立农业企业 100 多家，畜牧产业（养猪场）92 家（其中存栏 100～500 头 75 家、500～1000 头 11 家，1000 头及以上 6 家），茶叶产业 3 家。

第五节　渔区与渔业

云霄县地处东南沿海，漳江湾和东山湾海区位于海淡水交汇处，有多种浮游与底栖生物，为鱼贝类生长繁殖提供丰富的食饵，也使各类海产品鲜美可口。泥蚶、缢蛏、牡蛎、文蛤、巴非蛤、银鱼等海产品久负盛名。但新中国成立前，渔业生产规模小，1949 年全县渔业产量仅 855 吨，1978 年产量 2551.4 吨。中共十一届三中全会后，渔业实行生产责任制，因地制宜发展海水、淡水养殖，“以养为主，养殖、捕捞、加工并举”。利用浅海、滩涂、埭沟、池塘、水库大力发展海淡水养殖，实施泥蚶“168”工程和巴非蛤增养殖，成为全国最大的县级无公害泥蚶养殖基地和全国巴非蛤标准化示范区。至 2017 年，全县渔业总产量 23.2 万吨，年均增长 2.85％，渔业产值 23 亿元，年均增长 9.86％。2018 年，全县渔业总产量 24.9 万吨，比上年增长 7.33％，渔业产值 25 亿元，比上年增长 8.7％。2017 年，全县水产养殖面积 7059 公顷，其中海水养殖 5530 公顷，淡水养殖 1529 公顷，主要养殖泥蚶、巴非蛤、青蟹、对虾、牡蛎等，养殖水产品产量 22.5435万吨，产值达 22.4811 亿元。全县捕捞船 277 艘，其中 60 马力以上 84 艘，捕捞水产品产量 6601 吨，产值达 4712 万元。2017 年，海洋与渔业局邀请中央电视台拍摄东厦青蟹和缢蛏，并于 4 月 14 日和 5 月 23 日在中央电视台七套“科技苑”栏目和“每日农经”栏目播出。

一、海区与渔业生产体制

云霄县海区位于漳江湾、东山湾和诏安湾，海岸线长75.5公里，分布在东厦、陈岱、列屿3个渔镇和莆美镇。海域面积0.98万公顷，渔业资源极其丰富。

（一）渔镇和重点渔村

东厦镇 在县境东部漳江湾两岸，海岸线长34.11公里。以泥蚶、缢蛏、锯缘青蟹、文蛤、花蛤、对虾及鱼类养殖为主。2006年，养殖面积2194公顷，产量47457吨，占全县水产品总产量的27.1%；渔业产值15016万元，占全镇农业总产值67%。以渔业为主的村有竹塔、船场、东厦等3个渔村，渔农兼业的有长洋、佳洲、埭洋、东崎、湖丘、洲渡等6个村，重点渔村长洋村，位于漳江出海口。1996年，全村320户1300人，人均收入1700元。1997年，该村在滩涂开发人工增养殖巴非蛤，并设有巴非蛤加工场，加工巴非蛤肉出口欧洲和日本。1999年，村民高茂松、高宝结在当地开发人工增养殖巴非蛤200多公顷，同时在广东省井州、东莞和广西壮族自治区的北海等地，开发增养殖面积6000多公顷。2002年，高茂松、高宝结等人合股，投资创办东南海巴非蛤协会，协会拥有28艘100吨以上船只，每年有7000吨以上的产品销往广东、广西、海南和台湾等地。2006年村人均收入6000元。

陈岱镇 在县境东南部沿海，海岸线长21.5公里。2006年有网箱养殖9000平方米，对虾养殖268公顷等，东风螺等贝类、虾鱼类年产量7700吨，占全县水产品总量的4.3%。以渔业为主的村有礁美村，渔农兼营的有后江、中江、前江、坑内等4个村。重点渔村礁美村，位于东山湾八尺门沿海，1996年全村1000余户4000多人口，人均收入2100元。1997年，有浅海滩涂666.67公顷。全村常年有700多个劳动力、60多艘大小渔船投入巴非蛤人工增养，并发展太平洋牡蛎吊养和鲍鱼饲料藻养殖。2006年，全村1086户4126人，人年均纯收入6500多元。全国政协副主席周铁农率专家团到礁美村调研，为其题词："科学管理海域，礁美经济腾飞"。

列屿镇　在县境东南部沿海，海岸线长18公里。渔业以牡蛎、巴非蛤养殖为主，近海捕捞为辅。有万亩巴非蛤国家示范养殖基地和万亩牡蛎吊养基地。2006年，渔业产量11万吨，占全县总产量的62.8%。渔业规模生产村有人家、青径等2个村，渔农兼营的有宅后村。重点渔村人家村，1996年，全村200多户1000多人，人均收入1800元。1997年，该村以增养巴非蛤、加工蛤肉出口为主，并建虾池6.67公顷，放养虾、鱼、贝。1999年，村民李漳山(2005年全国劳动模范)组织海产开发联合体，邻村渔民实行联营，养殖巴非蛤234.34公顷、养殖鲍鱼0.34公顷。2001年，联合体组织村民到东山县西埔湾、广东珠江三角洲、广西北海及海南等地，承包滩涂养殖巴非蛤。2003年，李漳山等人创办漳联水产有限公司，从事巴非蛤肉加工出口和网具生产。全村有17艘渔轮、20多艘小船、300余名劳动力投入省内外水产养殖、加工、运输和营销。1997—2006年，村民新建占地面积100平方米以上、高3～4层住宅55幢。2006年，全村285户1280人，人年均纯收入6000多元。

（二）渔港

山前一级渔港　位于列屿镇山前村。1999年6月建渔港防波堤250米，总投资500万元，2006年4月26日竣工。渔港可停靠渔船200～400艘，年卸港量1万～2万吨，具备相应冷藏能力。2016年升级为一级渔港。

礁美二级渔港　位于陈岱镇礁美村。建渔港防波堤300米。总投资500万元，2014年4月建成礁美陆岛交通码头主体码头，项目总投资1600万元，工程包括500吨客货泊位，年设计货物吞吐能力8万吨，接客4万人次。

青径三级渔港　位于列屿镇青径村。2006年建渔港防波堤100米，总投资120万元，2006年4月竣工。渔港可停靠渔船100～200艘，年卸港量0.5万～1万吨。

船场三级渔港　位于东厦镇船场村。拟建渔港防波堤120米，总投资126万元，1994年10月建成100吨位陆岛交通和对台贸易码头。

（三）渔业生产体制

1949年以前，渔业生产全部为单干，农业集体化后，渔区农业合作社（公社、生产大队）设渔业队，从事捕捞，粮食和渔需品由国家供应，产品由国营水产供销公司收购。农业体制改革后实行渔船承包，有的发展了机帆船。1997年，全县有水产养殖、育苗、加工和渔具修造等经济实体730个，其中乡镇创建274个，村创办182个，渔（村）民自愿组合的股份制联合体130个，个体经营144个。2006年，全县有股份制联合体587个，乡镇办91个，村办74个，个体192个。

（四）渔业人口

据2005年漳州市渔业户口劳力综合调查，全县渔业户数3960户，渔业人口23554人（传统渔民23054人），渔业劳动力7262人，其中渔业专业5156人（捕捞1200人，养殖3635人，其他321人），渔农兼业2106人。

二、海水养殖

（一）浅海滩涂养殖

漳江湾有浅海（水深10米以下，下同）567公顷，滩涂1333公顷；东山湾云霄海区有浅海6091公顷，滩涂931公顷，分布于东厦镇、陈岱镇、列屿镇。主要养殖泥蚶、波纹巴非蛤、文蛤、缢蛏、牡蛎、花蛤、翡翠贻贝、虾、蟹等。1997年，海水滩涂养殖面积3920公顷，产量113115吨，占渔业总产量87.5%，比1996年65.4%提高22.1个百分点。1998—2003年，5年间浅海滩涂养殖占渔业总产量比例一直保持在82.7%～88.65%之间。2006年，海水滩涂养殖面积5456公顷，产量154622吨，占比94%。2007—2017年养殖面积和产量稳步发展，年均增长3%和3.2%。

泥蚶　原产于竹塔村一带，养殖区位于咸淡水交汇处，肉质鲜美，所含血份多，被称为“血蚶”。1997年县实施泥蚶“168”养殖工程（养殖面积1万亩，税收6000万元，产值8亿元），当年养殖面积167.33公顷，产量5040吨，产值1.78亿元。工程启动后，时任省长贺国强、省委副书记习近平、副省长童万亨、市委书记曹德淦、市长李天森等多次到云霄进行调研指导，省水产厅在立项与资金配套方面给予支持，聘请省水产研究所研究员陈文龙和浙江省温岭市蚶苗技术人员2人到云霄现场指导。2003年，养殖面积300公顷，产量9000吨，产值3.72亿元；2004年，养殖面积545.67公顷，产量增至11520吨，产值4.77亿元。2005年9月，“云霄万亩泥蚶养殖技术”项目获农业部“全国农牧渔业丰收奖”二等奖。当年养殖633公顷，产量16268吨，产值6.75亿元。2011年2月、2015年6月，竹塔泥蚶分别获得“地理标志保护产品”和“中国驰名商标”荣誉称号。2016年12月，县海洋与渔业局王万东获农业部授予2014—2016年农业部丰收计划特别贡献奖。

波纹巴非蛤　为浅海滩涂生长贝类。1980年在东山湾礁美海区发现自然生长巴非蛤资源。20世纪90年代初，陈岱镇礁美、列屿镇人家、东厦镇长洋村一带开始围网保护亲贝，实行人工增养殖。1997年全县养殖1333.34公顷，产量91486吨，产值1.02亿元。1999年列屿镇养殖基地扩大至666.67公顷，为全省最大养殖基地。2000—2002年，县海洋与渔业局和省水产研究所合作承担农业部丰收计划项目“云霄县巴非蛤海区增养殖技术研究”项目并通过验收，2003年10月获农业部“全国农牧渔业丰收奖”二等奖。2004年全县养殖面积3333.35公顷，产量115516吨，产值2.1亿元。2016年养殖2834公顷，产量91115吨，产值1.57亿元。

文蛤　原在漳江出海口的新浮洲自生自繁。20世纪80年代初期，东厦镇溪塘村养殖成功后，从广西购苗进行增养殖，产区逐渐发展到长洋村和列屿镇各渔村。1997年养殖面积16.67公顷，产量3500吨，产值2120万元。2016年养殖面积52.5公顷，产量11150吨，产值7940万元。产品销往中国港、澳、台地区及东南亚等地。

缢蛏　原自生长于漳江海交汇处滩涂中，清代就有人工养殖。改革开放后，东厦镇的竹塔、东崎等11个村和陈岱镇的白礁等村均有养殖。1997年，养殖面积140公顷，产量2000吨，产值600万元。2016年，养殖面积133公顷，产量5343吨，产值2200万元。产品畅销闽西北，以及粤、港、澳等地。

牡蛎　主要生长于列屿、陈岱海区。1985 年，推广人工吊养（把牡蛎壳钻洞系于尼龙索上，吊于海水中），年可收获 2 季。1997 年，产量 2250 吨，产值 408 万元。1998 年 7 月，陈岱镇养殖日本太平洋牡蛎获得成功。2016 年，养殖 633 公顷，产量 51707 吨，产值 4550 万元。产品销往中国粤、台、港、澳及东南亚等地。

花蛤　1989 年厦门集美水产学校一位副教授出资购花蛤苗 3.15吨，在陈岱镇曾江村滩涂垦区内的虾池进行虾蛤混养和繁殖蛤苗试验。试验结果池外滩涂附苗多，村水产联合体即利用垦区排洪沟及滩涂进行养殖，获得较佳经济效益。随后花蛤养殖在全县推广，成为对台贸易的主要水产品之一。1997 年产量 3950 吨，产值 3055 万元。2004 年增加到 6500 吨，产值 5005 万元。2005 年为保护资源，进行封海限捕。2016 年养殖面积 60.44 公顷，产量 3530 吨，产值 3812 万元。

翡翠贻贝　俗称青蚶，产于深水区岩礁上，加工成干制品称淡菜，营养丰富，被誉为“海底鸡蛋”。1958 年，县水产养殖场在石帆塔周围海区试养。1997 年，养殖 23 公顷，产量 400 吨，产值 400 万元。2016 年，养殖 72 公顷，年产量 1296 吨，产值 1010 万元。

虾蟹　1985 年开始在东厦、陈岱等乡镇养殖对虾。至 1989 年养殖 413.33 公顷，总产 8990 吨。后由于虾病影响，产量大幅度下降。1997 年试行对虾、青蟹混养，养殖面积 163 公顷，年产对虾 82 吨，青蟹 620 吨，总产值 3690 万元。青蟹主要养殖区在东厦镇漳江湾及陈岱、列屿沿海。后发展至漳江湾两侧的东厦镇 15 个村。2004 年全县虾蟹养殖 530 公顷，产对虾 140 吨、青蟹 1493 吨，总产值 8730 万元。2016 年，全县养殖面积 811 公顷，产对虾 230 吨、青蟹 2289 吨，总产值 1.23 亿元。锯缘青蟹咸淡适中、肉质清香、营养价值高，产品销往厦门、广东、香港等地。

东风螺　1980 年在陈岱镇曾江海区首次发现方斑东方螺，肉质脆嫩、味道鲜美。20 世纪 80 年代后期，县政府在该海区设立东风螺禁捕区和禁捕期。1992 年，陈岱镇的养殖户开始进行东风螺人工试养殖，当年养殖面积8.67公顷。1997年养殖40公顷，年产量700吨，产值750万元。1999年，陈岱镇养殖户引进新的东风螺养殖技术，主要养殖品种有方斑东方螺、泥东方螺和台湾东方螺三种，分布于陈岱镇的后江、中江、前江、礁美、石前、岱南等村。2016年，养殖面积130公顷，产量1040吨，产值1105万元。产品远销国外。

（二）网箱养鱼

20世纪90年代初，沿海乡镇开始进行网箱养鱼，之后在八尺门海区形成重点养殖区。1998年，陈岱镇养殖户在八尺门海区进行美国红鱼网箱养殖。2000年，养殖4800箱，面积8784平方米，年产520吨，产值990万元。2005年，养殖户改小箱并大箱，养殖1000大箱，面积9000平方米，年产量535吨，产值1020万元。2016年，养殖1400大箱，面积13500平方米，产量749吨，产值1680万元。养殖产品主要有石斑鱼、大黄鱼、牙鲆鱼、鲷鱼、鲈鱼、鮸鱼、美国红鱼、鰤鱼、褐兰子鱼、褐毛鲿、卵形鲳鲹、东方鲀、褐菖鲉等。

（三）工厂化鲍鱼养殖

2001年，列屿镇人家村进行鲍鱼工厂化养殖0.34公顷，生产鲍苗0.4亿粒，养殖种类有九孔鲍、盘鲍、皱纹盘鲍、杂交鲍等。之后列屿镇又发展3家鲍鱼养殖场。2001—2005年，年产量保持在50～80吨之间。2006年，山东红鲍鱼移往列屿镇越冬成功。当年生产成品鲍鱼90吨和鲍苗0.6亿粒，产值1180万元。2016年，产量及产值分别增长30％左右。

三、淡水养殖

（一）水库、池塘、埭沟放养

20世纪80年代后，养殖品种除鲤、草、鲢、鳙等传统淡水鱼类外，新增对虾、胡子鲶、鳗鱼、罗非鱼、白鲳、鳗鲡、甲鱼、河蟹、牛蛙等经济价值高的种类，传统养殖鱼类逐步减少，养殖结构有很大改变。全县水库、池塘、埭沟等淡水养殖面积每年都保持在2100～2200公顷之间。2006年，全县淡水鱼养殖产量11617吨，比1996年8388吨增长38.5％，占渔业总产量7.22％，比重比1997年提高0.88个百分点。

（二）江河放养

1994—1995 年，县水产局在漳江内湾两次人工放流银鱼 65 万尾，使近于绝种的银鱼在 1997 年恢复上市。1997—2005 年在漳江放流中华绒鳖苗 700 万只。

四、苗种繁育

（一）贝类

蚶苗 1997 年，陈岱海水温泉源利特优海产苗种场培育泥蚶夏苗 3 亿粒，秋苗 4 亿粒，并从浙江乐清引进蚶苗 1.4 亿粒，投放白礁、岱南、青崎、竹塔等村海区和虾池培育；引进蚶沙 600 万粒、蚶豆 2 万粒，投放曾江垦区虾池进行中间培育。1999 年与鱼虾同池养殖试验成功。各示范点和养殖区人工培育蚶苗逐步自育自给，2005 年全县育蚶苗 13 亿粒。2006 年育蚶苗 15 亿粒。

蟹苗 1997 年 9 月，厦门大学海洋学系与县源利特优海产苗种场合作的“锯缘青蟹人工育苗及中间培育技术推广”项目，于 1998 年获得成功，并向养殖户批量供应蟹苗。

牡蛎苗 1998 年 7 月，源利特优海产苗种场催产日本太平洋牡蛎苗种 24 亿粒，由该场养殖 33.34 公顷。1999—2016 年，县内全民推广使用日本太平洋牡蛎苗种。

（二）鱼类

1997 年，台商蔡先生租赁位于陈岱的县海水温泉水产良种实验场创办光洋温泉渔场，占地 8 公顷，有日出水量 2000 吨的海水温泉 2 口，从事鱼、虾、贝育苗和亲种越冬，培育石斑鱼苗，供应县内外养殖户。2006 年，全县石斑鱼及其他鱼类苗种全部由县内自育自供。

五、捕捞

（一）海洋捕捞

主要在江海交汇的漳江湾和东山湾海区等近海作业。捕捞的种类主要有康氏小公鱼、日本鳀、二长棘鲷、真鲷、带鱼、刺鲳、兰点马鲛鱼、石斑鱼、鲳鱼、鳓鱼、兰园鱼参、金色小沙丁鱼、黄鳍鲷、海鳗、海鲶、英氏鲻、鲈鱼、叫姑鱼、黄姑鱼、黑鲷、弹涂鱼、大弹涂鱼、牙鲆、舌鳎、条纹东方鱼屯、日本对虾、长毛对虾、短勾对虾、周氏新对虾、日本毛虾、中国毛虾、虾蛄、锯缘青蟹、日本蟳、斑纹蟳、三庞梭子蟹、鲨鱼、中国枪乌贼、小乌贼、墨鱼等。捕捞产量:1997 年 7918 吨,产值 1980 万元,1998 年后产量逐年有所上升到 8000 吨左右,但占水产品总产量的比例逐年下降。2016 年,年产量 8100 吨,产值 2000 万元,占渔业总产量 4.13%。

(二)江河捕捞

主要集中在漳江中下游作业。20 世纪 90 年代以后,在漳江主要放流银鱼和蟹苗,捕捞量从 1996 年的 1138 吨增至 1997 年的 1204 吨,其中鱼类 1156 吨、虾蟹类 30 吨、贝类捕捞 18 吨,产值 522 万元。1998 年产量 1200 吨。1999—2005 年产量保持在千吨左右。2016 年产量 1322 吨,年产值 530 万元。

六、水产品加工与流通

(一)水产品加工

干制品 主要有鱼类、贝类、海藻类。1956 年 6 月,县水产供销公司建立后,各收购站都建有晒场,加工日晒干品。2000 年后,先后创办漳联水产有限公司、中联水产有限公司、宝兴水产开发有限公司、永欣水产加工有限公司,并引进维尔京群岛外商独资漳州超大食品有限公司等加工企业,产品与产值从 2001 年的 5350 吨、582 万元,增至 2016 年的 12327 吨、1171 万元。产品增加鱿鱼丝、鱼果、鱿鱼片等软包装、小包装干制品。

保鲜冷冻品 主要为鱼类、贝类。1997 年,县水产供销公司生产冷冻品 45 吨。2002 年后,引进台商独资永德冷冻有限公司、台商独资漳州鲜品冷冻食品有限公司等加工企业,产量与产值从 2001 年的 2300 吨、130 万元,增至 2006 年的 3448 吨、222 万元。产品一般为每袋 15～25 公斤大冻片。2002 年起,又逐步改为小冻片及小包装，每袋1～20公斤。鱼类冷冻品有冻大黄鱼、冻鲳鱼、冻带鱼和冻鲵鲳鱼、冻鳗鱼等，有块冻（包括小包装）和单冻两种。冻虾主要产品有带头冻虾、无头冻虾、冻虾仁、冻虾球、冻凤尾虾和冻面包虾等。冻蟹主要有冻梭子蟹，分双螯、单螯和臂足3类，有大、中、小冻块。冻贝肉主要有冻蛏肉，由鲜蛏烫熟、去壳，速冻而成，每块0.5公斤，每箱10块。2016年，年产量突破1万吨，年产值突破1100万元。

（二）水产品流通

新中国成立后，水产品由私营商店和个体经营者市场营销，1955年实行公私合营和合作化，取消个体经营，水产品由水产供销公司收购供应。1997—2006年，随着经济体制改革的进一步深化，属国家三类商品的水产品全部放开，以多种流通渠道、多种价格形式自由交易。渔民生产、加工，还直接参与流通运销。运销水产品除供应本县市场外，大部分以鲜活或深加工方式运销汕头、广州和福州、厦门等地，文蛤和波纹巴非蛤运销日本和中国台湾等地，并开拓了对台水产品小额贸易。1999年、2001年、2003年、2005年，由市、县渔业主管部门组织云霄泥蚶、鲍鱼等鲜活名优水产品参加全省农展会、重庆水产百家企业、海峡两岸博览会展销，产品供不应求。2016年，全县水产品销售量24.89万吨，销售额11.8亿元，分别比1997年15.52万吨、5.41亿元年均增长3.51%和4.69%。

七、渔业设施建设

2017年，云霄县海洋防灾减灾预警预报高清互动示范村建设项目被县委、县政府列为“三抓三比、十项竞赛”“百个项目大比拼”参赛项目，这张总投资670万元的“海洋渔业安全网”覆盖全县3个沿海乡镇15个行政村5000户，渔民只需打开互动电视，即可实行收看海洋与渔业最新内容咨询和防灾减灾预警中心发布的消息，提前做好海上预警预报。完成总投资1596万元的跨年度现代渔业项目14个，连续6年被福建省海洋与渔业厅确定为水产技术体系改革与技术项目县。推进海洋环境整治项目实施，总投资1269万元的八尺门岸线整治与景观美化工程项目完工验收。

第六节　工业经济与工业园区建设

明清年间，云霄有造船、陶瓷、冶炼、制糖、晒盐、腌制、酿酒、染织、榨油、竹木加工等行业；清中期，城镇手工业生产形成规模；民国期间，出现印刷、卷烟、碾米等机械生产。1949 年，全县工业总产值 202.45 万元，占工农业总产值 1350.45 万元的 15%。新中国成立后，发展食品加工、制糖、罐头、卷烟、陶瓷、综合肥料、皮革、抽纱、建材、机械、电器、家具、服装和供电供水等行业。1956 年，工厂实行公私合营，手工业组织合作社。十一届三中以后，初步形成国有、集体、“三资”企业共同发展的工业体系。1980 年，全县工业企业 160 家(含个体 61 家)，总产值 14581.89 万元，比 1976 年增长 1.5 倍。1998 年后，由于工业布局的调整和东南亚金融危机的影响，国有和集体工业实施体制改革。2000 年，全县规模工业(企业年销售收入 500 万元以上)从 1998 年的 43 家减为 19 家。当年，县委、县政府提出“工业立县”的战略，通过引进外资和吸引民间资金建设云陵、高洋、东厦等工业园区，发展机械、节能光电、纺织、食品等工业。促进工业经济向非公有制企业发展。2017 年，全县 149 家规模工业企业累计完成规模工业总产值 214.05 亿元，增长 10.2%；规模工业增加值 59.47 亿元，增长 15.4%，增速均列全市各县区第一。工业技改投资较快增长。2017 年，工业投资 109.49 亿元，增长 13.7%，技改投资 100.84 亿元，增长 48.18%。完成工业税收 20191.75 万元，增长 17.21%。2018 年，规模以上工业企业产值 238.76 亿元，增长 11.54%；规模以上工业增加值 66.56 亿元，增长 11.19%，两项指标在全市仍居第一。2012 年 10 月，位于云霄的漳州核电项目列入国家发改委核电发展中长期规划。2013 年 11 月，项目取得国家能源局同意开展前期工作的“复函”。2018 年 7 月，国家能源局同意项目调整为“华龙一号”融合技术。2019 年初，项目已基本具备核准条件，主要围绕2018年实现一期工程(1、2号机组)项目核准并开工。2019年1月30日，国务院政府常务会讨论通过。6月30日，1号机组进行混凝土浇筑。漳州核电厂址位于云霄列屿镇刺仔尾，介于厦门和汕头两个经济特区之间，处于厦漳泉区域用电负荷中心。总装机容量约700多万千瓦，一期工程规划建设6台百万千瓦级核电机组。项目总投资900多亿元人民币，一期工程投资400多亿元人民币，至2019年3月，项目完成投资约39亿元人民币。项目6台机组全部建成后，年产总值约220亿元，年税收超过40亿元。

一、主要制造企业及产品

云霄糖厂　1957年4月投产，1965年1月扩建为日榨蔗500吨的白砂糖生产厂，生产白砂糖、酒精、酵母等产品，是全国500家最大食品制造企业之一。1997年、1998年分别生产白砂糖5906吨、5608吨，1999年榨季停产。2000年，根据国家经贸委关于制糖行业结构调整，部分企业关闭破产有关问题的文件精神，云霄糖厂实行破产，安置职工848人，其中带资自谋或一次性领取安置费484人，进入再就业中心80人，离退休人员229人由社保统筹发给退休金。

云霄卷烟厂　1970年12月创办，1978年8月纳入国家计划内卷烟厂，1990年进入全国500家最大工业企业行列。经过“七五”“八五”3期技改和扩建，1997年、1998年、1999年分别生产卷烟33000大箱、36200大箱、34000大箱，销售产值分别8459.6万元、9991万元和12621万元，税利分别为4292万元、5223万元和3503万元。1999年11月9日，国家烟草专卖局决定由龙岩卷烟厂兼并云霄卷烟厂。2000年8月，分流职工459名。同年12月，在原云霄卷烟厂厂址创办中外合资企业福建省贝森蜂窝新型材料公司，投资2000万美元。原卷烟厂留用和待岗的111名职工全部被新企业聘用。

福建省丽西食品有限公司　1985年1月，云陵镇潘培南兄弟创办丽西罐头厂。2004年迁入云陵工业开发区边新址，占地面积

66599平方米。主要生产枇杷、蘑菇等罐头，2003年起年生产能力1.6万吨以上。2003—2004年，产值分别3836万元、5097万元。2005—2006年，产值和销售收入分别达2亿多元，出口创汇3000多万美元。产品出口日本、法国、比利时、美国等20多个国家和地区。

云霄县宏源家具有限公司　1988年9月方源水创办，为家具产供销企业。位于云陵镇兴汀路，设木制车间、聚酯喷漆车间、藤器车间。2006年，产值、销售收入分别超1000万元。2017年，迁址云陵工业开发区边，与绿通塑胶有限公司合并。

漳州市宏国电子有限公司　1989年9月台商何希灏创办，1997—2006年增资至1100万美元，销售收入超1000万元。是大型的线圈、变压器、电源稳压器等生产厂家，产品销售欧美、日本和东南亚地区，是福建省“百家”外商企业、全国台商投资先进企业。

云霄县云峰粮油有限公司　1991年12月林典奇创办，新址在云陵工业开发区边。从事粮食、饲料加工销售，年均产值、销售收入分别达1000万元。2001年1月“云峰”牌大米获第三届海峡两岸花博会金奖，2002年1月被省消费者委员会推荐为“绿色消费品”。2018年，迁址云陵工业开发区。

云霄县名城人造花有限公司　1992年8月台商黄新旺创办，产品为人造花卉，销售东南亚各地。1997—2006年，年均产值2.14亿元，出口值2986万美元，2006年员工980人。

福建省义发生态茶业有限公司　1986年，老区和平农场供销社停薪留职职工柳义发到武夷山市拜师学习品茶、制茶。2005年在当地创办拥有千亩乌龙茶基地的“公司＋基地＋农户”模式的国晟生态茶叶有限公司。2013年武夷山市国晟生态茶叶有限公司的总部和茶厂迁到云霄云陵开发区边，占地2.93公顷。2015年生产大红炮、水仙及肉桂等茶叶，与武夷山市国晟义发生态茶叶有限公司实行产供销“一条龙”经营，注册商标棕叶、兰花底获漳州市知名商标。在云霄5条主要街道及闽粤40多个城市设立茶店。

云霄县东洲食品冷冻有限公司　2000年5月黄振山出资750万元创办，位于东厦镇宣美开发区，占地面积1.2万平方米，建筑面积6000平方米。生产毛豆、敏豆、芦笋、麻笋等速冻蔬菜和蘑菇、香菇、木耳等保鲜食用菌以及荔枝、龙眼、枇杷等保鲜水果，年产量8000吨，产值6400多万元，创汇300多万元，产品出口欧洲(主要为德国)和美国、日本、新加坡等地。2003年通过HACCP质量体系认证，2005年12月获中国绿色食品发展中心“绿色食品证书”。

漳州鲜品冷冻有限公司　2000年8月台商刘文斌投资590万美元创办，位于云陵工业开发区边。公司占地面积3.3万多平方米，生产、加工冷冻水产品，年水产品生产加工能力2000多吨，产品有冷冻贻贝、冷冻虾仁、冷冻鱼等，销往欧盟及美国、多米尼加、澳大利亚等国家。2005—2006年被评为福建省水产产业化龙头企业和福建省农业产业化龙头企业。2006年，有员工250多人。

云霄县金山酒业有限公司　2001年1月吴春生投资2000万元创办。位于高洋工业区，占地面积4.23公顷。公司自主研发复合活化率与关键温控点两项工艺技术，引进意大利低真空隔氧冷灌装酒生产线。2002年获省消费者委员会“绿色食品推荐产品”证书。

云霄县漳江实业有限公司　2002年1月高坚强创办，所属有漳州市乐透食品饮料有限公司、乌山果园和百花洋枇杷基地。所产“乌山牌”枇杷获漳州名牌农产业称号，产品包装设计取得国家专利。2006年，所产枇杷膏、枇杷汁销售新加坡、马来西亚及中国香港等地。

漳州市大众兴纺织工业有限公司　2004年10月，菲律宾华侨吴时代投资创办，注册资本1400万元，占地面积40公顷。2006年3月投产，月产高档纱、特种功能纱、多晶纳米功能纺织品、吸汗排汗生态纺织品30万米，产品30%以上销售国际市场，年产值、销售收入分别达1亿元以上。

福建省信实电光源有限公司　2005年11月创办，为自然人控股的福建信实集团子公司，生产V型、XS型(半螺)及FS型(全螺)无积粉电子节能灯系列，罩灯、反射灯、球泡灯、独型灯等各种紧凑型电子节能灯系列，以及直管TS高效日光灯、LED太阳能庭院灯、草坪灯等，年产量1000万支(套)，产值、销售收入分别达1亿元以上，产品出口日本、东南亚、马来西亚及欧美等30多个国家地区。

燕宁顺通科技发展有限公司 2012年成立，由苏文科集团股份有限公司（上市公司）控股子公司江苏燕宁建设工程有限公司与漳州市顺通路桥建设有限公司等出资成立，注册资金5000万元，自主研发生产橡胶改性沥青，拥有10余项国家专利、20多项专有技术，已承接南靖、东山等高速公路和隧道白改黑等10多个白改黑路面改造工程。

漳州华锐光电科技有限公司 2008年成立，主要生产锂电池、铅蓄电池、太阳能光伏及LED应用照明等产品。

海峡彩亮（漳州）光电有限公司 2010年成立，主要生产室内外单色系列、双色系列、全彩系列LED显示屏等产品。

福建云星电子有限公司 2008年成立，主要生产应用于LED照明灯具、电子镇流器的铝电解电容器以及电子行业的SMD铝电解电容器元器件等产品。

云霄互惠光电科技有限公司 2012年成立，主要生产超高压电容器、手机摄像头、蜂鸣器等产品。

福建汉晶光电科技有限公司 2010年成立，主要生产图案化蓝宝石基板（PSS）。

漳州华威电源科技有限公司 2007年成立，主要生产摩托车启动电池、电动车电池、汽车电池、储能电池及配套塑料五金制品等产品。

振牌（福建）海洋生物科技有限公司 2013年成立，主要生产卡拉胶、琼脂、软糖胶、果冻胶、肉制品胶、颗粒饮料稳定剂、冰淇淋稳定剂等产品。

漳州拓奇实业有限公司 2012年成立，主要生产户外防水运动服、自行车及摩托车雨衣、反光安全雨服、农林牧渔及工业用雨服等各式防水防雨装备产品。

福建豪锦化妆品有限公司 2010年成立，主要生产洗涤类、护发美发类、护肤清洁类、香水类等产品。

福建新顺兴装饰材料有限公司 2014年成立，主要生产新型环保家具装饰板、人造板、地板、家具、木门等产品。

福建十八重工股份有限公司 2010年成立，主要生产建筑钢结构、桥梁钢结构、公共娱乐设施钢结构、海工产品钢结构、工程机械配套钢结构等产品。

二、光电工业

2008年，云霄县委、县政府提出“发展光电信息产业，打造中国光电之都”的总体构想，明确最主要发展方向，拓宽招商引资渠道，产业基础日益扎实，产业链条逐步形成，质量和效益稳步提高，光电产业取得较大实质性发展。2017年全县光电企业超200家，规模以上光电企业60家，实现规模工业产值131.55亿元，占全部规模工业产值比重达47.1%。

光电产业规划布局 云霄县光电产业以云陵工业开发区为主载体，总规划面积13平方公里，节能光电科技产业园分三期建设，第一期规划总用地为664.6公顷，主要发展LED、节能照明和太阳能光伏等新能源、新光源领域的新兴产业；第二期规划用地186.67公顷，创办了云霄县回乡创业园；第三期规划用地300公顷，建设光电学院和海峡光电产业园。在高铁客运站周边规划66.67公顷，建设现代光电市场。

光电产业发展成就 云霄县节能光电科技产业园先后被确认为“福建省光电产业园”“福建省生产力促进中心科技创新平台”“省级循环经济产业园区”“国家科技兴贸创新基地”“国家蓝火计划光电产业技术转移示范基地”“国家节能照明高新技术产业化基地”“福建省小微企业创业基地”“福建省新型工业化产业示范基地”，并列写入福建省海西建设电子信息产业振兴纲要。2016年，获评国家新型工业化产业示范基地，为漳州首个获此荣誉的园区。

主要光电企业及产品 2017年末，云霄辖区有汉晶光电、云星电子、海峡彩亮、华锐光电、互惠光电、高贤电子等20多家投资上亿元的光电企业。光电项目涉及图形化蓝宝石衬底(PSS)、晶体材料、光电封装、LED显示屏、LED照明灯具等产业链的主要环节，配套产业从电解电容、稳压器、镇流器等电子元器件，到塑胶、模具、包装等，再到物流运输等，基本形成了布局合理、特色鲜明的节能光电上下游产业链，光电产业基地初具规模。

光电企业技术提升　以生产外延片闻名的台资企业汉晶光电为进一步降低成本，增强产品竞争力，投资4600万美元，与台湾兆鑫光电合资建设PSS生产项目，将使云霄光电产业上游具有自主核心技术，大幅提升云霄光电产业发展层次。云星电子积极进行技术研发，实现电解电容技术由液态向固态的提升，填补了福建省在该领域的空白。华锐光电、海峡彩亮进行技术改造，自动化程度及劳动生产效率不断提升，成功获得2017年度省级技术改造专项补助。

三、工业开发园区建设

高洋乡镇工业区　高洋工业区位于莆美镇政府对面，1994年投建，规划面积30公顷。1999年，工业产值8亿元，创汇1714万美元，税收800万元。同年10月21日，漳州市市长办公会议决定把高洋工业区定为市级乡镇工业区。2000年8月，漳州市委机构编制委员会批准成立云霄县高洋工业区管委会，依托于莆美镇，为副科级建制，工业区规划面积扩大为333公顷。至2000年末，开发17.7公顷，签约企业58家，合同总投资额2.38亿元，投建27家，市级投资1.58亿元。2003年3月，高洋工业区被省乡镇企业局确定为福建省级工业园区建设基地。

乡镇工业小区　2000年，云陵镇下坂工业小区投建。2001年，东厦镇宜美工业小区、莆美镇阳下工业小区投建。至2006年，还有云陵、莆美、东厦等8个乡镇以项目带开发的山美、白塔、尾坑、陈岱、火田、下河、马铺、和平等8个工业小区投建。全县11个乡镇工业小区总面积432公顷，落户工业企业家131户。2006年末，列屿镇建设临港工业小区。

云陵工业开发区　1991年10月，省政府批准云霄县建立云陵工业开发区，由分管副县长兼任开发区主任。至1997年，形成下坂区板块和汀洋区板块，总开发面积71.83公顷。1998—2000年，引进签约“三资”企业31家，投资总额6650万美元。2000—2006年，由于县城规划调整，区内工业企业大部分迁出而逐渐成为居民商住区。

福建云霄常山经济开发区云陵片区 1999年3月，县委、县政府决定在与常山开发区毗邻的七星山附近建设七星工业园区，后称云陵工业开发区。同年4月，县政府批复成立云陵工业区开发建设有限公司。2000年9月，开发区第一期工业园区总体规划由漳州市城市规划设计院编制完成，着手进行开发区水、电、路、通信等基础设施建设。2003年9月，开发区第二期工区园区规划设计由重庆市规划设计院设计研究院厦门分院编制完成，投入1000万元完善道路、水电、通讯等基础设施。2004年，引进泉州华蓄集团投资开发工业用地20公顷，采取“以地换路”办法吸引民间资金建设主干道路等配套设施；引进县外资金500多万元，建设标准通用厂房1万多平方米。2006年3月15日，省政府批准常山华侨工业区、云霄云陵工业开发区整合为福建云霄常山经济开发区；4月，国家发改委予以公布。云陵工业开发区对上称为福建常山经济开发区云陵片区。同年7月22日，县委、县政委印发《云霄县云陵工业开发区整合方案》，决定从莆美镇划出马山、狮山、益宝山、树洞、大埔、下径、三东、上坑8个建制村并入组建云陵工业开发区。开发区北至上坑村、西至杜塘水库渠道、南至下径与列屿交界处、东至树洞岩与东厦交界处，总面积13平方公里。开发区管委会为县政府派出机构，正科级单位，编制38名。2006年10月，第三期工业园区由辽宁省城市建设规划设计院闽南分院编制完成并经县政府常务会议通过。园区分为御史岭工业小区、七星工业小区，以发展节能光电为重点。全区面积141公顷，入驻企业62家，同年8月，被省政府批准为福建光电产业园、福建省生产力促进中心科技创新平台、省第二批循环寂静示范园区。2016年6月，被国家工信部授予国家新型工业产业化示范基地称号。

常山华侨经济开发区 1953年1月，常山建立华侨农场，以农业为主，设区后，以工业兴区为战略目标，重点推进工业园区建设。

1997年，在常山管理区和溪墘管理区之间开发建设70公顷工业区，当年引进外资6670万美元，创办33家企业，实现工业总产值4.51亿元。

第七节　商贸与服务业

云霄县历史上素有“漳南商埠”之称。明清时商船北走上海、天津，南下台湾及东南亚。民国时街市初具规模，为漳州南部的商品集散地。新中国成立初期，贯彻“公私兼顾，劳资两利，城乡互助，内外交流”方针，在发展国营商业和供销合作商业的同时，整顿市场，稳定物价。1952年，全县城乡有坐商1119户，行商365户，摊贩709户，流动小贩827人，是1949年的5.5倍。1956年对私营商业进行社会主义改造。1957年，国营和供销合作商业销售额占社会商品零售额的比重由1952年的42.4%增长到80%。20世纪90年代中后期，随着经济体制改革的深化，国有商贸企业、粮食企业及供销合作企业进入实质性改制阶段，所属企业门市实行承包或租赁经营，在流通领域份额减少。个体私营经济迅速发展，成为商品流通领域的主体。商业服务网点遍布城乡，商品流通领域进一步扩大，对台对外经济贸易活跃，形成多成分、多渠道的商品流通网络。1998—2005年，增加企业541家，注册资本25360万元，员工3104人；2006年，增加企业70家，注册资本6865万元，员工388人。至2006年末，共有各种所有制企业569家，注册资本34474万元，员工2811人；个体商户2938户，从业人员5409人；全县社会消费品零售总额17.56亿元。进入21世纪以后，各种超市和电商跻身商贸行列。2017年，全县社会商品零售额（含常山）70.9亿元，比上年增长14.6%，比2006年年均增长13.53%。限额以上批发零售企业消费品零售额26.3亿元，增长30.4%。全县批发和零售业生产总值9.84亿元，其中零售业7.36亿元。2018年，全县社会商品零售额72.98亿元，增长15.7%。其中限额以上消费品零售额40.25亿元，增长23%。

一、市场调节和商品展销

菜篮子工程建设 2017年，省级副食品调控基地项目改造建设资金补助54万元，扶持3家生猪基地和1家蔬菜基地改造建设，保障市场副食品供应稳定。

参加展销与订货会 2017年2月，组织4家企业参加省商务厅组织的闽货华夏行·北京站展销与订货会；5月组织3家企业参加市政府主办的第九届海峡论坛·第四届海峡（漳州）茶会展销与订货会；12月，组织漳州市德润康实业有限公司1家企业参加闽货华夏行·武汉站食品展销活动。

二、对台贸易与合作

1997年，在陈岱镇礁美村码头台轮停泊地设立对台贸易点，由国有企业云发贸易公司为定点贸易机构，专司办理对台贸易业务。到云霄的台湾商渔船多数来自台湾高雄地区，载重量为100～300吨位不等。1997—2006年，计有台湾商渔船4184船次到云霄贸易，出口贸易商品以巴非蛤、文蛤、沙蛤为多，贸易额34612吨、2320.6万美元，其中部分由台湾商人（渔民）转销日本及欧美。对台小额贸易成交量较高年份为2000年、2001年、2002年，年贸易量分别达3955吨、4111吨和4853吨，年贸易额分别达591.11万美元、130.55万美元、167.89万美元。

三、进出口贸易

出口商品 1997年，云霄县出口商品主要有农副产品、水产品、土产品、食品罐头和其他商品等5大类，以枇杷、金枣、柑橘、茶叶、对虾、缢蛏、鳗鱼、文蛤、红鲟、泥蚶、食品罐头等为大宗，通过厦门、汕头、漳州、福州、广州等口岸出口中国港澳台地区和东南亚、欧美等地。全年出口商品总额6023万美元，其中“三资”企业5917万美元，外贸公司106万美元。1998年，金枣、柑橘、茶叶出口量下降。

1999 年，以电子元件、工艺品、服装、罐头食品为主。2000—2006 年，以水产冻品、巴非蛤、文蛤、沙蛤及速冻蔬菜、农副产品、中药等为大宗。2006 年，全年出口商品总额 3106 万美元，其中常山 1260 万美元，全部为“三资”企业出口。2018 年，全县出口总值 16.31 亿元，比上年 13.05 亿增长 24.98%，比上年多增长 14.98 个百分点。

出口商品基地　主要有东厦、列屿、陈岱贝类海产品基地，电子、食品、服装、化妆品、工艺品、高新技术产品等“三资”工业企业，云陵、莆美、和平、下河等枇杷、杨桃农产品基地。

招商引资　2017 年全县实际到资 4.6 亿元，增长 2.6%，增幅位列全省第 2 名。2018 年实际到资 2.03 亿元，降低 55.8%。2017 年全县共注册外资项目 3 个，完成年度外贸项目任务数 20 个的 15%。外资注册为 20990 万元。2017 年，全县重点在谈项目 119 个，计划总投资 306.36 亿元；签约合同项目 65 个，计划总投资 202.56 亿元；签约项目中，已落地项目 38 个，计划总投资 43.07 亿元。2017 年全县共开展招商引资活动 139 场次。紧盯珠三角、长三角、闽南金三角等重点区域，突出云霄重点发展的光电及新能源两大主导产业，积极引进计划总投资 100 亿元的核电抽水蓄能电站项目(也是漳州市 2017 年引进的 2 个百亿项目的其中一个)。

四、商贸市场

县城商业街市　1997 年初，商业街市主要分布在经堂口、和平路、云平路、元光路、云漳路、云东路、中山路、南强路、复兴路、永绥路、永绥横路、溪边路、槐荫路、前进路等。至 2018 年，县城新建商业街市主要有云漳北路、绥阳路、宝城路、陈政路、金霞路、江滨路、兴汀路、宏华路、莆政路、侨兴路、江辉路、前埔北路、城元路、将军大道、开漳大道等 29 条。

县城商贸市场　1997 年，县城有南市场、西市场、溪美市场、经堂口小商品市场、供销商场、商业商场、一建小商品市场，总占地面积 2.55 万平方米。1998 年，云陵镇政府与个人联合在县城畲仔园建东市场，面积 1 万平方米左右。2000 年，莆美镇政府与个人联合在莆美镇双溪口村建枇杷批发市场，面积 1.65 万平方米。同年，宝树村村委会与个人联合，在该村毗邻绥阳路中段建绥阳市场，面积 1.14 万平方米。2012 年在渡头棚户区改造中兴建渡头农贸市场，同年在下坂兴建农贸市场。

农村农贸(圩)市场 农村农贸(圩)市场主要有莆东、陈岱、列屿、车圩、马铺、常山、和平、竹塔、大埔、浯田、白塔、阳下、枧脚、荷步、船场、后埔、莆中、下坂、梅山以及莆美水果市场等。1997 年前以每月农历“一、四、七”(即逢一、逢四、逢七，下同)、“二、五、八”“三、六、九”为圩期，进行赶集(俗称“赴圩”)贸易。1997 年后，圩期虽依旧，但均成为全天候市场。农村(圩)市场内多数设立商场或自选商店。

五、大型自选商场

漳州市恒盛商贸发展有限公司 成立于 1997 年 4 月 20 日，总部为金恒盛大厦、物流配送中心位于常山。公司自创立以来，已成功开拓福建省漳州地区及广东省潮汕地区零售(超市、百货、城乡便利店)、物流、房产等领域，拥有 40 多家连锁门店并不断发展壮大，拥有配送货车及业务行政用车、员工大巴车等几十部。

新华都超市 漳州新华都百货有限责任公司是新华都购物广场股份有限公司下辖的连锁零售企业。2008 年入驻云霄，公司在君宝路设立超市。

永辉超市 永辉超市股份有限公司创办于 1998 年，是中国大陆第一家将生鲜农产品引进现代超市的流通企业，2014 年入驻云霄，在将军大道翠峰豪庭设立超市购物广场。

冠超市 冠超市于 1999 年创立于福建省福州市。2014 年入驻云霄，在建发半山御园设立超市购物广场。2017 年 5 月停业，由恒盛入驻，在原地设立超市购物广场。

六、粮油经营实行政企分开

1998 年 7 月，根据国务院《关于进一步深化粮食流通体制改革的决定》，粮油企业实行收储业务与附营业务分离，撤销乡、镇、场粮站和直属库，设立乡、镇、场粮食收储有限责任公司和陵城粮食销售有限责任公司及粮食储备库等12个粮食收储企业，专事订购粮、议价粮、中央和地方储备粮的收购、储存、调拨业务，以及国家指定企业经营的粮食进出口业务；设立具有独立法人资格的乡、镇、场粮站经营部和直属库经营部作为附营企业；保留县粮油供应公司，专事粮食收购企业收储业务以外的生产、经营业务；政策性粮油库存规划粮食收储公司粮食储备库；粮食经营网店、加工设施及其他附营业务和资产划归经营部。1999年，对粮食收储企业进行重组，组建城关、莆美、东厦、火田4家粮食购销公司，专事政策性粮食收储业务；组建城关、莆美、东厦、陈岱、列屿、和平、下河、马铺、火田和直属库经营部等10家企业，专事非政策性粮食购销业务。1999年7月28日，常山粮食收储有限责任公司及其定购任务30万公斤（含公粮5.195万公斤）和新增储备粮50万公斤指标划归常山开发区管理。2001年，粮食价格由市场供求形成，粮食购销企业实行自主经营、自负盈亏。1997年，全县粮油购销企业有职工447人。2000—2005年，全县粮食系统（含工业及购销企业）与企业解除劳动关系自谋职业者280人，企业职工从2000年的630人裁减至350人。

七、供销合作社实行企业改革

职工分流安置　1997年，全县有莆美、东厦、陈岱、列屿、火田、车圩、马铺、马田8家基层供销社，职工519人。2001年，职工下岗398人，有97人带资自谋再就业。至2006年末下岗职工301人，在职59人。

组建专业合作社　2004年6月，莆美供销社与当地枇杷种植大户成立莆美枇杷专业合作社，自此，马铺供销社吸收淮山种植大户入股，成立马铺琪琪淮山专业合作社。2006年，列屿供销社吸收牡蛎养殖大户参股，成立列屿海蛎养殖专业合作社。2006年5月，莆美枇杷专业合作社被确定为全省供销系统示范专业合作社。2004至2013年，全县供销系统通过各种方式创办专业合作社13个。各专业合作社利用行业优势，组织经营茶叶、芦笋、巴非蛤、枇杷、淮山、海蛎等大宗农副产品购销，解决生产分散、产品销售难等问题，2014 年，基层创办 5 个农民专业合作社。

2016 年新发展 4 家农民专业合作社。2017 年新发展 9 家农民专业合作社。全县专业合作社覆盖全县各乡镇，并伸展到乡村。

发展电子商务 以直属企业供销综合商场为运营主体，注册成立云霄县瑞盈电子商务有限公司。对接全国总社平台，在“供销 e 家”成立云霄县供销社土特旗舰店，联系农民专业户合作社，经过严格筛选，有序组织具有云霄特色的农副产品分批上架销售。拓宽本地农副产品的流通渠道，提高农产品流通现代化水平。2017 年，推进新网工程建设，进一步完善农村流通网络体系。重点发展农资连锁网点和日用品连锁网点，按照全国总社行业标准改造提升 5 家网点，形成一套相对完整的农资连锁配送网络。积极助农增收，便民惠农，拉动农村消费。

生产、生活资料经营 以服务“三农”为宗旨，确保农村生产、生活资料供应。重点抓好农资化肥供应。根据市发改委下达的化肥冬储任务，分解冬储任务指标。

2017 年 3 月，全县供销系统落实化肥冬储任务 3770 吨，为广大农民提供质优价廉的农资商品。

八、商业局、物资局体制改革

1997 年 1 月，根据县委、县政府《关于政府专业经济行政管理部门成建制转为经济实体的若干意见》的通知，县商业局、物资局改制为县商业总公司、县物资总公司。建材市场放开后，总公司经营长期处于亏损状态。2003 年，根据县委、县政府决定，总公司改为事业单位。除炸药继续实行专营外，6 个经营网点实行租赁经营。2006 年取消炸药专营，与市物资公司等组建专营公司。商业总公司下属 5 个支公司。总公司统筹做好商业系统资产管理，做好增值。2017 年，全年商业系统各公司的租金总收入达到 240 万元，比 2016 年增长 8%。

九、电子商务

云霄县自2015年获批电子商务进农村国家级综合示范县以来，认真扎实有序地推进综合示范建设各项工作。至2016年底，全县电商企业发展到250家，电商从业人数累计达到5300人。全年实现电子商务交易额15.09亿元，比增56.3%。其中，网络零售额8.91亿元，特别是带动杨桃、枇杷、淮山等农副产品网络销售额2.45亿元，拉动物流、快递、生产加工行业近3000人就业。全年云霄县上行快递收件量累计323万件，在福建省10个第二批电子商务进农村国家级示范县中排名第一。

2017年，全县电子商务交易额达19.8亿元，网络零售额11.59亿元。电商企业285家，电商从业总人数近6000人。2017年，云霄县获商务部国家电子商务进农村示范县绩效考评等次良好，获省商务厅全省通报表扬。

农村淘宝　全县共有农村淘宝合伙人81个，招募淘帮手200多名。2017年每月代购金额平均近1000万元，全年代购金额突破亿元大关。云霄枇杷、下河杨桃等地标产品通过村小二销售到全国各地。菜鸟物流云霄中心作为村淘配送体系，承担起由县到村的直接配送，90%的村淘点可实现“T+0”模式，当天送达。全年云霄枇杷通过电商销售50万公斤以上，其中宝石村村淘点日销上千件。

电商扶贫　云霄电商有三支队伍获得县委书记扶贫志愿队授旗，通过电商扶贫到村、项目扶贫到站、平台扶贫到家、创业扶贫到点等形式帮助贫困户创收。其中“一户一店一码”已在下河村、峰头村等8个村启动，已有62位贫困户接受辅导开设微小店。2017年全市电商扶贫现场会在云霄召开，会上副市长吴卫红表扬云霄电商扶贫工作，副省长李金德表扬云霄的“四检合一”工作。农村电商已成为云霄脱贫攻坚的有力抓手之一。

十、打击制售假冒卷烟违法犯罪活动

20世纪90年代初期，云霄开始出现制售冒牌卷烟违法犯罪活动，并逐渐蔓延扩展，成为全国有名的卷烟“制假”重灾区。

2001—2002年，在全国打假专项行动中，云霄县被列为全国制假重灾区。2003年2月24日晚，中央电视台综合频道《焦点访谈》栏目播出“云霄假烟屡打不绝”的报道。其间，国家、省、市经常组织打假队伍到云霄开展大规模的“打假”专项行动。

1993年下半年，云霄县成立“打假”指挥部，1994年，成立县“打假”领导小组，由县长任组长，1名县委副书记（分管政法）、1名副县长任副组长，县质量技术监督局局长任办公室主任，法院院长、公安局局长、工商局局长、烟草局副局长为副主任，办公地点设在县公安局。2002年7月，成立县整顿市场经济秩序办公室，负责全县“打假”工作。

1996年3月，县委、县政府从各职能部门抽调46人成立“打假”联合行动队。1999年，各乡镇分别成立1支25人以上的“打假”队伍。各“打假”队伍视“制假”情况，既有联合作战，又有独立“打假”行动。

1996年3月，县长与各乡镇长首次签订《“打假”工作责任状》。1997年12月，县委县政府首次出台《关于打击制贩假冒卷烟责任制的若干规定》，翌年2月18日，县委县政府出台《关于严厉打击制售冒牌香烟违法活动的实施方案》，全县层层建立领导挂钩“打假”责任制，县领导挂钩乡镇，乡镇领导挂钩村（街），村（街）干部挂钩村民小组，挂钩领导作为挂钩点的第一责任人，公开领导责任。县委、县人大、县政府、县政协和县纪委领导成员对全县24个“制假”重点村（街）进行责任挂钩。县委书记和县长分别挂钩“打假”难度最大的云陵镇下板村和莆美镇阳下村。各乡镇、县直机关各部门主要领导挂钩重点村（街），副科级以上干部、驻村工作队员直接包到户。按照“守土有责、属地管理”原则，对直接管辖或责任范围内的“制假”活动隐瞒不报、压制不查的，乡镇及挂钩科级干部视其情节轻重，予以党纪、政纪处分或追究法律责任。1998—2006年，县委县政府每年均出台一份“打假”规范性文件，布置“打假”工作，保持“打假”高压态势。

1999年1月27日，县委下发文件，在全县干部职工队伍中开展以“三讲”为主题，狠刹“制假”违法活动的党风廉政教育。云霄电视台开辟“打假”宣传专栏，及时报道“打假”动态，及时曝光“制假”活动，运用宣传车、宣传栏、标语进行广泛宣传，并组织各部门单位签订《远离“制假”保证书》，举行万人签字活动，号召全县干部以身作则，管好家属，使“打假光荣、制假可耻”社会氛围日益浓厚。

各级党政和部门领导对云霄县打击制售假烟工作十分重视。深入云霄县对“打假”进行检查和指导。围绕“除假务尽、彻底根治”的“打假”工作目标，云霄县与国家、省、市“打假”部门全面持续开展一系列的打假行动。1997年8月18日，云霄县组织全县力量，配合国家打假办在全县进行“打假”专项行动；1998年，以每年3月作为“打假”月活动时间；1998年3月15日，配合国家打假办开展“3·15”围剿大行动；1999年，联合市“打假队”开展“4·16”清剿大行动和“10·13”歼灭战；2000年11月11日，时任省委副书记、省长的习近平到云霄检查指导打假工作；2001年5月14日，国家“打假办”及省、市、县打假队，联合开展“5·14”零点行动；2002年3月14日，市县两级开展“铁鹰”行动。此外，省、市、县打假队还根据举报线索，多次联合对各“制假”重点地区进行经常性打击。“打假”行动采取村内打、路上堵、山上搜、地下挖及“地毯式”搜查等措施，全面拆除爆破“制假”工场、地下室，切割、炸毁、收缴“制假”设备，收缴、焚烧“制假”原材料及成品。

1997—2006年，县共出动667065人次，捣毁窝点3403处，缴获卷接机、包装机、嘴棒机等机械3179套，冒牌卷烟124537.6件，卷烟标识2220.72万张，烟叶、烟丝、烟梗29415.40吨，滤嘴棒168件。县检察院共批捕119件210人，公安机关立案侦查48件、追捕26人，起诉231件342人。县法院共审结239件，处刑361人。通过“打假”，云霄县大规模、机械化、公开性的“制假”窝点已被彻底摧毁，“制假”活动已基本遏制，并向根治的方向转变。

2017年，全县继续保持烟机“零查获”，查获假烟4753.78件(其中省查506.54件，占年度指标1050件的48.4%，省队与县各职能部门联合查 1320.76 件，县自查 2926.48 件）；烟丝等原料 61.54 吨（其中省查 9.86 吨，占年度指标 30 吨的 32.9%，省队与县各职能部门联合查 26.9 吨，县自查 24.78 吨）。全县打假工作紧紧围绕“成功转型，实现根治”的目标，不断健全机制，落实责任，强化整治，在年初摘除了 17 年之久的全省打假重点整治县的帽子。

2018 年，县委县政府把“打假”列入“扫黑除恶”的人民战争。持续根治“制假”。

十一、服务业

住宿和餐饮业 2017 年，全县住宿和餐饮业生产总值 36453 万元（含常山），其中住宿业 5567 万元，住宿业家数 37 家（不含常山），其中漳州云顶温泉大酒店为“金叶”级，漳州金汤湾海水温泉度假酒店为五星级，漳州临泰大酒店有限公司为三星级，漳州益恒贸易有限公司为三星级；全县餐饮业生产总值 30886 万元（含常山），餐饮业家数 59 家（不含常山）。全县家政服务业 26 家（不含常山），增长 18.8%。其中云霄唯美学校开展了家政服务相关的业务培训与推荐工作。全县服务业生产总值 41.91 亿元（含常山），其中营利性服务业 27.37 亿元，非营利性服务业 14.54 亿元。分别比上年增长 19.5%和 13.6%。

新兴餐饮业 “饿了么”是中国专业的餐饮 O2O 平台，由拉扎斯网络科技（上海）有限公司开发运营，于 2017 年 6 月入驻云霄。作为中国餐饮业数字化领跑者，“饿了么”以建立全面完善的数字化餐饮生态系统为使命，发展在线外卖、新零售、即时配送和餐饮供应链等业务。

“美团外卖”是美团旗下的在线外卖平台，已覆盖全国 300 余个城市。2017 年 1 月入驻云霄，覆盖云霄商家近 500 家，市场占有率超过 60%。

麦当劳：云霄麦当劳隶属于漳州市迈威尔餐饮管理有限公司，政通路店于 2017 年 12 月 1 日开业；餐厅位于县政府对面万星城市广场 2 号门主入口，在商场 1～2 楼，有 98 个座位，年营业额 900

万元。

云霄县全县地理标志证明商标(至 2018 年)

序号	注册地标	注册时间	注册人
1	云霄枇杷	2005.02.07	云霄县枇杷协会
2	竹塔泥蚶	2011.02.14	云霄县水产养殖协会
3	东厦锯缘青蟹	2012.01.14	云霄县水产开发中心
4	东厦文蛤	2012.03.28	云霄县海洋管理站
5	列屿巴非蛤	2012.01.14	云霄县水产技术推广站
6	下河杨桃	2012.01.07	云霄县农作物科学研究所
7	马铺淮山	2012.01.07	云霄县农作物科学研究所
8	下河金枣	2012.03.28	云霄县农作物科学研究所
9	东厦缢蛏	2012.11.07	云霄县农作物科学研究所
10	漳江口大蚝	2015.03.28	云霄县水产开发中心
11	火田菠萝	2016.10.14	云霄县火田镇农村经济服务中心
12	火田青枣	2016.10.14	云霄县火田镇农村经济服务中心
13	火田大茂山茶	2016.10.14	云霄县火田镇农村经济服务中心

云霄县驰名、著名、知名商标(至 2018 年)

序号	商标名	认定时间	注册人
驰名 1	云霄枇杷	2011.11	云霄县枇杷协会
驰名 2	竹塔泥蚶	2015.06	云霄县水产养殖协会
著名 1	绿通	2007.12	漳州市绿通铝塑管有限公司
著名 2	丽西	2009.12	福建丽西食品有限公司
著名 3	鲜品	2010.11	漳州市鲜品冷冻有限公司
著名 4	云霄枇杷	2010.11	云霄枇杷协会
著名 5	广宝	2011.05	漳州市鸿益饲料有限公司
著名 6	一叶盛茗	2011.10	福建一叶茶叶有限公司
著名 7	燕顶及图	2011.10	福建燕顶茶叶有限公司
著名 8	绿泽及图	2012.10	福建漳州绿野农业开发有限公司
著名 9	OUTDO 及图	2013.04	漳州市华威电源科技有限公司

续表

序号	商标名	认定时间	注册人
著名 10	东厦锯缘青蟹	2013.12	福建省云霄县水产开发中心
著名 11	竹塔泥蚶	2013.12	云霄县水产养殖协会
著名 12	云霄白石及图	2013.12	漳州市白石酿酒有限公司(何海昌)
著名 13	云峰	2014.11	云霄县云峰米业有限公司
著名 14	东厦文蛤	2014.11	云霄县海洋管理站
著名 15	列屿巴非蛤	2014.11	云霄县水产技术推广站
著名 16	小贝真	2015.11	福建舒而美卫生用品有限公司
著名 17	矾山	2016.12	漳州何氏农业开发有限公司
著名 18	盈漳	2016.12	云霄县盈漳果蔬农民专业合作社
知名 1	盛吉	2006.05	福建省云霄县金霞食品罐头厂
知名 2	广宝	2008.04	漳州市鸿益饲料有限公司
知名 3	金山	2008.04	云霄县金山生态园有限公司
知名 4	鲜品	2009.04	漳州市鲜品冷冻有限公司
知名 5	沁之韵	2011.05	福建沁之韵茶业有限公司
知名 6	云霄白石	2011.05	漳州市白石酿酒有限公司
知名 7	5050116 号图	2011.05	漳州市云天广告公司
知名 8	诚记	2011.05	云霄县诚记工贸公司
知名 9	绿泽 LVZE 及图	2012.03	福建漳州绿野农业开发有限公司
知名 10	5903945 号图	2012.03	福建大晶光电有限公司
知名 11	华龙腾及图	2012.03	云霄县华轩电子科技有限公司
知名 12	漳联及图	2012.03	云霄县漳联水产有限公司
知名 13	MB	2013.01	福建美宝光电有限公司
知名 14	红集香＋拼音	2013.01	漳州市集香茶业有限公司
知名 15	粽叶	2013.01	柳义发(云霄县义发茶庄)
知名 16	大茂山及图	2013.01	福建大茂山茶业有限公司
知名 17	兰花底	2013.01	柳义发(云霄县义发茶庄)
知名 18	小二郎	2014.01	漳州市白石酿酒有限公司(何海昌)
知名 19	小贝真	2014.01	福建舒而美卫生用品有限公司

续表

序号	商标名	认定时间	注册人
知名 20	爵士金典	2014.01	云霄县中宝摩托车销售有限公司（云霄县爵士金典牛排馆）
知名 21	玉龙谷及图	2015.01	福建省云霄县协成实业有限公司
知名 22	盈漳	2015.01	云霄县盈漳果蔬农民专业合作社
知名 23	矾山	2015.01	漳州何氏农业开发有限公司
知名 24	Yunxing 及图	2015.12	福建云星电子有限公司
知名 25	明晟	2015.12	福建明晟农业发展有限公司
知名 26	10941911 号图形	2015.12	李以华[海峡彩亮(漳州)光电有限公司]
知名 27	12637881 号图形	2015.12	云霄县东森畜牧有限公司
知名 28	集香及图	2015.12	张文革(漳州市集香茶业有限公司)
知名 29	瀚泽田 HanZeTian 及图	2016.12	福建省瀚泽田实业有限公司
知名 30	开漳圣地及图形	2016.12	云霄县明煌农民专业合作社

第八节　融通资金　繁荣经济

民国时期，福建省银行、中国交通银行、中国农民银行先后在云霄县设立分支机构，地方成立云霄县银行和双地乡信用社，县邮政局开办小额邮政储蓄和简易人寿保险。1932 年冬开始，云霄在荷步、古楼、白石、坪水、宝石、宝洞等地建立游击区和乌山革命根据地。当时红军独立营营部出具收据收到群众捐助军费为银圆（大洋）。闽西根据地工农银行发行的纸币仅零星流入。1949 年，乌山根据地在全县首先使用中国人民银行发行的人民币。同年 12 月 19 日，人民银行云霄办事处成立，开始挂牌收兑黄金、银圆。当时牌价为 1 钱黄金为 11.5 万元，1 枚银圆兑换人民币 1 万元（1 万元等于今 1 元）。新中国成立后，相继设立中国人民银行和商业银行分支机构、邮政储蓄、农村和城市信用社及商业保险公司支公司。

1950 年 2 月，人民银行开办折实储蓄，年末余额 0.3 万元，1952

年，全县贷款余额31.2万元，比1949年增加31.19万元，1990年，全县储蓄存款余额5404.2万元，比1978年年均增长29.86%。全县贷款余额19488.2万元，比1978年年均增长22.48%。

1997—2006年，实施金融体制改革，人民银行不再办理存款贷款业务、商业银行实行股份制，农村信用社健全“三性”“三会”制度。随着社会经济发展和民间经济的活跃，全县金融机构各项存款余额从8.79亿元增至41.13亿元，各项贷款余额从7.55亿元增至8.09亿元。保险业从混合经营转变为分业经营，相继分设和增设8家保险机构。1997—2006年，保费总收入2.41亿元，理赔7431万元。1997年兴业证券公司在县城开设服务部，后改称营业部。2017年末，客户的托管A股总市值为32.03亿元，比年初增长39%，2017年新增普通客户账户数共9070户，增长158.11%；全年各类证券交易金额累计达207亿元。

2018年末，辖区共有银行业机构8家，其中：国有商业银行5家，分别为工商银行云霄支行、农业银行云霄支行、中国银行云霄支行、建设银行云霄支行、邮政储蓄银行云霄支行；股份制商业银行1家，为福建海峡银行云霄支行；农村中小金融机构2家，分别为县农村信用合作联社和润发村镇银行。辖区共有银行业网点40个，其中：工行2个、农行6个、中行3个、建行2个、邮储银行8个、海峡银行1个、县农村信用联社17个、润发村镇银行1个。分布于城关网点16个、城郊网点7个、农村网点17个；辖区另有离行式自助银行19家，实现了辖区10个乡镇场标准银行网点全覆盖和122个行政村便民服务点全覆盖。

一、执行稳健的货币政策

2018年末，全县金融机构人民币各项存款余额154.19亿元，比年初增长7.8%，比1950年7万元年均增长19.83%，比1978年918万元年均增长30.2%；人民币各项贷款余额101.11亿元，比年初增加15.16亿元，增长17.6%，比1952年31万元年均增长11.71%，比1978年1570万元年均增长17.55%。人民银行县支行组织召开“百个项目大比拼”银政企座谈会暨银企授信签约仪式，组织辖区 8 家银行与 35 家企业达成授信意向，签约金额达 18.6 亿元。持续加大对小微企业支持力度，年末辖区金融机构小微企业贷款余额 22.85 亿元，比年初增加 5.17 亿元，增长 29.22％。发展绿色金融，贯彻县政府印发的《云霄县绿色金融体系建设实施方案》，把建设和发展老区县作为金融稳健运行的重中之重。

充分发挥金融扶贫的先导和杠杆作用，积极探索金融精准扶贫模式。人民银行云霄县支行作为福州中支再贷款管理重点联系行，2017 年共发放给县农联社扶贫再贷款 7700 万元，引导县农联社运用扶贫再贷款资金，精准有效对接脱贫攻坚，优先支持建档立卡贫困户和带动贫困户就业发展的企业。做法及成效被《经济日报》以《中国人民银行将党建作为发挥金融力量的强劲动力——夯实金融基础　助推脱贫攻坚》为题报道，持续深化全省首家金融青年产业扶贫示范基地创建活动，给予基地创业青年扶贫再贷款支持 170 万元，给予 18 户贫困户扶贫小额信贷 79.8 万元，项目荣获团省委、省青年联合会共同举办的福建省“青春扶贫”项目与计划大赛三等奖和中央金融团工委“银团合作”优秀项目，并被评选为福建省人民银行系统优秀志愿服务项目。

二、精准扶贫拓新路

县农村信用合作社成立于 1951 年，2018 年末有 17 个营业网点，遍布全县 9 个乡镇和常山开发区，拥有员工 185 人。办社 67 年来，首先是各项存款稳步增长，总量创历史新高。2017 年末，各项存款 42.25 亿元，比年初增加 2.93 亿元，增幅 7.45％，市场占有率 28.55％，存款总量和市场份额排名均居全县同业首位。其次，发放支农贷款，在漳州市首创“扶贫宝”和“产业扶贫宝”2 个扶贫专项贷款产品，加大信贷扶贫力度，采取“公司＋合作社＋基地＋家庭农场＋农户”等产业扶贫模式；同时首创以县政府名义在和平乡建立首个金融精准扶贫示范基地，与团县委、县人民银行、银监、马铺乡政府等部门联合创建金融青年产业扶贫示范基地，结合政府造福工程，针对贫困户易地搬迁住房消费需求，首创造福工程易地搬迁扶贫金融服务示范基地等“三个基地”，助力脱贫攻坚，其中金融青年产业扶贫示范基地荣获 2016—2017 年度全国“银团合作”优秀项目，成为福建银行业唯一获此殊荣的单位。2018 年末，全辖存量贫困户贷款 551 户，余额 2019.74 万元，其中扶贫宝专项贷款 286 户，981.02 万元，产业扶贫贷款余额 3205 万元，间接帮扶贫困户 109 户，贫困户贷款面17.15％，金融帮扶面 20.55％，户数和金额分别占全县金融机构发放扶贫贷款户数和金额的 69.6％和 68.01％。新增扶贫宝贷款 61 户和 127.81 万元，增速 14.98％，高于农户贷款增速 14.89％；各项贷款增速 12.9％，高于全省农信系统（12.06％）0.84 个百分点。

构建“精准扶贫，诚信先行”工程试点。以下河乡、列屿镇为试点，对历史沉淀下来的小额不良贷款，按照“农信社利息减一点、本人和家属还一点、经济能力帮一点、政府资金出一点”等“四个一点”的方式，共收回 1207 户，消除信用乡镇创建中遇到的历史遗留问题，其经验被《福建金融信息》刊载。

参与推动成立支农信贷协会，为小额农户贷款提供担保，解决农户贷款担保难问题。2017 年，累计担保农户贷款 2814 笔 20269.15 万元，做法经《福建日报》报道后被中央人民政府门户网转载。

另一个首创是“征信＋扶贫宝”。2018 年末，县农联社共发放建档立卡贫困户扶贫宝贷款 286 笔 981.02 万元。2017 年 2 月 27 日，县造福工程易地扶贫搬迁金融服务示范区创建启动仪式在火田镇圆峰村举行。

2018 年 8 月 17 日，云霄县金融服务乡村振兴战略示范区创建启动仪式在和平乡棪树村举办。主办单位为云霄县人民政府，创建单位为县金融办、人民银行云霄县支行、漳州银监总局云霄监管办、云霄县农业局、云霄县农村信用联社、云霄县和平乡（农场）。现场分别举行签约与授信仪式，县农联社理事长潘周平与县人行副行长汤亮云签订再贷款意向授信协议，计划于 2018—2020 年为县农联社安排再贷款意向性额度 2000 万元，重点用于示范区涉农贷款发放。县农联社与和平乡签订服务乡村振兴合作框架协议，助力革命老区的发展。围绕支持特色产业、发展红色金融和助推脱贫攻坚三大主题，云霄农信社拟对全县农业十大观园授信3000万元、对优秀党员授信3000万元、对产业扶贫带头人及贫困户授信6000万元。

三、信用村镇遍城乡

云霄县信用村(社区)、信用镇(乡)评选工作始于20世纪末，20多年来常抓不懈，持续开展“信用乡镇”评选，并首次进驻社区，分别在绥阳社区和宝洋社区建成信用社区。为进一步推进云霄县域信用工程建设，配合有关部门把诚信宣传做到“四进”：进乡镇(村、社区)、进企业、进单位、进学校，扩大了诚信的宣传面与影响力，提升了认知度与公信度。对于荣获“信用乡(镇)”“信用村(社区)”的，农信社按照“多予、少取、放活”的信贷政策，给予利率优惠，发放普惠金融卡、一般农户贷款等。2017年末，云霄农信社共创建信用乡(镇)6个，信用村(社区)92个，电子化建档客户数10.59万户。

县农村信用联社坚持“诚信经营、服务三农、城乡互动、富民强社”的办社宗旨，积极找准市场定位，优化信贷结构，不断改进支农服务方式，创新“阳光信贷”管理机制，不断加大对“三农”、小微企业和农村弱势群体的信贷支持力度。2017年4月，在全省“青春扶贫”项目与计划大赛中荣获产业扶贫项目三等奖。同年9月，支持创办“金融青年产业扶贫先进单位”，荣获中央金融团工委“银团合作”优秀项目。

四、支农信贷担保

经云霄县人民政府批准和福建省经济与信息委员会颁发融资性担保机构经营许可证，云霄县支农信贷担保有限公司于2017年9月25日成立。公司由县财政局全额出资设立，注册资金2000万元。公司以加大对现代农业的金融支撑，引导推动金融资本投入农业，解决农业“融资难、融资贵”的问题为目标，为各类农业新型经营主体开展粮食生产经营和现代农业发展的信贷提供担保服务，为其他涉农信贷提供担保业务。

五、财政收入持续增长

2018年，全县一般公共预算总收入99066万元，比上年增长8.9%，比1978年年均增长11.21%，比1949年年均增长11.71%。2017年，全县财政八项总支出231387万元，比上年增长27.8%。2018年，八项总支出198436万元，比上年负增长14.2%。

第九节　科学技术推动经济发展

1959年，县成立县科学技术委员会(简称"县科委")，1962年科委撤销，中共十一届三中全会后，恢复科委。特别是随着全国科学大会的召开，邓小平提出"科学技术是第一生产力"的号召后，全县科学技术事业迅速发展。1990年，各乡镇配备科技副乡镇长。1997年，县科委改为县科学技术局。

1996年，全县有公办科研机构10个，民办科研单位33个，县科学团体(学会)10个，乡、镇农场、工厂科协15个，学术团体35个，至1996年，全县科技成果获地(市)级以上奖励54项，其中获国家和主管部委奖励13项，获省及主管厅奖励21项。

1997—2009年，科技工作围绕"两水"(水产、水果)开发进行科研攻坚，开发、引进、推广近60个项目，有科研成果获多种国际金奖、科技进步奖或申请国家专利。2000年9月，云霄县被国家科学技术部授予"全国科技工作先进县"。2004年8月，获国家科技部授予的"通过2001—2002年度全国科技进步考核县"和省科技厅授予的"2001—2002年福建省科技进步先进县"称号。科技进步对经济增长贡献率达45.98%。

1997—1999年，各学会举行首届学术交流研讨会15场，参加会员560人次，收集学术论文165篇。2000年9月，有5篇论文获漳州市自然科学优秀学术论文二等奖，14篇论文获三等奖。2001年，组织涉农学会开展茶材小蠹和果树桔小实蝇防治研讨会。2003年，一中特级教师方跃飞出版专著《数林探幽》。2004年10月，以“科技进步与县域经济发展”为主题举办第四届学术年会，收集论文45篇。2005年10月，以“科技教育与公民素养提高”为主题，举办第五届学术年会。2006年，由农学会、林学会以“农业现代化与产业化”为主题举行第六届学术年会。至2006年，县教育学会汇编《云霄县教育教学论文集》33辑，收入学术论文2228篇。其中1999—2006年，农业局林来金等人在《植保技术与推广》《福建农业科技》《福建畜牧兽医》《农药》等CN刊物发表论文27篇。

1998年，县实践医学研究所“一种易见回血的输液器”研制成功并实现转让，列入1998年省“五新”项目第一批专项资金计划。1999年3月，福建省生物工程研究所（云霄）的“无公害生物磷钾肥”“BB肥”研制成功投产，产品销售福建、广东、广西、云南、海南等地。漳州惠强易拉盖机械自动化研究所（云霄）研制的“啤酒瓶杠杆式易拉瓶盖”，获2000年香港国际发明展览会金奖。2001年，县农业局源发食品菌场高优农业开发基地研发“人参果”“促丰素”产品获首届中国种植业大会金奖，李琳牌促丰素获省农业名特优新产品展销会金奖。2002年8月，“由磷酸二氢钾等肥料混合分为两组的多元叶面肥”研究项目获第二届香港中华专利技术博览会金奖。2004—2006年，漳州绿通铝塑管有限公司（云霄）研发的“无规共聚聚丙烯PP-R管材管件开发”成果等3项工作科研成果获漳州市科技进步三等奖，2006年，县妇幼保健院院长许跃华发明“一次性阴道圆刷清洗器”获国家知识产权局“实用新型专利证书”。

1999年，云霄县参加市第五届青少年生物与环境科学探索活动，获二等奖2个、三等奖3个。2003年，云霄一中被漳州市授予首批“青少年科技教育示范学校”称号。县青少年科技辅导员协会获“2003年福建省青少年科技教育活动先进集体”称号。2003—2006年，在全国青少年信息学奥赛中，云霄县获省级三等奖2个，市级一等奖2个、二等奖6个、三等奖6个；在福建省青少年科技创新大赛中，云霄一中初一、初二生物科技活动小组分别获得二等奖和三等奖。

一、重点科研项目

1997年,实施锯缘青蟹、草虾苗、泥蚶技术开发和研究等4个项目研究。1998年,实施泥蚶高产、太平洋牡蛎育苗、眼斑拟石首鱼、稻蕉套种、长红三号枇杷种植等5个项目研究。1999年,实施早钟6号优质枇杷、优质龙眼等6个项目研究。2000—2001年,实施火田闽台高优农业产业化示范、东厦镇万亩现代农业示范片建设等5个项目研究;生物工程研究所引进创新的"BT生物农药研制应用"等绿色产品高技术项目,获得显著效益,被市政府确实为市重点科技企业;"泥蚶人工育苗、中间培育及高效养殖示范",采用三倍体育苗技术和无性繁殖技术获高效养殖效益。2002—2006年,实施农业、工业、渔业等21个项目研究,取得显著效益。

二、金桥工程

1997年,县、乡科协及所属科技团体(协会、学会)以"村会协作""厂会协作"模式,组织科技人员开展技术推广和技术服务的"金桥工程"活动。至2006年,开展的主要项目有"锯缘青蟹养殖技术""珍贵鱼类育苗技术"等20多个。其中,1997年、1999年县农学会组织实施的"水稻软盘旱育抛秧栽培技术"项目、"旱地粮油多熟制栽培技术"项目,获省"金桥工程"奖。

三、科技服务经济

大力培育科技型企业和创新型企业、技术研究中心 福建奕全电子有限公司获得2017年第一批福建省科技型企业称号;同时组织漳州拓奇实业有限公司、瑞联电路板(福建)有限公司等企业申报2017年第二批福建省科技型企业;协助漳州市华威电源科技有限公司申报2017年省级(企业)工程技术研究中心并于11月获得通过。

开展科技小巨人领军企业申请工作 推荐漳州市华威电源科

技有限公司、海峡彩亮(漳州)光电有限公司申报科技小巨人领军企业并获得通过。

培育高新技术企业　2017年,组织瑞联电路板(福建)有限公司、漳州东盛达电子科技有限公司等2家企业申报高新技术企业并获得通过。

专利申报与知识产权保护　根据《关于进一步加强招商引资工作的意见》精神,对云霄县2016年专利情况进行核实、汇总和授权专利资助奖励兑现,发放专利奖励金额51.9万元,涉及30多家企业及个人专利100多件;根据《漳州市人民政府关于支持和促进科技创新驱动发展七条措施的通知》精神,对全县符合兑现条件的新增高新技术企业等6家企业进行奖励,奖励金额102.42万元。

开展专利申报工作　鼓励企业和个人积极申请专利,加强专利对企业产品保护与市场独占。2017年,全县共申请专利275件,其中发明专利38件,同比增加8.57%;授权专利92件,其中发明专利4件;全县专利每万人口有效发明专利0.916件。开展知识产权试点工作,漳州市德润康食品有限公司、鑫创鑫自动化设备科技(漳州)有限公司等2家企业被认定为漳州市知识产权试点单位,全县市级知识产权试点企业18家。

开展漳州市食用新型及发明专利资助奖励申报工作　组织福建太尔电子科技股份有限公司"骨传导智能音乐椅及其控制方法"等专利,瑞联电路板(福建)有限公司"用于PCB板钻孔定位机"等专利,漳州市华威电源科技有限公司"蓄电池"等专利申报漳州市专利资助奖励。

院士站建设　2016年3月22日,福建十八重工股份有限公司与中国工程院院士、国家海洋腐蚀防护研究中心候保荣成功签约建立首个院士工作站。同月25日,福建援助新能源有限公司又与中国工程院郑锦平院士科研团队签订了院士工作站建站协议。2017年以云霄光电行业骨干企业为依托,促成南京大学与漳州市益光照明光电科技有限公司建立院士专家工作站、福建农林大学与福建省农得利种业有限公司建立院士专家工作站。

四、防震减灾

（一）天气预报

1989 年 1 月，县气象站改成立为县气象局，主要观测项目为能见度、云、天气现象、气温、气压、湿度、降水量、蒸发量、低温、日照、风向风速等。1999 年，建成预警预报分布平台和专业服务平台。2000 年，开通气象服务热线“12121”，开展气象影视、气象问题解答、效果反馈、需求了解和投诉、建议服务等工作。2003 年 5 月，局配备 ZSQ-1（123）天气传真接收机、气象卫星接收系统，开通 X.25 分组交换电路，可接收北京、欧洲气象中心以及东京气象传真图；建立 9210 系统，接收云图、雷达图和天气形势图等信息；建立省、市、县视频会商系统，建成县、乡镇自动气象站，实现气象数据采集自动化。

（二）地震测报

监测　1995 年 10 月，省地震局在云霄建电磁波地震监测站，安装 DPJ-Ⅲ地震记录仪。2004 年 7 月，省地震局在云霄元光中学建强震台，2005 年 10 月安装设备运行，为工程建设提供抗震基础数据和震后应急反应提供依据。2006 年 2 月，根据《漳州市人民政府关于加强防震减灾工作的通知》，成立“三网三员”（防震减灾宣传网、观测网、灾情速报网、防震减灾宣传员、助理员、观测员）防震减灾队伍。

应急措施　1997 年，县委、县政府成立防震减灾闽南示范工程指挥中心。2003 年，县政府制订《云霄县破坏性地震应急反应预案》，完善破坏性地震应急反应机制，明确相关部门工作职责。2006 年 2 月，在乡镇配备防震减灾助理员，建立地震灾情速报点、地震科普宣传点；同年 8 月，县制订《云霄县地震应急检查工作制度》，开展地震应急工作检查和收集基础数据，建立县地震应急基础数据库，数据内容涉及 36 个部门和 258 项单项指标。2017 年，成立云霄蓝天地震应急救援志愿服务队，并对 5 支社区志愿服务队进行知识培训。2014 年，君豪社区被中国地震局授予“国家地震安全示范社区”称号。

第七章　民生福利工程建设

新中国成立以后，推行医疗保险制度，开展医疗机构和药品流通体制改革，完善县、乡、村三级医疗卫生保健网络，推进疾病防控、妇幼保健、食品医药安全监督的法制化、规范化、标准化管理和开展爱国卫生运动。1997—2006年，县财政投入卫生事业7076万元，年均增长2.19%；县医院、中医院晋级为二级甲等医院，妇幼保健院晋级为一级甲等院；全县有医务人员1300多人。2014年，在全国建立了统一的城乡居民养老保险制度，在保障城乡老年居民基本生活，调节收入支配，促进社会和谐稳定等方面发挥了积极作用。1998年，实施城乡居民最低生活保障。

中共十一届三中全会以来，人民生活水平逐年提高。2018年，全县城镇居民人均可支配收入32447元，比上年增长8.5%，比1976年426元年均增长16.87%；2018年，全县农村居民人均可支配收入18186元，比1976年48元年均增长15.18%。

第一节　医疗保障体系

一、医疗保健

（一）医药卫生体制改革

1997年，继续实施“农村人人享有卫生保健”的初级卫生保健工程，强化县、乡、村三级医疗卫生保健网络的建设和管理。2000年4月，经福建省初级卫生保健工作委员会评审和省卫生厅批复，云霄县达到初级卫生保健的合格标准。

1998年，县委、县政府出台《关于加快卫生改革与发展的决定》，推行医疗保险制度、医疗机构和药品流通体制改革，执行新的医疗机构分类管理制度，引进竞争机制，完善医疗机构的价格体系、补偿机制、医院内部运行机制及人事分配制度改革；构建疾病预防控制体系和卫生、药品监督体系，探索乡镇卫生院公益性管理体制和运行机制等方面的改革。1999年，县医药公司实行集体或个人承包改革，放开医药市场（国家禁止私营药品除外）。2000年12月，成立县医疗保险中心。2001年，实行机关、企事业员工个人医疗保险制度。2006年，围绕解决群众“因病致贫、因病返贫”难题，采用“政府举办、县为单位、保障适度”模式，推行农村新型医疗保障制度。

（二）医疗卫生机构

县级医院与急救中心　有县医院、县中医院、县妇幼保健院、县“120”急救中心。2018年，成立云霄县总医院。新建康济医院，2017年已投资3300万元。

乡镇卫生院　有陈岱中心卫生院、下河中心卫生院、莆美卫生院、列屿卫生院、东厦卫生院、火田卫生院、马铺卫生院、和平卫生院和云陵社区卫生服务中心，民办医院有中山医院、友好医院等。

村（社区）卫生所（室）　1997年，全县有173个村（社区）卫生所（室），乡村医生、接生员255人。2000年，经验收均符合卫生部规定的标准。2006年，全县颁发医疗机构许可证的村级卫生所（室）237个，考核合格的乡村医生333人，合格乡村医生享受政府津贴。

事业单位、工厂医务所（室）　1997年，全县有基层单位医务所（室）28个，医务人员35人。2006年29个，人员38人。

个体医疗诊所　1997年，全县个体医疗诊所（室）86家，医务人员159人。1998年后进行整顿规范。2006年，个体医疗诊所19家，医务人员20人。

二、公共卫生

(一)爱国卫生运动

卫生防疫 1997年,县卫生防疫站加强自然疫源地的消杀工作和防疫知识宣传,通过电视台、广播电台和结合科技、卫生、文化"三下乡"及有关节日活动分发宣传材料,开展防疫知识宣传。2003年春,外地发生传染性非典型性肺炎,县政府于4月21日、25日召开电视直播紧急防治会议,县防疫站建立"非典"应急预案,各医疗单位紧急做好救护人员、防护用品和医疗器械准备,加强疫情监测及报告制度。对外来人员和运载工具进行检测、消毒,共消毒车辆8240辆,环境面积82400平方米;机关、公共场所消毒面积72000平方米;共使用消毒药品0.2%过氧乙酸790公斤、次氯酸钠1610公斤。举办乡镇预防、消毒培训班10多次,培训205人次。2005—2006年,防疫站分发《防禽流感知识》12000多份,转发防禽流感小册及挂图5800多份,刊出墙报500多版。

除"四害" 1997—2006年,坚持环境治理与化学防治并举措施,每年开展2次以上群众性"除四害"(老鼠、蟑螂、苍蝇、蚊子)活动。2000年3月,云霄县城经省爱国卫生运动委员会验收,获"省级灭鼠先进城区"称号。2017年,共投放灭鼠药24.9吨,投放消杀药品3吨。

创建卫生城镇 1997年,开展"百日大行动,告别脏乱差,创建卫生县城"活动,修订完善城区市容市貌法规。1998年,每月组织1次群众性卫生大扫除。

(二)公共卫生监管

1997—2005年,县卫生防疫站(后改称县疾病控制中心)每年开展地沟油、问题奶粉、食品添加剂等专项整治活动1～3次。根据省"治理餐桌污染,建设食品放心工程"要求,与县工商、公安、教育等部门联合开展公共卫生检查8次,抽检食品、餐具、公共用品7650余份,抽检生活饮用水207份。

2006年,全县办理食品卫生、公共场所卫生、学校与环境卫生、医疗妇幼卫生等公共卫生许可证721份，体检从业人员2123人；监测食品202份，合格率89.1%；监测餐具消毒效果1047份，合格率76.89%；处理违法案件并予罚款62起，没收销毁不合格食品850公斤；对全县19所中学食堂进行检查，发出整改意见书16份；对餐饮店、农贸市场食品卫生和托幼园班餐具消毒进行监督。

三、疾病防控和妇幼保健

（一）疾病预防控制

小儿麻痹症防控　1997—2006年，每年开展两次强化免疫活动，未发生病例。

乙型肝炎防控　2002年，对18262名中小学生进行乙肝表面抗原调查，呈现阳性者2134人，病毒感染率11.7%，对未感染者给予疫苗注射。

急性传染病防治　1998年，在竹塔村发生3例霍乱病例、列屿镇城外村发生1例霍乱病例；1999年，西林村发生2例，都因救治、防控及时，无死亡及扩散。

麻风病防治　1997年，全县麻风病人多长型4例，少菌型3例（其中现症病人2例），经治疗，同年12月由省卫生厅验收，宣布云霄县基本消灭麻风病。

碘缺乏病防治　2006年5月，云霄县承办福建省第十三届"防治碘缺乏病日"大型系列宣传活动，县卫生局、发改委、盐务局等11个单位及200多名小学生参加与省、市疾控中心领导及专家的现场互动。同年末，对东厦镇、和平乡、火田镇及常山华侨经济开发区共16个建制村128户进行食用盐监测。2007年12月，经省、市评审组验收，宣布云霄县消除碘缺乏病。

丝虫病防治　2000年11月，省卫生厅确认云霄县为"消灭丝虫病标准县"。

（二）妇幼保健

妇女保健　1997年，县总工会、妇联、卫生局联合行文，推行妇女病普查普治制度，对已婚50岁以下妇女两年普查一次，50岁以上每年普查一次，并筛查妇科肿瘤和进行子宫颈细胞学检查、乳腺透视、乳腺B超。同年，普查受检1215人，查出患者120人，治疗率98%。2006年受检1615人，查出患者272人，治疗率100%。

儿童保健　1997年，推行儿童系统保健管理制度，儿童从出生至一周岁，每三个月体检一次，1～3周岁每半年体检一次，3～7周岁每年体检一次，并进行体弱儿筛查和疾病、缺陷的治疗矫正，对健康状况进行评价。同年，全县7岁以下儿童35995人，系统管理25520人，系统管理率70.87%；其中体弱儿2597人，管理率100%，婴儿死亡率20%。2006年，7岁以下儿童32625人，系统管理率88.3%；其中体弱儿1695人，系统管理率100%，婴儿死亡率9.9%。

第二节　社会保障体系

一、城乡居民养老保障

2000年11月，城镇居民基本养老保险费改革为地方税务局征收，基本养老保险费入库逐年增长。云霄县2001年征收962.17万元，2015年征收15175万元，2017年征收17400万元。16年中，基本养老保险费快速增长，增加16438万元，年均增长18.17%。2017年末，全县城乡居民参保22.31万人，占全县总人口（不含常山开发区2.1万人）44.57万人的50.06%。基本实现社会保障城乡全覆盖。2017年11月，农村居民参保人数应参保人数18.5404万人，已参保18.143万人，参保率97.86%，养老金应发放54864人，实际发放54855人，发放成功率99.98%。参保农村居民按法定年龄每人每年的缴费统一为100元，2015年出台《云霄县人民政府关于完善城乡居民基本养老金制度的实施意见》，养老金从2014年7月起每月80元提高到95元，并提高不同缴费档次的政府补贴，从30～75元提高至30～100元，2017年养老金每月又提高到110元。2017年，全县城镇退休人员9790人，年发放养老金22834.9万元，月人均

1966.55万元。全县养老保险在职参保36375人，征收养老保险费12593万元，还有纳入社区管理的退休人员9480人，发放符合无能力参保退休人员生活保障金890人。

二、城乡最低生活保障

（一）城镇居民最低生活保障

1998年1月，实施城市居民最低生活保障，全县44户99人，人年保障标准1440元。1999年751户1793人，每人每年1872元。2006年756户1806人，每人每年2400元，年发低保金127.6万元。

（二）农村居民最低生活保障

1998年8月，实施农村居民最低生活保障，全县412户1262人，人年保障标准360元。2004年1月，全面实施农村居民最低生活保障，全县农村低保4611户9850人，其中五保户894户956人，每人每年1000元。2006年，全县农村居民纳入低保4611户，9850人，年发低保金468.7万元。

（三）城乡低保、特困供养

2017年，先后出台《关于提高云霄县农村居民最低生活保障标准的通知》《关于进一步调整我县农村居民最低生活保障标准的通知》和《云霄县人民政府办公室关于提高我县城市低保标准和特困人员供养标准的通知》等三份文件，将农村低保标准家庭年人均收入由2016年底的2800元先提高至3400元，再提高至3930元，人均补助水平从196元/月先提高至246元/月，再提高至290元/月。7月，将城市低保标准由原来的495元/人月提高至580元/人月，人均补助水平由原来的320元/人月提高至386元/人月。全年全县发放城市居民低保841户，1317人，603.97万元；发放农村低保户5332户，8322人，3112.11万元。截至12月底，全县农村低保对象清退1647人，城市低保对象自行退出189人。受县房管局委托，完成1324个申请2017年县经济适用租房、限价商品住房、公租房，申请租金补助家庭核对任务。及时出台《云霄县人民政府关于特困人员救助供养制度的实施办法》和《云霄县人民政府办公室关于提高我县城市低保标准和特困人员供养标准的通知》，对符合条件的农村五保对象、城市“三无”人员纳入救助供养范围并提高供养标准，其中：城市分散供养的特困人员全自理供养标准从每人每月767元提高为892元，半护理供养标准从每人每月952元提高为1099元，全护理供养标准从每人每月1136元提高为1306元；农村分散供养的特困人员，全自理供养标准从每人每月549元提高为564元，半护理供养标准从每人每月734元提高为771元，全护理供养标准从每人每月918元提高为978元。全年发放供养的城乡特困人员787人，509.43万元。

三、社会福利

敬老院、幸福院　2017年底，全县有乡镇敬老院3所（列屿镇、和平乡、火田镇）投入运营，在建敬老院4所（云陵、莆美、下河、东厦），需重建敬老院2所（马铺、陈岱）。全县有农村幸福院45所。

福利院　2003年3月，县民政局与香港晶顺艺有限公司合资在下坂工业开发区建福利院，占地面积8774平方米，建筑面积892平方米，有23个房间，30张床位，总投资300多万元。先后收养弃婴39名，至2006年共有14名孤儿被西班牙、丹麦、美国等国人士收养。

残疾救助　为53名城镇无业残疾人办理养老保险。2001—2003年，为36名残疾人提供25万元小额贷款，为26名肢残患者免费安装假肢，为22名唇腭裂患者进行整形矫治。2004年，民政部门为2634名贫困残疾人办理低保。2005年，为持有残疾人证者优惠供应大米、食用油。至2006年，共免费为230名贫困的白内障患者做复明手术，为24名聋儿进行听力救助，给20名聋童配备助听器，向残疾人赠送轮椅、盲杖、助行器78件，安装假肢11例。2017年，全年发放重度残疾人生活补贴402.96万元（生活补贴每人70元/月），护理补贴319.39万元（一级残疾每人100元/月，二级残疾每人50元/月）。

四、复退军人安置

1950年6月30日至1964年，全县共有退伍复员转业军人2236人，其中安置回乡参加农业生产1902人。1960年，回乡的施全春、黄国良、何大砚出席全国民兵积极分子代表大会。1965—1989年，全县共接收复退和转业军人2615人，其中安置社队企业单位2002人。1990—1996年，全县共接收复退军人1212人，其中回乡村参加农业生产者824人。1998年开展"爱心献功臣行动"，全县向社会募集60.852万元，帮助重点优抚对象解决生活难、住房难、医疗难的问题。1997—2006年，共接收退役士兵1821人，其中回乡1431人。1999年，云霄县被全国双拥工作领导小组、民政部授予"全国'爱心献功臣行动'先进县"称号。2009年8月10日，县获得"首届省级双拥模范县"称号。2018年，复退军人安置工作由民政局改为退役军人局承担。

五、计生"幸福工程"

2004年2月1日，县计生协会、计生局、县妇联等联合向县委、县政府呈送《关于在全县范围内开展"向贫困母亲献爱心，捐献一日所得"请示》。同月，县计生领导小组成立云霄县"幸福工程"领导小组。3月19日，县委办、县政府办下发《关于同意开展"为贫困母亲献爱心，捐献一日所得"活动的批复》，至6月底，全县有135个单位的干部、职工捐款，共募集资金17.72万元。7月4日，县计生领导小组下发《关于开展幸福工程—救助贫困母亲行动的实施意见》。8月11日，全县首期幸福工程项目款发放仪式在和平乡举行。

2006年5月，县举行第二次"为贫困母亲献爱心，捐献一日所得"活动，干部职工捐资18.03万元。至年底，全县筹集救助资金总额为102.52万元。资金来源为：个人捐资35.75万元，县财政配套省组委会资金20万元，县社会抚养费划拨26.77万元，省组委会下拨借款20万元。2004—2006年，累计滚动投放项目资金86万元，救助贫困母亲228户(次)。按受助计生类型分：二女180户(次)，独女户 9 户(次),独男户 34 户(次),一女一男户 5 户(次)。按受救助项目有:种植、养殖、加工、运输。资金主要用于救助实行计划生育家庭的贫困母亲。项目救助资金及每轮救助期限为 1～2 年。救助模式为:一家一户"项目＋贫困母亲"扶持模式(指支持贫困家庭发展产业),每轮救助一年。每户资金 4000～10000 元,期满收回本金(免息)再滚动;"企业＋贫困母亲"扶持模式(指用一定额度的资金拨给企业使用,期到收回,用于支持企业吸收贫困母亲用工),每轮救助 2 年,救助资金视规模而定,期满回收本金再滚动。通过项目救助,均能使受助对象户每轮每人增收 1000～1400 元。

2017 年 1 月 9 日,省计生协会常务副会长、幸福工程组委会主任陈光普到和平乡桥头村召开幸福工程项目帮扶座谈会,慰问和平乡桥头、通贝村的 23 名计生贫困母亲。4 月 27 日,全国幸福工程组委会在漳州举办的"创建幸福家庭活动——致富发展"项目培训班,中直机关 20 多位代表莅临马铺乡龙镜村参观"专业合作社＋贫困母亲"幸福工程项目示范点,同日,县计生协会常务专职副会长方三川做"规范运作 开拓创新 实现幸福工程项目跨越发展"典型发言。6 月,市计生协会会长黄浦江带领各县市区计生协会会长参观丰达园生态养殖项目示范点。8 月 3 日,县计生协会常务专职副会长方三川代表云霄在福建省、市、县计生协会会长(福州)培训班会上做幸福工程经验介绍。2017 年,县财政拨幸福工程专款 58 万元,账户总资金 526.52 万元,年度投放项目帮扶资金 115 万元,惠及 6 个乡镇、5 个项目点的 90 名计生贫困母亲。截至 9 月底,全县累计滚动投放项目救助资金 2110.2 万元,累计滚动帮扶贫困母亲 2574 户(次),惠及 9915 人(次)。项目资金回收、滚动率均达 100%。

第八章　城乡建设

云霄唐时在西林设漳州州治，元逐渐形成集镇，明初经济中心逐渐由西林转移至今县城区。正德七年（1512 年）始建云霄镇土城，嘉靖五年（1526 年）改为石城，后多次修建。清中期城区向南拓展，并形成街市与居民区。民国十七年（1928 年），对旧街道拓宽取直，修建和平、中山、南强等主要街道。民国二十年后相继修建公共体育场、县立图书馆、中山纪念堂。20 世纪 70—80 年代，对县城街道进行拓宽整修。1996 年县城由 1950 年的 1.9 平方公里增至 4.7 平方公里。

1997—2006 年，云霄县新建扩建江滨路、复兴路和江辉路等主要街道。新区建设向南、向西拓展，商品房建设开始起步并发展迅速，形成新的街区。新建人民公园、将军山公园、江滨绿化带及一批广场绿地。10 年间，云霄县城乡建设总投资 13.83 亿元，其中县城建设 9.98 亿元（公建项目 3.59 亿元，私建项目 6.39 亿元），村镇建设3.85亿元，其中公建项目 2.23 亿元。2006 年，县城建成区面积由 1996 年 4.7 平方公里增至 9 平方公里，常住人口 12 万人；人均住房面积约 24.5 平方米、道路 8.98 平方米、公共绿地 8.2 平方米。

2007—2017 年，云霄县城区居民住宅商品房往高层发展，最高层次为江滨学府、建发半山御园，层高 32 层，万城花园层高 28 层。2018 年，全县房地产开发投资 17.31 亿元，比上年增长 322.2%。

第一节 城区建设

一、新区建设

(一)小区建设

2003年,县城新区开始实施规范化的商品房开发,以建设分层居住的小高层建筑为主。至2006年,新建成的居住区主要有漳南大市场、将军山美食村、将军山别墅小区、宝城里社区、前埔别墅区、城元里小区、绥宝里社区等10个,总用地面积584958.8平方米,入住居民3295户,人口11852人。新建的居民住宅,多为个人自建的单门独户并列楼房,一般为4～6层。多数居住小区留有数百平方米的绿化地。共有自有建房2300户,建筑面积59万平方米。

(二)公共建筑

1997—2006年,新城区中建成云陵镇政府,县检察院、法院、国税局、地税局、移动通信公司、电信公司、药监局、海洋与渔业局、机关社保中心等办公或综合楼,占地面积58379.57平方米,建筑面积56292.98平方米,投入资金106884.2万元。楼层多为7～8层,最高为12层。

二、旧城改造

(一)道路拆建

1996年,旧城区主要在宝城路以东、绥阳路以北、江滨路以西,面积约3.5平方公里。1997年初,县城开始进行较大规模的旧区拆迁改造,拆迁下坂人行桥头至九美岸燃料公司煤炭场一带沿江企业及居民住宅,共拆迁30个单位、241户住宅,占地面积53336平方米,房屋总建筑面积55302平方米。新建长1000米、宽20米的江滨路南段及沿街西侧4～5层楼房。1999年5月,对复兴路中段进行拆迁改造,拆迁199户,占地面积10948平方米,房屋总建筑面积

19232平方米。新建复兴路中段长240米、宽24米的街道及两侧5～6层高的临街商住房。2000年，对西北路东段一带进行拆迁改造，拆迁162户，占地面积13047平方米，房屋总建筑面积21281平方米，新建长580米、宽24米的江辉路及沿街两侧楼房。4月，云平路15层商住楼——鑫业大厦举行奠基仪式。大厦为全县建设的首幢高层商住楼，建筑面积1万平方米。

（二）单位集资建房

1997—2006年，部分单位采用集资等形式新建、改建职工住房。主要有1998年县国土资源局，1999年县工行，2000年县医院，2001年县委党校，2005年云霄一中。至2006年，单位建房或集资建房共投入资金25205.83万元，占地面积9760.61平方米，建筑面积30113.63平方米。

第二节　城区市政设施

一、街区道路建设

1997年，城区建成江滨南路、云漳北路等9条新街；1998年，建成金霞路、宏发路；1999—2002年，建成绥阳东路、陈政路等6条街区道路，总长12.971公里，道路面积21万余平方米，投入资金累计9400万元。新建的县城街区路宽度分为32米、36米，次干道分为20米、24米。至2006年，城区道路总长31.9公里，道路面积0.86平方公里，密度2.65公里/平方公里，人均道路8.98平方米。

二、城区绿化美化

1997年，县城区结合旧城改造和道路建设进行城区绿化美化。至2006年末，县城区的将军山公园、人民公园、江滨绿化带、城南绿化带及机关单位、居民小区、主要街道等绿化总面积2065647平方米，覆盖率34.18％，人均绿化面积8.2平方米，已基本形成行道树、小区绿地和公园点、线、面相结合的绿化格局。县绿化建设管理专职队伍，常年对县城区的花木、绿地进行补植、维护管理。

三、公园建设

1997年5月，原人民体育场改建为人民公园。同年7月24日，人民公园建设工程动工，1998年元旦竣工。公园占地1.33公顷，总投资368万元。园内建有音乐灯光喷泉、绿地草坪、休闲座椅、灯光夜景等景观设施，种植榕树、大王椰子、散尾葵等树木。

1998年10月，建设将军山公园。公园总规划用地86公顷，环境控制区3.19平方公里，1999年8月28日举行开工典礼，至2006年建成现代休闲娱乐、历史文化保护和自然风光游览为一体的综合性公园。共投资1.7亿元，大门上方有中共中央政治局原常委、中央军委原副主席刘华清上将题写的“将军山公园”牌匾。有2013年3月批准的国家级文物保护单位——唐归德将军陈政暨夫人司空合葬的墓园；有公园主体建筑归德楼、龙湖和碑林。碑林由书家、将军、名人三处碑林分区组成，共1000块碑石。书法碑林汇集中国书协启功、沈鹏等百名书法家及会员作品；将军碑林汇集刘华清、迟浩田、杨成武、徐慧滋、李景等363位将军手迹，迟浩田为该区题词；名人碑林作者为33位省部级领导及259位各界知名人士。

2018年，在县城东南部，开工建设大型公园——南湖湿地生态公园。

四、照明设施建设

1998年，建人民公园西南角22孔25米高杆灯1座，迎宾门16孔15米高灯杆1座，江滨路—云平路口12孔15米高杆灯1座。2000年，建国道324线—云漳北路口22孔25米高杆灯1座。2002年，改城区路灯为高压灯，计385盏。2006年，主干道路有照明灯计780柱1589盏，其中高杆高压钠灯4座72盏、高压钠灯675盏、HID类灯312盏、节能灯522盏、百汞灯8盏。

五、排水及污水处理设施建设

1997—2006年，城区新建排水渠10条，长11.26公里。至2006年，县城主要道路排水渠共34条，长36.1公里（其中铺排水管4.8公里）。主干道为阴渠，其余以盖板边沟居多。

2006年6月，县政府委托中国市政工程中南设计院编制《云霄县城区污水处理厂及配套管网工程可行性研究报告》，规划近期（2008年）污水处理2.5万吨/日，处理率65%；中期（2013年）4万吨/日，处理率75%；远期（2020年）8万吨/日，处理率90%。总投资2976.79万元。2017年，结合道路白改黑，对云平路、江滨路、将军大道北段（开漳大道）、经堂口、南湖路（美霞大道）、复兴路、佳洲岛隧道工程、云漳路等进行排水、污水处理设施改造。

2016年4月，县城区污水处理厂二期扩建工程开工建设，新增2.5万吨/日处理规模，总规模达到5.5万吨/日，设计采用卡鲁赛尔氧化沟工艺，项目用地位于污水厂东侧，占地2.4公顷，总建筑面积575.21平方米，项目总投资3767万元，至2017年12月竣工投入运行。

六、供水设施建设

据1978年11月县水井普查资料，城区的公用水井及家庭私井尚存948口，其中水质优良、可饮用的有10多口。靠近漳江的东南片居民多饮用江水，离漳江较远的西北片居民，主要饮用井水。1979年，城区建成自来水厂后，居民饮用水逐渐使用自来水，亦有部分居民在家内建竹筒井（少数建机井），以供日常洗涮之用，饮用多取自来水。

1996年，县自来水公司日制水2.9吨，铺设DN100毫米以上管道46.7公里，供水面积6.5平方公里，用户14975户7.8万人。1998年3月投资建第二条出厂管道，水厂占地面积由0.734公顷扩大为1.645公顷，制水能力由2.6万吨/日扩大为5万吨/日。同年8月至2006年6月共投入1161.6万元，供水面积10平方公里，用户28336

户、10 万人。

2006 年 9 月，云陵工业开发区投资 1016 万元于上坑村猫狮山建设自来水厂（2007 年 9 月投入使用），水源来自杜塘水库。

2017 年 5 月，正式开工建设云霄县峰头水工程（管道部分），计划铺设古雷引水管道分岔口（溪口）至风吹岭 DN1200 球墨铸铁管，总长 6.187 公里，年度完成铺设管道 1 公里。10 月，风吹岭水厂消毒工艺由液氯改造为次氯酸钠，大大提高水厂生产安全系数。12 月完成陈岱镇供水管网项目建设，同期启用上坑村泵房，日供水能力 1 万吨，彻底解决该镇历史缺水问题。结合新区建设完成铺设开漳大道 DN300、DN500 和南湖大道 DN300 供水管道总长 5.8 公里；结合旧区改造完成改造旧城关东片区及演武亭村、高洋区等片区 DN75 以上供水管道 2.99 公里，DN63 以下供水管道 6.43 公里。截至 2017 年底，县城市供水总量 1486.46 万吨，供水总户数 59760 户，水质综合合格率达 98.5%。

七、燃气设施建设

20 世纪 90 年代后，县城居民生活燃料由柴草、煤炭逐步为液化石油气取代。2001 年，投资 130 万元建裕宝液化气储配站，2003 年投资 420 万元建华荣、常山常凯液化气储配站。2006 年，城区有液化气分销店 16 家，用户 17300 户、5.81 万人，日供气量约 20 吨，气化率 91.6%。2006 年 12 月，漳州安然燃气有限公司云霄分公司成立，筹建燃气管道，推广使用天然气。

八、环卫设施建设

1997 年，县城垃圾处理中转站有宝城、江滨、汀洋区等 4 座，专用车辆 11 部，设垃圾填埋场于新坡村山地，日处理垃圾 110 吨。1998—2000 年，投资 100 万元，购置 120 装载机 1 部、垃圾筛选机 1 台套、摆臂式 5 吨东风液压车 4 部、2.5 吨吸粪车 1 部、小型板车 30 架、木制垃圾车 75 辆，改（扩）建一、二类公厕 22 座。厂区主干道由县环卫处负责清扫、保洁，其他街道、居民区由所在地村委会、社区居委会设点定时收集垃圾。2006 年，县城建成区的社区环卫队划归县环卫处管理。环卫工人每天清扫面积 54 万平方米，清运垃圾量约 130 吨，清洗公厕 18 座。

九、公共交通建设

2002 年 6 月 10 日，成立长顺公共交通有限公司。2006 年公司投资 151 万元购置公交车 10 部，2007 年 3 月 1 日投入营运，为漳州市首个开通县城公交的县份。线路开始为将军山公园至安居工程双向循环，8 分钟一班，年营运里程 50.6 万公里。2014 年初，又增加公交车 15 部，并于 7 月启动 e 通卡刷卡，增设县城至高铁站和乡镇的线路共 13 路。2016 年，增设县行政中心至魏妈庙的公共汽车班次。

第三节　村镇建设与管理

一、乡镇建设

1997 年，除云陵镇及莆美镇为县城区，陈岱镇与列屿镇依托的村社人口较多外，其余乡镇均难以形成集镇。2006 年，各乡镇(不含云陵镇)相继建成一批公建项目，陈岱镇 19.98 万平方米、东厦镇 0.2 万平方米、列屿镇 0.22 万平方米、火田镇 0.58 万平方米、莆美镇 4.12 万平方米、下河乡 0.62 万平方米，马铺乡 0.59 万平方米、和平乡 0.84 万平方米，合计 27.15 万平方米。

二、新农村建设

(一)示范点

2006 年，开展社会主义新农村建设示范村活动，一定两年。陈岱镇礁美村被确定为首批省级示范村，云陵镇下坂村被确定为首批市级示范村。每个示范村由一名市领导挂钩，并安排市直3个单位挂钩帮扶；县由县委书记、县长分别带领县直一个单位挂钩示范村。2009年底，两村建成一批别墅型楼房及绿化园地。

（二）家园清洁活动

1997年开始，全县农村开展以家园清洁、家园整理和创建绿色家园为内容的农村家园清洁活动。重点实施"一池三改"，即"建沼气池，改厕所、猪圈、厨房"，推广使用沼气，开展"饮水安全"活动，消除饮用水污染源，保证村民饮水安全；实施路面改造，村中道路铺设水泥路面；提高农村卫生水平，改善农村居住环境。至2006年，全县共投资5876.31万元用于农村饮用水改造，受益人口34.87万人，占农村人口95.95％，建卫生厕所5.83万个，占农村厕所数的70.07％。

2006年，县委、县政府制定以垃圾治理为主要内容的"家园清洁活动"实施方案，成立县家园清洁活动领导小组，全县农村垃圾处理率达50％，基本建立健全农村环境卫生管理体制，实现村容整洁卫生，人居环境质量明显改善。

第四节　建筑业

一、勘测设计

（一）勘察测绘

1997—2006年，县内从事测绘业务的部门有县国土局国土资源测绘管理站、建设局下属的测绘咨询服务公司和村镇建设测绘所。

（二）建筑设计

1997年，县内建筑工程原多由县建筑设计院、城乡规划设计室和村镇建设规划设计所等设计单位负责设计。当年，设计单位进行体制改革，推行设计市场化、设计单位多元化，技术人员双向选择，一些人才开始向厦门、漳州等城市流动。2000 年，外地设计单位进入本地，有福建省城乡规划设计院、厦门城市规划设计院、福建工程学院规划室、福建九龙建设集团设计院、省建专规划设计室等资质等级较高的设计院所，通过招投标参与县内建筑设计。

二、建筑施工企业

1997 年，县内注册的建筑工程企业有 4 家，搅拌机、吊塔、推土机、挖掘机和碎石机等施工设备逐步更新。1997 年末，县内建筑企业自有机械设备台数 502 台，设备净值 351.6 万元；2000 年为 206 台，设备净值 217.7 万元。尚有福建向荣集团、古田县第六建筑公司、平和县市政建筑工程公司等县外建筑企业进驻县内建筑市场，经投标参与项目建设，且所占建筑市场份额日趋增加。

（一）县第一建筑工程有限公司

集体所有制企业，2004 年底改制为民营股份有限公司。2005 年 9 月获省建设厅房屋建筑工程二级资质认证。

（二）县第二建筑工程有限公司

集体所有制企业，2004 年 12 月改为民营股份有限公司，具有房屋建筑工程三级资质。

（三）莆美建筑工程有限公司

集体所有制企业，2002 年 2 月改制为股份合作企业，具有房屋建筑工程三级资质。

（四）城镇建筑有限公司

1979 年 3 月成立的云陵镇集体企业，具有房屋建筑工程三级资质。

（五）翔成建筑有限公司

2005 年 8 月成立的民营股份有限公司，具有房屋建筑工程三级资质。

（六）福建泰岳建设发展有限公司

2016 年 12 月 23 日成立的独资民营企业，具有建筑装饰工程专业二级、建筑幕墙工程专业承包二级等资质。

1997—2006年，全县县内建筑企业施工产值25641.9万元，施工面积534961平方米，竣工产值22032.9万元。竣工面积283056平方米，实现税利1382万元。

第五节　房地产业

一、保障性住房工程

1997年，建成安居工程4幢180套，每套建筑面积60～70平方米，总面积12540平方米，投资968万元，位于陈政路北侧。2007—2017年，共建成四期保障性住房。2013年，新建限价房460套，总建筑面积41400平方米。2014年，新开工1121套，其中公租房255套，城市棚户区改造666户，垦区危旧房改造200户。2014年年度基本建成任务750套，已落实到具体项目，已开工建设各类保障性住房1428套，基本建成917套。2015年保障住房新开工990套，其中公共租赁房140套，城市棚户区改造650户，全县年度基本建成任务1000套。其中，企业投资建设的企业公租房(宿舍楼)建设地点位于云陵工业开发区等，新建公租房140套，建筑面积8123平方米，计划总投资2431万元。和平农场危旧房改造200户，已竣工38户，在建162户。四期项目址在世坂村102套公租房正在签订租赁协议，交付使用，100套经济适用住房困难家庭申请住房保障租金补助正进行核查。2017年，新开工保障房157套(户)，其中城市棚户区改造140户、垦区危旧房改造17户、年度基本建成560套。

二、旧城棚户区改造工程

截至2017年末，全县投入21.23亿元，顺利实施楼仔脚片区、渡头片区、复兴路东段片区、威惠庙片区、复兴东(旧实验小学)片区等5个旧城片区的改造建设，房屋征收面积约25万平方米，安置房建筑面积37.32万平方米。

楼仔脚片区 楼仔脚片区改造项目是县有史以来第一个就地分层安置的旧城改造建设项目。2012年4月，用25天的时间完成该片区房屋征收工作，设计征收土地面积22.2亩，征收房屋建筑面积2.9万平方米，动迁199户、893人。该片区改造后建设安置房4幢375套(户)，总建筑面积41240平方米，总投资2.5亿元，项目已竣工，完成回迁安置。

渡头片区 2012年11月，用30天时间顺利完成房屋征收与补签的签约，共征收房屋占地面积4.888万平方米，征收房屋建筑面积5.43万平方米，涉及动迁群众354户、房屋378间、居住人口1496人。改造后的渡头片区建设10幢15～18层的安置房，共960套、149868平方米，总投资5.86亿元。配套建设江滨公园、幼儿园、农贸市场、大型停车场、周边道路等公共设施。项目已竣工，完成回迁安置。

复兴路东段片区 自2013年11月3日政府发布征收公告之日起，用38天时间完成了房屋征收与补偿的签约，共征收房屋587件、占地面积3.89万平方米、建筑面积7.8万平方米，动迁群众555户、居住人口2331人，改造后的复兴路东段片区建设7幢15至18层的商住楼，共816套，总建筑面积12.5万平方米，总投资7.47亿元，配套建设大型商场、停车场等公共设施。项目已竣工，于2017年9月28日起回迁安置。

威惠庙片区 威惠庙片区改造建设自2016年9月12日政府发布征收公告起，用42天时间完成房屋征收与补偿的签约，征迁采取货币化安置与产权调换安置相结合的方式，并制定相应优惠措施，尽可能提高货币化安置的比例。项目共征迁占地面积约2.7万平方米，征迁房屋总建筑面积约8万平方米，设计征迁群众及单位303户，项目计划总投资2.6亿元。异地安置房建设位于云糖路西侧，建设用地面积6689.76平方米，建设安置房144套、19872.18平方米。就地安置房2017年度投资约1200万元，已完成基桩工程建设。

复兴东(旧实验小学)片区　设计征迁范围总占地面积约 54 亩,其中一期 46 亩,设计征迁户数约 250 户,计划总投资 2.8 亿元。县政府于 2017 年 4 月 6 日出台《云霄县复兴东(旧实验小学)片区国有土地上房屋征收与补偿安置实施方案》。4 月 20 日发布征收决定,项目征收实行货币补偿和产权调换(就地、异地安置相结合)两种征收补偿方式。2017 年 4 月 23 日至 2017 年 6 月 11 日签订补偿协议并腾空房屋完成搬迁。该改造项目异地安置房建设项目于 2017 年 6 月底前完成项目预算及审核,7 月份监理、施工单位上网招投标,8 月开工建设。

三、房地产开发经营

(一)房地产开发企业

1995 年,黄木涛创办云霄县金园房地产开发有限公司民营企业,率先进入房地产开发产业。1997 年,县房地产开发企业主要有县房地产综合开发公司、县房地产经营开发公司、漳州市常山华侨房地产开发公司、云财房地产开发公司、云利达企业改造建设公司等 5 家国有企业。2000 年,成立两升房地产开发有限公司。2005 年,成立县鑫凯房地产开发有限公司、县城建房地产开发有限公司、福建省富城房地产开发有限公司、县祥隆房地产开发有限公司、漳州市常山三友房地产开发有限公司等民营企业。2006 年,成立(云霄)漳州泰景房地产开发有限公司、(云霄)漳州市住总置业有限公司、漳州市常山华友房地产开发有限公司、福建省金华都房地产开发有限公司、云霄翠峰房地产开发有限公司等。2017 年度全县房地产企业新增圣城投资集团有限责任公司 1 家,共计 29 家。房地产开发项目在建工程共 8 个,建筑面积约 117.37 万平方米。建发集团、宝龙集团等一批全国知名房地产企业进驻云霄从事房地产开发建设,带动全县房地产业快速发展。

(二)房地产开发情况

2003 年起,商品房开发以建设分层居住的小高层建筑为主,并配套停车场及小型绿化地等相应公共设施与物业管理。2005 年,县房地产综合开发公司在畲仔园建6层商品房，建筑面积5590.8平方米，投资5032万元。2006年，鑫业房地产开发公司在云平路原云霄旅社建15层商住房，总建筑面积10380.5平方米，投资12456.6万元；漳州泰景房地产开发公司在将军大道东侧建商品房7幢，建筑面积35969平方米，投资35969万元；鑫凯房地产开发公司在顶溪农场西侧建商品房6884.14平方米，投资6884万元；漳州住总置业有限公司在宝城小区建7层商品房，建筑面积5000平方米，投资7000万元；常山三友房地产公司在将军山公园北侧建别墅型商品房，建筑面积57905.62平方米，投资81067.87万元。住房建设开始走向市场化、标准化和小区化。

2007—2018年，建成和在建的主要商品房楼房有：泰景丽都、尚都花园、泰景翠峰豪庭、君豪国际别墅、君豪花园、怡景龙湖、祥和佳苑、哲祥豪庭、怡景书香、哲祥如意花园、哲祥如意、建发半山御园、海祥帝景湾、宝龙将军一号、万宏国际、翰林江景、清华园、滨江豪园、哲祥中央公园（哲祥万好）、江滨学府、东方明珠、福锦中心广场、怡景阳光、万城花园、渡头嘉园、融商大城时代、复兴东段安置房、漳江核苑、翔球广场、大唐印象、中梁首府、万贸中心等。

第六节　移民安置

一、国家三峡水库移民安置

2003年5月，云霄县接受三峡建设委员会安置重庆市万州区三峡水库农村移民14户63人任务，分别安置在火田镇后埔村6户32人、陈岱镇竹港村8户31人。由安置地无偿划给每个安置人口耕地5分，蔬菜地0.2分，每个安置户建房地皮40平方米。2004年，后埔安置点完成建房6套，总建筑面积460平方米；竹港安置点完成建房8套，总建筑面积580平方米。

二、自然灾害移民安置

2006年5月17日“珍珠”强台风正面袭击云霄后，县委、县政府决定对受灾严重的边远山村进行移民重建。当年建成移民安置点9个，其中马铺乡4个，和平乡1个，下河乡3个，火田镇1个，安置移民460户1765人。

三、县内水库移民遗留问题处理

峰头水库移民遗留问题处理　峰头水库于1986年3月16日建成，库区移民11770人，全部在县境内安置。2002年，云霄县库区移民开发管理局编制《福建省峰头水库移民遗留问题处理2002—2007年规划及总体规划》上报。2002年6月，批复下拨解决遗留问题建设基金1590.2万元。2003—2006年，按该规划完成修建18个移民村、点四级水泥道路26条78公里，自来水设施16处，农田水利设施18处，建成环库区水泥道路3条29.8公里，并衔接火田镇后埔村贯通国道324线。

杜塘水库移民遗留问题处理　杜塘水库于1959年10月竣工蓄水。水库移民以生产大队集中建房、集体安置。根据国务院、省政府有关水库移民安置遗留问题的资金直补规定，对凡在2006年6月30日前属于水库移民的原迁人口(死亡扣除)和新增人口，每人每年直补600元，一人一折，委托县农村信用联社按季度发放，20年不变。原移民533人，现存104人，新增429人。

全县水库移民安置区集体项目扶持　由县库区移民开发管理局编制《2006—2010年项目扶持规划》，按年度向省、市移民局申报。2006年，已实施和正在实施项目有道路50条41.2公里，自来水设施12处，农田水利设施13处，文化活动场所2处，家园清洁工程5个(村)。

四、移民后期扶持

2017年底，经省移民局核定，全县大中型水库移民资金直补

14664 人,项目扶持到村 5744 人。已建库容 1000 万立方米以下至 10 万立方米以上的涉及移民的小型水库 7 座,移民分布在 5 个乡镇 10 个移民村点。2017 年度,申报移民扶持项目 56 个,省移民局下达扶持资金 2816.48 万元,其中项目资金 1930.28 万元(其中小型水库项目 6 个扶助资金 125 万元),直补到人资金 886.2 万元,年度的安排以生产开发和环境综合整治为重点。生产开发突出创业园建设,到位资金 3855 万元。环境综合整治整村推进村 3 个,安排 14 个项目,投资 732.85 万元,申请移民资金 726.88 万元。巩固第二批环境综合整治村成果(火田镇政和社区新里村),安排 6 个项目,总投资 271 万元,申请移民资金 271 万元。2017 年度重点推进马铺乡马铺村坪美自然村、坑口村南埔自然村环境综合整治。坪美村 3 个项目,总投资 167 万元,申请移民资金 167 万元;南埔村 5 个项目,总投资294.85万元,申请移民资金 288.88 万元。

第九章　生态环境建设

新中国成立后，50 年代就注意封山育林、“四旁”植树、水土保持和水资源的保护。1958 年 3 月 8 日，中共中央委员、共青团中央书记胡耀邦莅临云霄视察，指示县团委工作要把绿化荒山荒地作为青年特殊突击的核心任务，苦战三五年，实现山山变成花果山、金宝山。云霄共青团员和青年努力落实这一指示精神，1959 年 5 月，团中央嘉奖云霄县青年在造林绿化方面获得显著成绩，奖给团县委奖旗、奖状。1966 年 1 月，胡耀邦在漳州接见地、市、县团干部讲话时，再次强调环境绿化的重要性(在场聆听讲话的有云霄县团县委书记张三竹)。中共云霄十一届三中全会以后，云霄县获得“中国枇杷之乡”称号，被国家林业部授予全国沿海防护林建设先进单位、全国绿化模范单位、全国绿化先进单位称号。90 年代，建立健全环境保护机构，落实县长环保目标责任制及减排计划，加大环境治理投入，加强环境监测和执法检查，开展治理专项行动，查处环境违法案件，环境污染状况得到一定控制和改善。1996—1998 年，漳江连续两届被省人大评为优清河流。2001—2005 年度，云霄县获漳州市县长环保目标责任制工作第一名。2004 年 9 月，陈岱镇、火田镇、下河乡分别被国家环境部授予“国家生态乡镇”称号。

第一节　封山育林与“四旁”植树

一、封山育林

50—70年代全县封山面积约1.33万公顷，1982年封山1.67万公顷，其中成林0.87万公顷，占森林总面积3.47万公顷的25%。云霄县由于气候、土壤条件优越，一般封山5～7年即可郁闭成林。封山有全封、半封和轮封3种。实行封山地区主要有下河乡的七高礤、仙石、梅林、金坑、三星；和平乡的内洞、桧树、半岭、桥头、通贝；马铺乡的鸟螺、大仓、泮坑、坪水和常山农场的官洋（观阳）等村。1980年，实行绿色责任制，效益显著。1983年，县林业局在全县推广下河乡七高礤、马铺乡坪水村、和平乡桥头村等采取全封与半封相结合封山育林，可提前1～2年郁闭成林的经验，在全县采取“远山多封，近山少封，密林山全封，疏林山半封”的措施，县、乡镇（场）、村层层建立责任制，强化封山育林。至1989年，全县10个乡镇（场）93个行政村共封山育林2.25万公顷，其中成林1.49万公顷，封山育林效率比70年代以前有所提高。1990—1994年全县封山育林1.41万公顷，其中工程林1万公顷，至1996年全县共封山育林3.27万公顷，其中成林1.88万公顷。

二、“四旁”植树

“四旁”（村旁、宅旁、水旁、路旁）植树，历史上均由群众自育自种。1941年起，每逢3月12日植树节，县政府发动机关、学校、团体进行“四旁”植树，至1949年，计种植树木5.5万株，以沧洞、槐树、木苛、若楝、板栗居多。

1952年，县人民政府发动群众宅旁绿化，同年植树10.8万株，1953年开展绿化造林，当年在浯田至常山的境内龙汾干线22公里地段上种植大叶桉树11万株。至1961年，“四旁”绿化19.25万株，

1962—1965 年，完成全县 67 公里干线公路林的营造。至 1966 年全部绿化成林，最大株高 15 米，胸径 40 厘米以上，全县“四旁”植树 45.8 万株。1966—1972 年，全县“四旁”绿化植树 102 万株，人均 4 株。1983 年，开展全民义务植树活动，每人每年植树 3～5 株，当年全县“四旁”植树保存数 126.1 万株，约 420.33 公顷。1952—1989 年，全县“四旁”植树共 788 万株，其中义务植树 259.1 万株。1996 年实施并完成国道 324 线县内路段“四化”（绿化、美化、香化和果化）。当年全县建花台 125 座，面积 1.7 万平方米，“四化”面积 2.4 万平方米。

第二节 水资源保护

一、水环境综合治理

1997 年，组织相关部门及乡镇开展漳江流域综合整治。2001 年，继续组织漳江流域综合整治，购买专用船只由专人负责打捞漂浮物，实施日常保洁，取缔漳江上流 3 家造成水土流失的碎石场，严禁在漳江两岸新建重污染企业，严禁向水体倾倒垃圾。2005 年，县政府出台《云霄县漳江流域水环境综合整治方案》，由县环保局、水利局、建设局与云陵镇、和平乡、下河乡、马铺乡对漳江流域水葫芦污染及沿江两侧 1 公里范围内的养猪场进行综合整治，组织人力清理打捞水葫芦及水面漂浮物。通过政府补助，在农户中推广新建沼气池，对养殖场污水处理设施加强检查，督促整改完善。2006 年，继续组织大规模的综合治理，投入 40 多万元，对漳江上游车圩溪、西溪、向东渠、峰头水库进行综合整治，并对饮用水源一级保护区范围进行立碑确定。同年 3 月，开征污水处理费，按自来水用水量每吨 0.8 元计征。

二、污水处理设施

2017 年，全县以水资源用水总量控制、用水效率控制、水功能区限制纳污“三条红线”为核心，扎实推进最严格水资源管理制度。与2015年相比，2017年全县用水总量1.52亿立方米，低于1.61亿立方米控制目标；万元工业增加值用水量由43.5立方米降至34.8立方米，比2015年万元工业增加值用水量下降20%，完成18%控制目标任务；万元GDP用水量由107.5立方米降至87.1立方米，比2015年万元GDP用水量下降19%，完成17%控制目标任务；农田灌溉水有效利用系数0.582，超过计划目标0.546；水功能区水质达标率100%。全年共征收水资源费150万元。全年处理生活污水794万吨，污水排放量为843万吨，污水处理率94.2%。加大污水处理设施建设，2015—2017年建成农村污水处理设施20处，日处理量增加790吨。全年共落实水资源保护补偿资金350万元。

第三节　生态保护

一、水土保持

（一）水土流失

全县水土流失主要由采矿、取土和建设施工造成。1999年10—12月，对16个生产建设和资源开发项目进行土壤工程侵蚀普查，普查总面积15582公顷。其中工矿12处，每处流失10公顷，主要有陈岱镇、云陵镇、马铺乡、下河乡、和平乡、东厦镇等14个石场、机砖厂，流失面积120公顷。此类区域的植被、地形、地貌受到严重破坏，排放弃渣量大，且排放在山坡或沟谷，对漳江下游造成威胁。交通类建设3处，流失面积54公顷，有火田镇国道20公顷、下河乡乡道14公顷、马铺乡乡道20公顷，此类建设项目弃土弃渣量大，水土流失强度大，呈线性分布。城镇类建设1处，云陵开发区造成水土流失面积6公顷，使项目区域的地形、地貌及地表受到不同程度的破坏，建设前期极易产生高强度的水土流失。

（二）水土流失治理与监督

1997—2006年，综合治理水土流失面积1631公顷，其中在漳江上游沿岸乡村封禁治理603公顷，造林治理228公顷，种经济林710公顷，种草30公顷，其他坡改梯治理60公顷。

2002年8月15日，县政府印发《云霄县水土保持生态环境建设规划的通知》，制定水土保持工作方案。同时加强预防监督执法力度，以实施县政府水土保持方案的措施为中心，把工作重点放在水土流失严重的采石、采土场和水电站附属设施建设影响较大的区域。2001—2006年，共征收水土保持补偿费46万元。

二、生态保护区

（一）红树林保护区

1997年，经省政府批准，成立省级漳江口红树林保护区。2003年6月，经国务院批准，漳江口红树林自然保护区晋级为国家级保护区。保护区总面积2360公顷，为以保护红树林及栖息其中的野生动物为主要对象的森林生态型与海洋和海岸生态型综合性自然保护区。

（二）饮用水源保护区

2003年10月，经省政府批准，全县设县级饮用水源保护区6处，其中4处为云霄县的生活饮用水地表水源保护区，2处为常山开发区和东山县的生活饮用水地表水源保护区。乡镇饮用水源保护区4处。各保护区按规定分别划分为一级、二级保护区，并有明确的水域及陆域保护范围。

第四节　环境卫生与垃圾处理

一、固体废弃物处理

1997年，县城区的生活废弃物由县环卫处及社区环卫队负责清扫，运至新坡垃圾场填埋。2004年10月，开始在东厦镇宣美自然村山地新建县垃圾无害化处理场，占地13公顷，投资4980万元，日处理垃圾300吨。至2006年底完成投资1100万元，建成填埋区、道路及办公楼等设施，2009年建成投入使用，新坡垃圾填埋场停止使用。

二、环境卫生整治

抽调城管队员、环卫处及保洁公司工作人员成立卫生督查组，开展每日3次卫生督查，对未保洁到位的路段及时登记反馈，加强对保洁公司的监管力度，确保道路干净、整改及时。

第十章　文化教育体育事业建设

第一节　文化建设

一、广播

1955年成立县广播站，1958—1959年，各公社、农场成立广播站。

（一）广播覆盖率

1971年，建无线广播试验台502台，收讯台在演武亭，发射台在顶溪村，覆盖云霄、东山、漳浦、平和4县。1980年，全县安装广播喇叭5.7万只，入户率90%，每天播音7小时30分。1991年起，有线广播改为调频传输。2005年，实施全县“村村通广播”工程，各行政村所在地和居民50户以上的自然村通广播，向居民20户以上的自然村发展。同年末，广播电视台的调频广播节目人口综合覆盖率达99.5%。

（二）广播时间与节目设置

县人民广播电台按时转播中央和省、市电台新闻节目，并自办县新闻和其他专题节目，用普通话和云霄方言播出。每天早上6点开播，晚上12点结束。设置的专题节目主要有《改革风云》《农业科技信箱》《环保之窗》《金融指南》等10个。2006年有6个专题节目获省级奖励。

二、电视

（一）电视传输

1997年，除云陵镇外，全县8个乡镇设有广播电视站。同年，云霄电视台有将军山、西公尾山、剑石岩等微波转播站；系统内有线电视台1座，终端104万个；系统外有线电视转播终端27座，终端6800个，传输线路电缆43公里，微波76公里。1999年9月，广电大楼扩建竣工，占地面积580平方米，建筑面积1240平方米，增设标准机房和演播厅。2001年，对城区有线电视进行光纤联网升级改造，网络由300Hz系统改为750MHz系统，节目由24套增为30套。2003年10月，与省东南网络公司合作开通宽带网，全县架设杆路94.23公里，光缆3763.8纤公里，光接点127个。电视光纤信号传递至各乡镇政府驻地。2004年，对莆美、东厦、火田、列屿4个镇和下河乡进行光纤联网改造，新增光纤杆线40.85公里，光纤总长度109纤公里，农村有线电视用户6057户。2000年3月，推广有线数字电视，全县电视节目人口综合覆盖率95%。2017年，在顶溪建设的广电大楼落成。

（二）电视节目制播

云霄电视台的自办节目有《天气预报》《云霄新闻》《周二视点》《警界纵横》《教育之窗》等。2000年8月1日，创办《周二视点》专题栏目，至2006年底共播出34期，其中1件作品获省一等奖、4件获省二等奖、7件获省三等奖、8件获市一等奖。2003年被评为“福建新闻名专栏”。2001年元旦，首次实现室内现场直播大型文艺节目《家家乐文艺晚会》。春节期间播出“世纪之春”文化专题片。2002年2月2日，配合中央电视台采访报道“早钟6号”枇杷种植的新闻。2004年，配合中央电视台“发现之旅”栏目组拍摄播出《开漳圣地——土楼探秘》专题节目。2005年，配合中央电视台第7套《科技苑》播出《巴非蛤富了云霄人》。2007—2018年，对八届开漳圣王文化节都进行实况直播。

(三)“村村通”工程

2005年2月,县广播电视同步实现“村村通”工程开始实施。2006年3月,全省广播电视“村村通”工作会议在云霄召开,推广云霄在“村村通”工程中采取的“村锅”方式,云霄县被评为全省广播电视“村村通”建设先进集体,至2007年,全县共有90个20户以上的自然村实现广播电视“村村通”。

三、电影

1954年10月,在复兴路建成人民电影院,座位1000个,1986年8月改建,增加座位210个。1971年,原为演出场所的县人民会堂改为电影院,1980年12月,云霄剧场改设露天影院,有石板座位1400个。1983年6月,租用县工人俱乐部为电影放映场所,有座位168个。1996年,电影公司综合楼竣工,建筑面积2590平方米,内设录像放映厅、舞厅和282个座位的电影厅。1996年,全县有电影座位2500个座位。

50年代,除常山华侨农场利用会堂放映外,其余农村均为广场露天放映电影。80年代,各公社、农场、集镇、生产大队纷纷创办固定放映场所,至1984年,共有室内电影院10所,座位6703个,围墙露天电影院12所,座位8000个。90年代,全县有露天影剧院、县影剧院2个影院及3个放映队。1997年4月,县电影发行放映公司开展百部革命传统教育优秀影片放映活动,每年为全县中、小学生放映电影360场,观众12万人次。至2006年,举办农民电影节,下乡巡回放映电影560场,观众约22万人次。

1996年,电影放映队35个,转为流动放映,全年放映场次1362场,观众9.27万人次。2014年开始,县影剧院每周五晚上放映公益免费电影,全年放映免费电影142场,观众5万多人次。2017年,组织7支电影放映队在全县农村巡回放映公益电影1908场次,组织3支志愿者服务队送电影进社区、进厂区,进行免费慰问放映392场次、全年放映免费电影2300场,观众达30多万人次。

四、戏曲文艺团体

新中国成立后,1951 年组建县业余潮剧团,后转为县级专业潮剧团,1957 年,城乡业余剧团发展到 80 多个。1963 年,禁演古装戏,全县业余剧团减少到 30 多个。1970 年 3 月,县革委会组建毛泽东思想文艺宣传队,改演歌剧、舞剧和京剧。1977 年 12 月,调回原剧团部分演职员,恢复潮剧和古装戏演出,仍称"文宣队"。1979 年 3 月,恢复县潮剧团。同年末,全县业余剧团恢复至 32 个。1989 年,业余剧团有 26 个;半职业性质剧团有 2 个潮剧团和 1 个木偶剧团。1992 年,全县有专业剧团 1 个,业余剧团 35 个。1995 年,职业剧团云霄青年剧团参加省第五届民间剧团戏曲会演,演员林碧芳获一等奖,并应香港新升艺潮剧团之邀赴港演出。

(一)职业剧团

1997 年,全县有潮剧、芗剧、木偶戏剧团共 18 个。专业剧团有云霄潮剧团,2006 年有演职员 68 人。民间职业(业余)剧团有青年潮剧团(1994 年成立),云霄潮剧二团(1998 年组建)、云霄潮剧三团(2006 年由长垄村业余潮剧团改称)、新星潮剧团(2014 年成立)。2016 年末,全县还有宝楼、顶城、青崎、下曾、莆美、下云、下港、火田、湖丘、河塘、新城、田畔和孙坑、船场、龙坑等 18 个潮剧团,以及马铺芗剧团和仙石 2 个木偶剧团。

(二)业余文艺团体

1997 年,云陵镇下港潮乐爱好者 40 多人组成漳江潮韵社。2002 年 6 月,与台胞共同创作、演奏潮曲《云水谣》,在市、县广播电台播出。2000 年 3 月,城关中、小学等教师组成文化业余艺术团。至 2006 年,共移植和编演 40 个舞蹈、小品声乐、器乐节目。声乐研究会于 2001 年 6 月成立,由热心声乐艺术的教师、干部 120 人组成,开展业余声乐理论探讨和节日文娱演出。漳江画院于 2003 年建立,有创作委员 15 人,数十件美术作品入展全国性展览并获奖。同年,由城乡潮乐爱好者组成云山书院民乐队,有各种乐器 40 多件,多次参加县文艺晚会。侨联民乐社,2012 年由云陵镇、莆美镇等地民乐爱好者50多人组成。2015年3月，在将军山会议中心，为接待泰国、柬埔寨华侨代表团演奏，民乐社还在魏妈文化园庆典会上多次演出。快乐大姐演出队于2005年建立，每年参加各类演出60多场，成员近百人。至2016年末，县文联直属有文学、书法、美术、音乐、舞蹈、戏剧、交谊舞、灯谜楹联、摄影、电影、花卉盆景、民间文艺、收藏等13个文艺协会及漳江画院。

五、文艺晚会

1960年春节，举行第二届业余文艺会演，菜埔村张敬彬的《全家乐》被选送参加专区、省业余文艺会演，5月被选拔为福建省代表队节目参加全国职工业余文艺会演并获奖，受到刘少奇、周恩来、朱德、董必武、宋庆龄等党和国家领导人接见。在京演出半个月后，又到济南、上海、杭州演出22天80多场。在云霄人民会堂，1979年春节、1984年国庆节、1991年“七一”、1992年5月纪念毛泽东《在延安文艺座谈会上的讲话》时，均进行文艺会演。1994—1995年举办教师节“殷切的希望”、三八节“文艺游园”和“金融之声”“鸿雁之声”等文艺晚会及“重阳节老人歌手赛”等活动。1996年纪念红军长征胜利60周年等县都举行文艺晚会。1996年6月13—14日，解放军海政歌舞团一行50多位歌唱家、声乐家、演员自京莅临云霄老区举行3场扶贫义演。1998年1月，在县人民会堂举行李谷一专场演唱会。同年12月，刘晓庆、郁钧剑与广州轻音乐团在此同台演唱。1999年9月30日，在人民会堂举行庆祝新中国成立50周年“祖国颂”文艺晚会。1999年11月，蒋大为在此演唱。2000年1月10日，新疆昌吉回族自治州少数民族歌舞团抵达云霄慰问演出。同年11月，总政歌舞团在县人民会堂演出，杨洪基、田桂英等登台演唱。2001年6月30日，在人民公园举行纪念中共建党80周年“心中歌儿献给党”万人歌咏大会，县直机关、企业、中小学42支合唱队参加演唱。2003年2月14日，在人民公园举行“枇杷品尝会”专题文艺晚会。2004年4月，漳州市“亿万老年人全民健身展示会暨启动仪式”在云霄县人民公园举行，县委宣传部、文体局、老体协组织20个节目参演，市和各县老体协人员及云霄观众6000多人观看演出。2004年9月30日，县委宣传部、统战部在人民会堂举办“爱我中华”文艺晚会。2005年10月，县委、县政府在人民公园主办“廉洁奉公，勤政为民”文艺晚会。2006年1月13日，云霄县编演“奋进漳州，相约云霄”专场文艺晚会在漳州电视台演播厅演出，全市实况转播并多次重播。

六、舞蹈健身

1997年，县文联、文化局、教育局及中小学、老年大学经常举办舞蹈教学、培训、演出活动，县城区有数所民办舞蹈培训班。县城区、郊区的部分社区、村老年人协会、社会舞蹈爱好者，经常组织交谊舞、广场舞、民族舞等活动。每逢晨昏，在人民公园、云山书院、绥阳公园、江滨路、将军山公园、将军庙及社区内空地，都有爱好者练舞表演，参加者千人以上。

七、开漳圣王文化节

2007年3月至2018年6月，云霄县共举办八届开漳圣王文化节。

2007年3月28—30日，第一届开漳圣王文化节与“枇杷节”捆绑举办，中央电视台3套《欢乐中国行》栏目在云霄举办《欢乐中国行——魅力云霄》大型演唱会，中央电视台3套、中央电视台4套、中央电视台中文国际频道、中央电视台农业频道、香港凤凰卫视、海峡卫视、《光明日报》《经济日报》《农民日报》《香港商报》《粤港信息日报》等60多家主流媒体充分宣传推介云霄，新华网、中新网还向全世界进行开幕式现场网络直播，全面展示了云霄改革开放以来的新成就、新面貌。还吸引了来自美国、新加坡、日本、加拿大、荷兰、比利时、英国、马来西亚、西班牙等10个国家以及河南、香港、台湾等地区的嘉宾800多人参会，连战、江丙坤、王金平等台湾政要分别为云霄将军山公园和将军庙题词，并派专人送来牌匾。节会上，通过开展枇杷评选、品尝、展销、订购、研讨等一系列活动，将云霄“中国枇杷之乡”品牌首次推向全世界，使其走向广阔的国际舞台。

2008 年 3 月 27—29 日，第二届中国云霄海峡两岸开漳圣王文化节上，举办了“曲苑杂坛·奋进的云霄”专场文艺晚会，在央视 3 套、4 套多次播出，时间长达 16 个小时，立体式、全方位地宣传报道云霄，展示了云霄奋进发展的新形象。举办开漳圣王文化研讨会，收到来自海峡两岸的各地专家学者论文 30 多篇，学者们从各自研究的学术领域出发，交流了开漳历史研究的最新成果，推进了开漳圣王文化研究的深度和广度。举办大型祭祀活动，由 108 人着古代盛装参加祭祀表演活动，颂扬了开漳将士披荆斩棘、开疆拓土的历史功绩，表达了开漳后裔对开漳圣王及将士的深切缅怀。举行开漳圣王纪念馆和陈元光父子雕像落成剪彩仪式，彰显闽台文化渊源，被列为国台办 2008 年重点规划交流项目。

2009 年 3 月 27—29 日，第三届云霄海峡两岸（中国·云霄）开漳圣王文化节暨第三届漳州市旅游节隆重举办。海峡两岸关系协会副会长张铭清、中国国民党副主席林丰正、中国国民党中央委员会常委郭素春、台湾工党主席郑昭明、台湾国际开漳圣王联谊会会长李竹春以及来自美国、德国、新加坡、马来西亚、台湾、香港等国家和地区的名人政要、专家学者、开漳圣王信众、全国照明行业代表等一千多人参加了开幕式。中央电视台国际频道在县城举办了“中华情·情系云霄”盛大文艺晚会，韩红、那英、李宇春、谢霆锋、凤凰传奇等众多当红明星共同倾情奉献一台精彩的视听盛宴，节目在中央电视台四套国际频道亚洲版、美洲版黄金时段播出。文化节期间还同时举办了中国照明行业电光源企业高峰论坛、2008 年度中国照明行业大评选颁奖典礼、中国海峡两岸项目成果交易会电光源项目成果（云霄）专场对接会，实现了把提升“开漳圣王”文化品牌、发展旅游产业与打造“电光源之都”的思路融合起来。云霄县政府与复旦大学、上海国家级电光源产品检测检验中心、兴邦产业分别签署战略合作协议。云霄县还被授予福建省循环经济示范区、福建省光电产业园、福建省生产力促进中心科技创新平台等称号。

2010 年，福建省首次把云霄开漳圣王文化节纳入海峡论坛，作为其中一个重要子项目。6月18—19日,第二届海峡论坛·开漳圣王及其部属后裔回漳谒祖活动暨第四届海峡两岸开漳圣王文化旅游节在云霄举办。省政协副主席、省委统战部部长张燮飞,工信部副巡视员关白玉,中国国民党中常委廖万隆,解放军总参谋部通讯部少将陈有庆,市委书记刘可清、市长陈冬及游婉玲、谭培根、许荣勇、陈易洲、赵静、林俊山等市领导,省直有关部门负责人,漳州市台商协会会长何希灏,两岸光电行业专家学者和企业家等出席开幕式。国民党荣誉主席吴伯雄先生在大会开幕前特地发来贺信对本届大会的胜利召开表示祝贺。同时举办了2010中国LED产业年会暨海峡两岸产业合作论坛、云霄光电项目专场签约仪式以及"海西漳州光都云霄"大型明星演唱会,潘玮柏、萧亚轩、毛阿敏、中央歌舞团等海峡两岸文艺界巨星为节会献上一场视听盛筵。

2012年6月16—17日,第四届海峡论坛暨第五届海峡两岸(福建·云霄)开漳圣王文化节在云霄将军山举行,中国国民党荣誉主席连战、台湾亲民党主席宋楚瑜、中国国民党副主席詹春柏、台湾中华台商服务总会会长廖正豪等发来贺词贺信贺电表示祝贺。此次开漳圣王文化节以"情系圣王,福泽两岸"为主题,开漳圣王祭祀活动采取"两岸共祭"的方式举行,祭祀活动后举行两岸姓氏族谱展示与对接活动,重点展示开漳87姓名录、87姓入台衍播、唐山过台湾、粤闽台族谱对接资料等,并组织云霄与台湾27个姓氏互赠族谱,实现海峡两岸开漳后裔族谱的无缝对接。何氏、陈氏、李氏等宗亲组团回祖地祭祖。此次文化节海峡两岸主题突出,参会台胞人数多,主要来自台湾开漳庙宇、光电业、旅游业;活动内容丰富多彩,集文化交流、光电与旅游经贸合作为一体召开了海峡两岸光电产业合作峰会;首次举办温泉旅游文化产业合作论坛,以"温泉旅游、休闲养生"为主题,突出云霄文化、温泉、生态、田园特色,就两岸温泉旅游市场、投资等方面展开研讨,合力推动海峡两岸旅游产业对接,打造两岸旅游交流的重要平台,提升云霄旅游知名度,把云霄打造成为海西重要的旅游目的地。同时,举行了厦门自由者汽车俱乐部会员云霄县活动基地揭牌仪式,另有风光摄影展和盆景展助兴文化节。

2013年6月16—17日在云霄县举办了第五届海峡论坛、第六届海峡两岸(福建云霄)开漳圣王文化节暨创业漳州台商大会。此次节会以"一家亲,两岸情"为主题。举办了第二届创业漳州台商大会、海峡两岸光电产业对接洽谈会及项目签约活动,云霄县人民政府与台湾区照明灯具输出同业公会签署产学研战略合作协议,推动两地光电产业无缝对接。还有"温泉之乡"揭牌仪式、燕翼宫重修落成庆典、农产品展示评比、特色小吃文化展销品尝、龙舟赛、两岸三地书画展、开漳后裔寻根谒祖暨祭祀等活动。

一至六届文化节共签约引进内外资项目173个,总投资超过366亿元。

2016年6月12日,云霄县在将军山下举办第八届海峡论坛、第七届海峡两岸开漳圣王文化节。

中国工程院院士、中科院海洋防腐中心研究员侯保荣,中国矿业联合会专职副会长刘玉强,中国矿业联合会地热委员会常务副主任宾德智,市领导檀云坤、刘文标、李珊珊、杨银玉,台湾知名人士、台湾开漳圣王庙团代表、台商协会代表、台湾企业家代表,马来西亚华夏文化促进会会长、香港城市经营研究院院长以及两岸开漳圣王及其部属后裔、信众代表,市直有关单位、各县(市、区)领导,河南固始县代表团成员等出席开幕式。

开幕式上还举行了"中国温泉之乡"授牌仪式。28个亿元项目现场集中签约。上午11时,云霄县政协、中共云霄县委统战部、河南省固始县领导和新加坡、台湾同胞及云霄各界人士在云霄县东厦镇竹塔仙人峰下魏妈庙隆重举行祭祀巾帼英杰唐开国元勋夫人陈太祖母魏妈仪式和曲艺歌舞表演。

2018年6月11日,第十届海峡论坛、第八届海峡两岸(福建云霄)开漳圣王文化节在云霄将军山公园举行。文化节邀请台湾来宾300多人和河南固始县领导等参加。围绕云台之间血脉相连、文化相通、民俗相近的主线,在开幕式之后,举行祭祀庆典、项目开工揭牌仪式、现场集中签约26个项目,投资125亿元。期间,还组织举办两岸三地书画暨创建"中国书画之乡"书画作品展、"圣地茶香"摄影展暨第二届茶叶评选赛颁奖仪式、同名同宗村对接活动、两岸青年龙舟赛、乡村振兴发展论坛、纪念开漳历史文化系列民俗活动和参观大陆首座文化和学术交流平台——开漳历史纪念馆的建立等全面展示开漳历史的一系列活动。

八、“中国民间文化艺术(戏曲)之乡”

2008 年,云霄被文化部确认为“中国民间文化艺术(戏曲)之乡”。2011 年,以云霄潮剧团为传承保护单位的福建潮剧正式被列入国家级第三批非物质文化遗产保护名录。2012 年,经县政府批准,成立了云霄县潮剧传承保护中心(加挂云霄潮剧团的牌子)。潮剧传承保护中心在抓好剧团演出的同时,重视打造艺术精品,创作编排大型潮剧《开漳序曲》,并组织赴省、市汇报演出,获得好评。2015 年,省举办首届“地方曲艺电视大奖赛”,云霄县创作的潮曲《巾帼英豪唐魏妈》(方玉印作词)节目荣获金奖。2016 年,云霄县选送的潮剧《珍珠记・扫窗会》参加了由文化部、福建省委宣传部、福建省文化厅联合举办的“福建地方戏经典折子晋京展演”。经过精选,云霄潮剧团荣获晋京演出机会。县潮剧名角陈葆玲和剧组成员通力合作,以精湛的表演艺术,出色地演绎了这一潮剧传统折子戏。这是历史以来福建潮剧首次晋京展演,也是本次参加展演的全省 18 个院团、38 个节目中唯一的潮剧节目。许多国家级新闻媒体对云霄县这一节目做了专题的宣传和报道,中央电视台、中央人民广播电台、新华社、中国文化报、中国艺术报和海峡之声广播电台纷纷对这一展演节目和云霄潮剧进行报道,给予高度评价。

2017 年 12 月,传承保护中心创作潮剧《文化强・民族强》剧目,参加漳州市委宣传部、文体出版局主办的宣传十九大精神优秀戏剧进老区活动,分别到本县、诏安县老区和东山县演出。

九、文艺演出及剧场

五四运动至抗日战争期间,受新文化运动和抗日爱国思想的影响,曾在社会上流行文明戏,先后有县立初级中学、集友小学、清华小学教师和一些社会知识分子演出《心肝肉儿》《老易小》《三怕妻》《芙蓉花泪》《烈女义仆》《苏州夜话》《渔光曲》《放下你的鞭子》《烟苇港》《蔡金花》《夜光杯》《生命之花》《未婚妻》《麒麟寨》《投笔从戎》等剧目。

新中国成立初期流行歌剧。1949 年 12 月，全县中小学教师集训，成立文艺工作团，排演《血泪仇》《九件衣》等剧目，配合全县剿匪斗争，深入农村演出，取得良好效果；次年 5 月，东山县解放，文艺工作团前往东山演出，轰动全岛。省立云霄高中、元光中学、清华小学也排演了《白毛女》《赤叶河》《王贵与李香香》《信陵君》等剧目。

1951 年后，县潮剧专业剧团和城乡业余潮剧团相继建立，专业剧团以剧场演出和巡回演出为主，业余剧团以就地活动为主。

1953 年，云霄设立剧场，成为各剧种专业剧团的演出场所。由龙溪专区和广东汕头专区剧团剧场管理处（站）统一安排专业剧团演出。50—60 年代中期，演出剧种除潮剧居多外，还有汉剧、正字、芗剧、越剧、京剧、西秦、高甲、白字、山歌戏、采茶戏、歌剧、话剧、木偶（包括提线、铁枝、手掌、皮影等）以及歌舞等，每场观众多在千人以上，遇省级剧团演出，往往爆满加座至 2000 多人。“文化大革命”中，剧团解散，剧场撤销。1979 年恢复排练，50—70 年代，废除神诞演戏，演出多在传统节日、法定节日和庆丰收或召开有关会议时进行，并禁演通宵戏和相斗戏。80 年代以后，普遍恢复迎神赛会演出。1983 年后，剧场不再安排演出，改为露天影院。

十、非物质文化遗产和历史文化名村（街道）认定

2005 年，云霄威惠庙开漳圣王巡安民俗被省人民政府公布列入省首批非物质文化遗产名录。巡安风俗（俗称“走王”），在清嘉庆《云霄厅志》中就有记载。每逢元宵节，西门威惠庙等供奉“王爹”（陈元光）的庙寺，从正月十二日开始，即组织精壮青年抬举“王爹”“王妈”等神像，疾力奔走，以祈求境域百姓平安，故曰“巡安”。沿途民众于门前置香案跪拜，场面极一时之盛。正月十四，“巡安”神像在燕翼宫（又称王府）过夜，正月十五下午 5 时返庙。

县城黄金定戏具头盔店手工制作戏具头盔工艺已有60余年历史，其制作工艺曾载入《中国戏曲志》。黄金定的儿子黄寿贵继承父业，制作的戏具头盔得到省内外戏剧团的青睐，产品远销新加坡、泰国等地，其制作技艺已列入市级非物质文化遗产项目名录。2017年，云霄完成第五批市级非物质文化遗产传承人申报工作，申报的6人全部成功入选。

根据《历史文化名城名镇名村保护条例》和《城市紫线管理办法》有关规定，经省住房和城乡建设厅、省文化厅审核，并报省人民政府批准，认定云霄县和平路历史文化街区为省级历史文化街区。火田菜埔、西林，莆美阳霞被确认为省级历史文化名村。

十一、文物保护单位

2003年，云霄县省级文物保护单位有陈政墓、高溪庙和观音亭、威惠庙、云山书院等5处，县级文物保护单位49处。2009年12月，秋瑾故居、闽南地委机关旧址等被公布为省第七批文物保护单位。2013年1月28日，菜埔堡、莆美堡、燕翼宫、火田军陂遗址、云霄将军庙遗址、云阳方氏宗祠、西林张氏家庙、五通庙等8处文物点被公布为第八批省级文物保护单位。2013年3月，陈政墓被国务院公布为全国重点文物保护单位。2017年，加强省级文物保护单位秋瑾故居、紫阳书院与七先生祠、何氏家庙、云山书院、莆美张氏家庙修缮工程，开展威惠庙片区改造工程，对国家级、省级重点村落规划进行专家认证。

十二、文化单位

（一）县级文化单位

县文化馆　1997年，设音乐、舞蹈等8个组。2005年被省艺术馆授予艺术扶贫实施单位。2006年，迁馆于将军山公园新落成的文化活动中心，总建筑面积2900平方米。

县图书馆　1997年与县文化馆在同一栋楼办公，使用面积290平方米，藏书2万余册。同年立项建新馆，位于江滨路人民体育场北侧，占地面积1000平方米，建筑面积1920平方米，1999年8月建成并投入使用。2017年，获全国公共图书馆三级图书馆称号，全年接待读者60多万人次，外借书籍56万多册次，举办各类活动10多次，共5000人次参加。2018年，经第二次装修投入使用。

县博物馆　1990年10月，从县文化馆分出成立博物馆。馆址设于与县文化馆同一栋楼的五层，使用面积180平方米。其中展厅90平方米，库房25平方米，办公室及通廊65平方米。2017年，馆藏珍贵文物1464件，其中一级品1件，二级品7件，三级品174件，一般文物1282件，标本超过2000件。新建的博物馆位于将军大道县公安局左侧。

（二）乡镇文化单位

1997年，全县有乡镇文化站或文化中心10个。2006年，全县有乡镇文化站10个。普遍成立“四室”（阅览室、活动室、录像播放室、图书室）文化活动机构和开辟“三栏”（中心工作宣传栏、文化教育科技信息栏、法制宣传栏）宣传活动阵地。

（三）村级文化室（点）

1997年，全县有村文化室（点）168个，俱乐部3个，供阅报刊15种，藏书2万册；有器乐200件，棋类150套。2006年，全县有村级文化室（点）182个，俱乐部5个，供阅报刊18种，藏书2.5万册，有器乐260件，棋类220套，村（社区）民间乐队和锣鼓队35个，1550人。

十三、文艺创作

（一）文学创作

20世纪50—60年代，云霄人民在省级及其以上报刊发表的小说主要有陈文和的《山溪淙淙响》，艾林的《夫妻俩》《婚事的风波》等4篇作品，张耀堂的《百事通服输》。80—90年代，有方朝晖的《填表》《一张三轮车票》等6篇作品，汤艺琪的《走出红枫林》等2篇作品，方晓东的《今夜无缘》。

80—90年代，在省级及以上刊物发表的散文有陈文和《花魂集》《春江第一貌》《面对一盆花》，方湘云《落叶在飘零》，汤毓贤《敦煌考察散记》，方晓东《不尽南沙情》。

报告文学方面，主要有陈文和《特殊的奖状》《绿染银滩》《涤荡世俗的尘雾》《心血浇春花》，林金顺《全家乐》，艾林《聪明精回头记》；方朝晖《古楼新貌》；张耀堂、柳式培撰文，方道金、杨颀毅摄影的《漳水云山》；汤毓贤《寻求突破的跋陟》《攀登》等作品发表。

80 年代初，县政协和云霄一中相继成立漳江诗社、望安诗社，并编印《漳江诗讯》《漳江诗词》，至 1996 年，共创作旧体诗词千余首。主要作者有张瑞莹、吴鼎文、陈嘉音、董楚扬、石谷、许燕、方朝晖、汤锦来、唐镇河、林自旺、郭拱明、张耀堂、施武弄、林进加、方坤水、方群达等。

30 年代，云霄开始有新体诗创作，至 1996 年结集的，有陈嘉音的《向太阳》《诗路寻踪》，陈文和的《潮声》《诗的花瓣》，唐镇河的《梦中的蔷薇花》《岁月的回声》。获奖的作品主要有 3 篇：唐镇河的组诗《负重集》《缺陷的爱》《阳台音乐会》。新体诗创作者还有方晓东、陈健峰、刘嵘、刘沐添、唐常明等，作品也均有在省级刊物发表。

云霄民间故事、歌谣和谚语非常丰富，尤其有关开漳圣王陈元光、农民起义领袖陈吊眼和翰林院编修林偕春等的民间传说，生动活泼，脍炙人口，富有文学性。1959 年为庆祝中华人民共和国成立十周年，曾组织搜集整理云霄民间故事、民间谚语专辑。80 年代末，根据文化部、省文化厅和有关部门关于编写中国民间文学集成的通知精神，于 1991 年 5 月成立县民间文学编委会，组织编写人员进行采风搜集。1992 年，《中国民间文学集成 · 福建卷 · 云霄分卷》出版，全卷收民间故事 368 篇，民间歌谣 1086 首，民间谚语 4320 条，共 46 万字。此外，还编写出版了《礁美村民间文学分卷》。

戏剧方面，1958 年，汤建德根据明代云霄历史故事编写大型古装剧《火烧龙盘楼》上演。1963 年，张耀堂根据闽南革命故事编写大型现代剧《乌山红旗》上演。1981 年，方朝晖（中国戏剧家协会会员）、张耀堂、汤印光（均为省戏剧协会会员）合作创作新编历史剧《宝镜篇》，获省第十四届戏曲调演剧本三等奖，由中国唱片社灌制唱片发行。1983年，汤印光改编传统剧目《易婚记》，获省第十五届戏曲调演剧本三等奖。1985—1996年，方朝晖创作《断鸿曲》《泪洒秦淮》《赌状元》等11部剧本，获省、华东六省一市、文化部"文华剧本奖"等奖励。1998年，方朝晖等创作的电视广播剧《乡长曾潮州的最后一天》获全国电视广播剧一等奖。1999年，方朝晖创作的剧本《铁马风铃》获福建省新中国成立五十周年剧本征文一等奖，古装剧《翠翘转》和现代剧《代代乡长》分获福建省第21届戏剧会演剧本二、三等奖。此期间出版两部以上文学作品的有陈文和、汤漳平、方庆秋、方晓升、张绍滔、唐镇河、方朝晖、高家凌、方文达、汤毓贤、吴鼎文等人。

进入21世纪，2000年，唐镇河的诗歌《美丽梦幻》收入《中国诗人文库》。2001年，唐镇河散文《雪花姑》获《文艺报》全国作品评比二等奖，并收入《新世纪之歌》作品集。2003年，吴爱智中篇小说《买来的女人》获中国文联主办的首届中国通俗文学大赛优秀作品奖。2004年，方文达的散文《秋之思》《室有蕙兰香》等参加全国性比赛获奖，并被收入优秀作品集。唐镇河的报告文学《爱心无价》于2002年12月获中央电视台等单位举办的"中流砥柱电视论坛"优秀主人公金杯奖。古体诗词创作业余作者主要有张瑞莹、陈嘉音、董楚扬《咏南山》《水调歌头·咏紫芝山》等六首咏颂革命遗址的诗词在《火花》发表。还有张煌辉、张耀堂、吴鼎文、吴连德、许燕、方碧菱、方玉印、方志勇、方坤水、张天字。作品散见于国内外诗词刊物。

2016年，先后邀请省文联王来文副主席等文艺扶贫组到云霄开展文艺扶贫工作。同年，邀请省炎黄研究会何少川与省作协主席杨少衡一行30多位知名作家前来云霄采风创作，出版《走进云霄——漳江岸畔梦长圆》一书。

（二）艺术创作

音乐创作　1999年，吴晓燕参加福建（中国）第六届"映雪杯"闽南语青年歌手电视邀请赛获漳州赛区第一名，在总决赛中获二等奖。2002年，汤本立的《把弘扬民族音乐为己任》获"南京·国际古筝艺术研讨会"优秀论文一等奖；2002年，汤本立《钢琴之岛出现一所古筝班》入编《当代中国科教文集》。2004年，吴耀聪作曲的《祖国恋》在《中国音乐周刊》发表。

舞蹈创作 2006年，林璐、吴芳等排演的《俏花旦》获福建省第二届社区文化艺术节漳州赛区一等奖。同年，林璐编排、黄婉珠等人表演的《叶儿青青枇杷黄》，获省文联、省舞协主办的福建省首届“太姥山杯”中老年舞蹈大赛三等奖。

书画创作与“中国书画之乡” 民国期间，戴国梁曾被省抗敌后援会聘请编辑出版《抗敌画刊》。抗日战争期间，云霄流行版画，主要作者有吴平、李守弼、陈友福、石谷、陈秀聪（女）、柳凤仪等人。1943年，吴平发起在清华小学成立木协福建分会云霄支会筹备处，向全国征集《饥饿交迫》《团结抗日》《逃亡》等作品近百幅，在云霄进行巡回展览，激发群众抗日热情。国画作者主要有张华、郭水德、方火炉（侯丹）等，张华擅壁画，云霄及邻县庙宇壁画多出自其手。1956年有50多件作品参加龙溪专区美展，其中3件被选送参加省展。1959年4月，县举办“工农美展”，参展作品233件。1962年4月，张崇生、藏国梁、戴天冲、黄鸿荣、林进佳、陈河清、吴伟雄等美术、工艺作品25件参加专区和省展，其中张乌（女）剪纸作品被收入《福建省工艺美术作品选》。1985年成立书法美术摄影协会，1988年改成立美术工作者协会，经常参加活动的会员和美术爱好者120多人。在省级及其以上展览会上展出作品和在省级及其以上刊物发表作品的作者主要有：张崇生、董国强（收入《中国当代美术家名人录》）、张文生、戴天冲（收入《中国当代美术家名人录》）。周先英9部水彩画入选全国和省美展。罗文贤、方美德、方朝晖、方政和、陈明东、吴华林、高志强、蔡镇华、周少杰、蔡来福、蔡雪莹、周聪娜、董梅枝、李涓、朱春风、林耀忠、张晓丹、朱炜明、方维等，也有作品参加省内外展出或获奖。

云霄现存最早书法作品有明翰林院编修林偕春《官桥观竞渡》条幅。书法上有较大影响并留有墨迹的，清有康熙进士陈天达，道光进士何名儒，咸丰举人周晴，同治贡生张藻翔、方元均（士正）和张存诚、黄碧湖等；民国有张栋材（泰国归侨）、罗体贤（光绪庠生）、陈楷(清末贡生)、方邵安(清末庠生)、吴家驹(云霄高中教师)等;新中国成立后有赵醒东、高张栋、石润华、张八卦、郭则珪、张瑞莹、陈锡邦、吴开智、张秉恭、许燕、陈再春、方启德、方敬安、柳鸿锡等。新中国成立后,县多次举办美术、摄影、书法展览会。1984 年,县政协组织社会人士、中小学师生、干部 30 多人,成立书法兴趣小组,每月聚会一次交流观摩作品。1985 年县成立书法美术摄影协会,1988 年改成立书法工作者协会,会员 80 多人。1989 年有主要书法家 10 多人,其中方文达个人传略和作品收入《当代书法篆刻家辞典》《中国当代书法名家墨迹》《中国当代艺术界名人录》。作品先后 12 次参加全国、福建省书画节,分获铜、银、金奖,还获省人民政府"百花文艺奖"和省书协"1985—1992 年书法创作武夷银奖"。1993 年,小楷作品《闻达书黄石斋伉俪未刊稿》由香港讯通出版社出版。施武弄个人传略及其作品收入《中国当代书画家辞典》,其 10 多件书法作品参加国内外展览、比赛,其中 1 件获日本第五十三回文化交流书画展秀作奖,共有 4 件获省、全国书画大奖赛奖励。1995 年,施武弄作品参加中日书法名人展,他也应邀赴日本交流书艺;1996 年 6 月,赴东南亚交流书艺。罗觉华(个人传略收入《中国当代书画家辞典》)的作品多次参加省内外展览,有 20 多篇论文在省内外书法刊物发表,2 篇参加全国第二、三届青年书协书法理论讨论会并获奖,并参与编写《全国中师书法教材》,主编省《书法教学》刊物。邓建民作品多次参加省内外书法展览,其中 4 件作品分别参加全国书坛新人新作展、第六届全国书法篆刻展等全部获奖。林秀娟(女)的小楷作品入选第二、三届省书画节展览,有作品获中国书协书法培训中心教学成果展二等奖、全国图书馆系统书画艺术展览一等奖。黄铁汉、林宗跃和方政和、吴俊雄、方广智、汤文谦、吴伟义等,也有作品参加省内外展览。张晋基硬笔书法作品被选送美国参展。

1997—2019 年,入选全国书法展的有罗觉华作品入选"全国第七届中青年书法篆刻展",方文达作品入选全国首届扇面书法艺术大展。1998 年,方政和、吴俊雄作品入选"第四届中国书坛新人作品展"。1999 年,方广智、方文达、方政和、吴俊雄、林秀娟作品入选

"全国第七届书法篆刻作品展览";邓建民作品入选"全国第三届楹联书法展览"。2000 年,方广智、方文达、林宗跃、林秀娟作品入选"全国第八届中青年书法篆刻展览"。同年,《云霄书法集》由中华书局出版发行,该书收入新中国成立以来云霄 50 多位书法作者的作品。2001 年,方广智作品入选"首届中国重彩画展"。2002 年,方政和获"全国中国画作品展"金奖;方文达作品入选"第三届全国正书大展""第四届全国楹联书法大展"。2003 年,方政和获"第二届中国美术金彩奖"中国画银奖、"全国中国画作品展"铜奖;方广智作品入选"全国第二届流行书风·流行印风大展"。2004 年,吴伟义作品入选"首届全国青年书法篆刻作品展""纪念邓小平诞辰 100 周年全国大型书法展览"等全国书法展;方政和获"全国首届中国画电视大赛"银奖、"全国'牡丹'题材专题创作大赛"银奖,作品被文化部选送参加"中法文化年美术交流展"。2005 年,方政和获"纪念蒲松龄诞辰 365 周年全国中国画展提名展"金奖;朱三益获"全国中国画作品展"优秀奖;方广智作品入选"第二届全国扇面书法展";林宗跃作品入选全国第八届中青年书法展览、"全国'冼夫人杯'书法大赛";吴伟义作品入选"第三届全国书法百家精品展"。同年,《云霄当代美术作品集》编辑出版,收入新中国成立以来云霄 51 位美术作者的作品。2006 年,方政和、朱道、刘建新分别获"全国第六届工笔画展"铜奖、优秀奖;刘建新、林慕才作品入选"纪念中国工农红军长征胜利 70 周年中国画大展";朱三益、方玉云、方钦桅、方美德分别获"全国中国画作品展"优秀奖;刘建新作品入选"远大杯北京国际美术双年展提名资格展";林继枞刻字作品入围"全国第四届正书展";吴伟义作品入选"全国首届行书作品大赛"。2007 年,周先英水彩画、油画 8 幅入选香港《亚洲美术》出版。80 后的方钦桅,2005 年至 2010 年作品 8 次入选中国美术家协会主办的各项书画大展。

书画作品集有《方文达书法集》《方政和工笔画创作解析》《施武弄书法作品集》《黄铁汉书法作品集》《方政和画集》《高志强画集》《方小壮印稿》《汤本立三艺作品集》;汤耀国主编《将军山与将军山公园》《将军山公园将军书法集》《将军山公园将军名人书画集》及续

集《将军山公园军旅书法家作品集》;陈封溥、陈茵主编《云霄古建筑》。

2019年2月,经文化和旅游部专家组评审通过,云霄县(书画)入选“中国民间文化艺术之乡”的名单。

(三)摄影作品

1959年3月,县选送16幅作品参加专区“工农美展”。60年代,县文化部门多次组织作者深入生活,先后举办“荷步村史”“送瘟神”等专题摄影展览。1971—1989年,李国珠、方道金、杨顽毅等,先后在《福建日报》《人民日报》《中国摄影报》等报刊上发表摄影作品。1984年县成立摄影组,1988年改成立摄影工作者协会,会员23人,参加活动爱好者达百人以上。1996年,杨顽毅(省摄影协会会员)作品《藩篱的音符》获省文化干部摄影艺术展三等奖和《福建日报》“飞跃杯”摄影比赛三等奖,并在省、全国性的摄影作品展中12次获奖。方道金《唐开漳将军陈政墓》《云霄将军山》《将军磨剑之石》《八旬台胞高先进安度晚年》等作品入选“福建与台湾同根影展”。还有周宗勇《平凡的岗位》《望》《新生》入选“腾飞的漳州摄影展览”;谢勤杰《光与线的魅力》《冒雨》入选市个体劳动者协会艺术展;方志明的作品获省邮电系统摄影比赛三等奖;林汉荣摄影作品《齐心协力》获全省税务系统摄影比赛二等奖;林乔森《空旷海景》获中国摄协主办的2013年第十五届国际摄影艺术展银奖;陈建福、林汉荣、杨顽毅、戴园笙、黄颖等人的作品分别入选省摄协主展摄影展。

(四)花卉盆景

云霄野生兰花、杜鹃、榕树、红枫、榆树、鹊梅、栀子、七里香、小黄叶杨等花卉盆景资源丰富,品种繁多。南宋淳祐七年(1247年)、王贵《王氏兰谱》载:“郑少举,色白,壮者十七八萼,郑得之云霄。叶劲曰‘大郑’,叶软曰‘少郑’,散乱蓬头,少举叶朱,花一生则盈盆。”清末至民国初,马铺乡重地村庠生罗温仲,培植“贵妃醉酒”“仙种五宝”“墨牡丹”“狮子球”“白雪塔”等名贵山茶花品种,运销香港、澳门、台湾和广东潮汕等地。民国期间,城关张桂州在顶街今中医院一带建“可园”园林，培植名贵兰花400多盆。

1986年8月，戴国梁发起成立花卉盆景协会，并设常山华侨农场分会，计有会员30多人，开发插花和观赏鱼、笼鸟等艺术项目。1991年，由协会推选6件盆景参加漳州中国水仙花节精品展览，会员吴伟义榕树盆景获二等奖。1999年，吴伟义榕树盆景参加中国盆景艺术家协会在厦门举办的“99澳门杯全国盆景花卉精品展”；高振顺鹊梅盆景参加1999年海峡两岸花博会精品展。方永胜果蔬盆景分别获2001年、2002年海峡两岸花博会创新奖、银奖。2005年11月，中国盆景艺术家协会理事汤本立《书法与古筝、盆景艺理相通趣谈》获香港世界文化艺术研究中心国际优秀论文奖。根雕艺术作品主要有方启德《龟鹤图》《王母倒骑鹿》等各种根雕10多件，陈振鑫《十二生肖》等根雕作品20多件。至2006年，县花卉盆景协会共举办春节、国庆盆景根雕展览6次。2013年6月，县花卉协会被中国科协、财政部授予全国科普惠农兴村先进单位。

（五）雕塑彩扎

明清年间，云霄盛行祠庙建筑、神像雕塑和神龛、家具等木雕装饰，民间有许多能工巧匠，他们所雕塑的开漳圣王陈元光、关圣帝君和各种佛像神像，以及飞禽走兽、花卉虫草无不栩栩如生，有许多成为艺术珍品。民国至新中国成立后的60年代，陈岱陈玉林、山美陈阿富的屋脊瓷塑，在云霄及邻县负有盛名。80年代后，神像雕塑及屋脊瓷塑重新出现。

云霄民间有萝楠香塑、面粉塑、熟食塑和彩扎等艺术创作，以城关桂花亭萝楠香店较为著名，从清末至今有方栖梧、方福水等数代传人。萝楠香塑主要有龙香和福、禄、寿、双喜和吊钟型盘香；面粉塑主要为24种六足昆虫和24种鱼虾水族；熟食塑即以煮熟的鸡鸭和猪内脏为原料，如用鸭塑成渔翁，用猪肚塑成白兔等。彩扎多以戏曲故事为题材，如《辕门斩子》《凤仪亭》《马武捶金砖》等，清至民国间，此类作品多于盛大节目和迎神赛会场面展现。1960年，方福水的彩色昆虫、水族面塑作品参加美术、工艺、文物展览，参观者赞叹不已，许多少年儿童误认为是活的小动物。70年代后，方福水创作的《哪吒闹海》《水漫金山》《穆桂英归宋》《白毛女》等彩扎作品，大多被海内外友人求走，其萝楠香彩塑《吹箫引凤》被载入《中国龙典》，省工艺美术珍品馆曾向其发函征集。

（六）灯谜楹联

新中国成立初由县政协、工商联、总工会、文化馆等单位举办猜灯谜活动，后发展到糖烟酒、水产、农资等18家商业公司。1965年举行春节游园大会，集中举办10台灯谜活动。1976年后，结合传统节日和各种纪念日，经常举办“灯谜一条街”活动，举办者多至十几个单位。有的单位创作与行业内容有关的谜面谜底，通过猜谜吸引群众、宣传业务。云霄灯谜爱好者多次参加全国各地灯谜会猜、函寄会猜活动。张铁城、张天宇、张伟雄等均多次获奖。1992年，成立云霄灯谜协会，会员112人，协会创办《云霄谜苑》刊物。节日期间，县城区经常举办由县灯谜协会组织的专题灯谜活动，参与举办的单位有国税局、地税局、文明办、邮电局、国土资源局、工商局、烟草专卖局、文化馆、人民银行、农业银行、农村信用联社、环保局、建设局、财政局等。同年9月，漳州市文明委组织的未成年人思想道德建设灯谜竞猜“建行杯”活动中，云霄一中学生吴沁、蔡健怀、柳子昂获“团体电控竞猜”季军，吴沁被选入漳州市代表队，获省比赛个人竞猜第二名。同年10月，县国税局与灯谜楹联协会联合举办“税收宣传楹联集锦”征文，作品印制成册，被省国税局推广。2005—2006年，县地税局与灯谜楹联协会联合举办2次税收知识灯谜大赛，参赛者600多人次。张铁城专题节目灯谜三十二年如一日开展普法宣传，2017年，被誉为漳州市十佳普法标兵。2018年12月，县灯谜楹联艺术家协会与县委办、政府办、县财政局举办了多次“改革开放四十年”专题节目灯谜活动。

（七）“闹花灯”灯展

50—70年代，云霄县城由文化部门在县总务股、县政府会议厅、文化馆等举行4次花灯观摩比赛。参加的有传统的鳌山灯、宫灯、走马灯，各种花卉、人物、动物灯以及结合行业业务和地方名胜古迹的各种彩灯。80年代后，农村有的宗祠家庙恢复悬挂花灯。

1995年元宵节，县举办花灯联展。2001年2月26日，县在将军山公园和陈政路举办元宵节花灯观摩活动，各乡镇、机关企事业单位和城关中、小学共有花灯280盏参展。2002年2月，在江辉路举办元宵灯展，参展花灯306盏。2012年开始，王府社区的陈元光故居燕翼宫，从农历正月十二日开始每年举办“闹花灯”灯展，每年正月十四日“王爹”“王妈”等神像在燕翼宫过夜，悬挂各种样色花灯二三百盏，前往朝拜参观群众两三千人。2019年元宵节，举行纪念陈元光诞辰1362年和建漳1333年活动，悬挂花灯600多盏。

（八）节日民俗活动

舞狮　1960年，常山华侨农场归侨成立舞狮队，于春节到县城向县委、县政府、侨联等单位拜年表演，此后常于重要节日到城关活动。1976年后，常山华侨农场、城关大园街、溪美街、下港街等先后成立舞狮队开展活动。

舞龙　1996年，有城关下港街、溪美街2个舞龙队，1997年陵北舞龙队成立，经常参与县各种庆典、新春拜年和文艺演出活动。

攻炮城　攻炮城是把特制的大串鞭炮用竹篾固定成圆圈，挂在十来米高的竿上，称“炮城”，攻“城”者从四周燃炮攻掷，能将炮城引爆的便可获得奖品。90年代后，较少举行。

燃放焰火礼花　1959年10月1日，庆祝国庆十周年，由县工商联主办，吴建成父子扎架上、地面焰火在体育场燃放。1961年元宵节，再次在体育场燃放。1989年10月1日，庆祝国庆四十周年，聘请诏安焰火师傅扎缚，增加高空礼花。1994年2月7日，云霄第一建筑工程公司为庆祝所承建的云霄卷烟厂厂房被评为1993年度建设部优质样板工程，1995年3月6日，县委、县政府为迎接河南固始友好县代表团，均在体育场举办焰火晚会。1997—2006年，县委、县政府共组织6次大型焰火礼花燃放活动。每年元宵节，县城区、农村社区举办焰火燃放活动。2016—2018年元宵节，在东厦镇竹塔仙人峰下魏妈庙，连续举行燃放焰火礼花活动。

此外，还有踩高跷（俗称“犊柴脚”）、荡秋千等民俗活动。踩高跷一般在重要传统节日或盛大庆典时举行，今尚保留。清代城关下港尾的“丁秋脚”是荡秋千的场所。1956年，在县体育场设秋千架。

十四、器乐演奏

1957年，陈友章古筝独奏参加华东区会演并获奖。1991年，云霄潮剧团林森创作器乐合奏《迎亲人》，被选为漳州市代表队节目，参加省第六届武夷音乐舞蹈节演出。1992年5月，纪念毛泽东《在延安文艺座谈会上的讲话》发表50周年，县举办儿童器乐比赛、青年器乐比赛。

十五、家庭文化创建

1997年，家庭文化活动日渐普及，城区居民户有钢琴680多架，筝70多架，全县有各类文艺培训点60多处。2001年，县举办“家家乐”文艺晚会，有68个家庭256人参加演出。2004年11月，漳州市在云霄召开“家庭文化建设”现场会，何复初、方整夫妇俩参加现场会，汇报演出《赞“农民活雷锋”黄荣来》等节目。至2006年，全县共评出家庭文化建设示范户50多户，文化中心户920户。

十六、收藏

1997年，张铁雷收藏连环画册1.5万本，其中最早有民国十八年(1929年)线装石印《三国演义》一套12本。方章雄收藏1966—2006年中央及省市报纸1.2万种。李国盛收藏陶瓷、杂件文物1000多件。张学明收藏各种名酒5万多瓶。陈震收藏名家书法作品100多件(幅)。郑连桂收藏各种砚台150方。陈云平收藏各种中外烟标5万多张，最早为民国期间黄锡包牌烟标。方建民收藏火花(火柴商标)及火柴实物11万多件，其中有清光绪五年(1879年)中国首枚舞龙牌火花，由广东巧明火柴厂出品。2015年，县收藏协会举办张铁雷旧钞票政收藏品展览，展品中有抗日战争时期日本在中国发行流通的3张军用小票。7月25日和9月4日，“中新网”和《闽南日报》分别做了《记载着日本侵华军在中国沦陷区强行掠夺财富的罪证》的报道。2016年8月，收藏协会举办张铁雷收藏人民军队光辉历史4000册连环画展,展示了从1927年"八一"南昌起义人民军队建立以来的光辉历程,吸引了解放军指战员、复退军人和小朋友争相参观,张铁雷还把4000册小连环画装在书架推车进入立人学校、元光中学和元光小学等,让师生课外参观。张美生收藏民国钞票103种、127张,收藏1895—1995年英国政府发行的香港钱币(硬币)38枚和新中国成立初期全省9个县(市)供销社股票26张。2017年,县收藏家协会方章雄撰写多篇收藏报道在《闽南日报》刊载。2019年3月22日,汤育智在燕翼宫开漳文化(国际)交流会举办的燕翼宫开漳文化博物馆收藏品交流会上展示战国时期越王勾践剑、明代德化瓷何朝宗、李时珍立像等180多件藏品。

十七、图书刊物

(一)图书

新华书店 新中国成立后,图书(含课本、图片,下同)统一由国营新华书店发行。1960年,新华书店以农村基层供销社为依托,建立东厦(在荷步)、陈岱、马铺、下河(在南塘)、火田(在菜埔)等5个公社书店。1966年,以供销社分销点为依托,在农村建立28个图书分销点。"文化大革命"时期,以发行毛泽东著作和图片等为主,1976年后各种图书始逐渐恢复正常发行。1997年,在云漳路建1280平方米大楼。2017年,在全国迎香港回归读书活动中获全国组委会特等奖。2005年7月,加入福建新华发行集团为云霄分公司。

个体书店 1979年起,贯彻多渠道多方式发行方针,集体或个人经工商行政管理部门和文化行政部门批准发照,允许自办书摊、门市,自购自销,经营课本以外由国家出版社出版的各种图书和报刊。1989年,全县有个体书店、书摊23户,从业67人。1994年有18户,从业人数30多人。1996年有12户,从业人数20多人。1997年有30家,2006年后逐步减少为16家。

(二)报刊

报纸 1938年2月,中共漳州中心县委《前哨报》创刊,后随闽南地委机关在云霄乌山出版。1947 年 3 月，中共闽南地委机关从乌山转移到南靖县树海，《前哨报》编印也随同机关转移。1948 年 8 月，地委机关撤回乌山，在乌山通贝村共头里建立无线电台，将所收到的重要新闻通过《前哨报》发表。1948 年 11 月 27 日，《前哨报》返回乌山复刊。

1951 年 11 月，中共云霄县委成立《云霄小报》委员会，由宣传部长赵克良为主任委员，设社址于南强路 99 号，6 日刊，玉扣纸 6 开 2 版，次年 4 月停刊，计出版 21 期。1952 年秋，县委成立"宣联会"，出版油印《新闻》小报，3 日刊，出版 42 期后停刊。1956 年 7 月，成立《云霄报》社，设社址于县委会东侧原城隍庙(抗战期间改为忠烈祠)，副总编曾祥生，9 月 1 日出版创刊号，8 开 2 版 5 日刊，通过邮电局征订发行。1957 年 5 月 1 日改为 8 开 4 版 5 日刊。1958 年 4 月 1 日改为 3 日刊，同年 9 月 1 日，改为 4 开 4 版 3 日刊，并由县委宣传部副部长吴培青兼任总编。1959 年，将承印《云霄报》的地方国营印刷厂并入为《云霄报》社印刷厂。1960 年 2 月 1 日改为 2 日刊，1961 年 4 月 1 日复改为 3 日刊，李文勇、汤焜邦为副总编。在全县 7 个公社、农场建立党委报道组，有 130 个通讯组 95 名通讯员。《云霄报》为县委机关报，县内外年发行量 3000 多份。1962 年停刊。

1992 年 2 月，先由县对外文化交流联络和县文学艺术界联合会创办，后由县委宣传部主办《云霄乡讯》小报，4 开 4 版，双月刊，印数 3000 份，主编张待德。向香港、澳门、台湾地区和东南亚国家的云霄籍"三胞"发行 1.16 万份，至 2006 年共出版 58 期。至 2016 年 9 月 30 日，共出版 246 期，至今仍在续办。

1995 年 3 月，宏华开发有限公司信息分公司创办《云霄商情》小报，4 开 4 版，每期印数 2000～3000 张，至 1999 年 9 月共出版 54 期。

1995 年 7 月，县个体劳动者协会创办《个私经济信息》，8 开 4 版，不定期出版，每期 2000～3000 份，1996 年计出版 24 期。

2005 年 5 月，由县工商联(商总会)主办，漳州市云天广告有限公司协办《云霄商讯》，4 开 4 版，月刊，每期印数 1 万份。第一版为新闻，其他3版为专栏和广告。主要发行对象为工商企业、个体户。至2013年11月共出版94期。

2014年10月，由云霄政协松洲学社主办《松洲学讯——文史传·政协情》，出版4开4版，双月刊或季刊，每期印数1000份。至2019年9月共出版21期。主编方玉印。

2017年，由云霄诚信促进会主办《诚信窗》出版，4开4版。至2018年12月共出版5期。

期刊 1937年，云霄木刻爱好者成立木协福建分会云霄支会筹备处，创办《抗建画刊》，利用版画宣传抗日，共出版6期。

1956年，县文化馆编印《云霄文艺》，油印，每月出版1期。1966年停刊，1979年起复刊，改为铅印(至1990年计出版8期)。

1959年，县文化馆编印《街头文艺》，油印，不定期出版，作品同时在文化馆橱窗张贴。

1959年3月，县委创办理论刊物《云霄》，原定为月刊，出版创刊号。

1960年，县政协文史工作组(后改为文史委员会)征集出版《云霄文史资料》，油印，16开本，每年1辑，1962年改为铅印32开本。1963年8月第4辑印刷后停刊。1981年，《云霄文史资料》复刊，每年征集出版1辑，铅印，32开本。每期印数1000本，1960—1996年，共出版20辑，1997年至2006年共出版10辑，至2018年9月30日共出版49辑。

1984年8月，由文学青年组成的涧水文学社，不定期出版文学刊物《矾塔》，铅印，16开本，至1991年计出版4期，发表作品416篇。

1992年，《云霄文艺》改由县文联主办，至1996年出版2期。1997—2006年，每年出版1期。刊登县内文艺爱好者创作的文学、书画、音乐、灯谜、摄影等作品，铅印，16开本。至2007年共出版19期。

21世纪初，由《漳江文学》编委会主办《漳江文学》，不定期出版，2011年12月15日出版第3期，《漳江文学》还专辑刊登作者到马铺、火田、列屿、东厦、和平等乡镇和云陵开发区采风的文学作品。

2013 年，由云霄县政协漳江诗社主办的《风雅颂·政协情》出版，至 2018 年共出版 6 期。

2016 年 6 月《漳州旅游(云霄专刊)》出版，漳州市旅游协会主办，云霄县旅游发展服务中心承办。陈水树、王金狮为总顾问，陈水树作序《邂逅最美云霄》。专刊图、文、诗并茂，共刊登 13 位摄影家的摄影作品，29 位作者的诗文。

2016 年 12 月，《云霄茶话》出版，政协云霄县委员会编，2017 年 10 月，由中国文史出版社出版《云霄茶志》，王彩云主编，印数 1000 册。

第二节 教育建设

一、学前教育

1946 年，在中山路汤氏、黄氏祖祠创办县立幼稚园，招收幼儿 3 个班，1949 年停办。

1951 年，城关第一中心小学附设幼儿园 1 班，招收幼儿 46 人，1952—1953 年，城关各小学，荷步、陈岱、峛屿等小学都附设幼儿班，全县 10 个班，入园幼儿 403 人，均属民办。中共十一届三中全会后，幼儿园相继复办。1979 年，有 124 班，入园幼儿 4758 人。

2017 年，全县共有 157 所公、民办幼儿园。在园幼儿 13042 人，教职员 2259 人。公办幼儿园覆盖率 35.1%，普惠性幼儿园覆盖率 93.4%。12 月，云霄县云陵中心幼儿园通过市级示范性幼儿园评估验收。

二、小学教育

1949 年上半年，全县在校小学生 3600 多人。1952 年，全县有公办小学 123 所，学生 12504 人。中共十一届三中全会后，全县有小学186所，1491班，学生48588人。1980年12月18日《人民日报》发表《云霄县发展教育事业的调查》，介绍云霄县各级党委、政府抓好教育工作的经验。1983年，中央教育科研所《教育文摘》刊登《云霄县礁美大队为普及初等教育办好六件实事》。2006年，全县共有完全小学162所（不含常山13所），1070个班，学生35621人，学龄儿童入学率99.93%；当年毕业生6213人。1997—2006年，全县小学毕业生计77001名。2017年，全县有小学116所（不含十二年一贯制1所，九年一贯制2所），小学生28837人，教职工1932人。2017年有4位教师获得漳州市第二届小学学科十佳教师称号。在漳州市小学学科科技能大赛中，云霄县有4位教师获得二等奖，4位教师获得三等奖。

三、中学教育

1926年秋，改云霄官立两所小学堂为县立初级中学，招生38名。至1946年，计毕业21届学生838人，同年在校学生10班625人。1944年，从云、浦、诏、东、和5县应届初中毕业生中招收第一届高中生，共2个班，122人，定名福建省立云霄高级中学（为全省5所高中之一），址在域内望安山（今云霄一中）。1947年7月，创办私立元光初级中学，招生2个班110人。1949年7月，全县有初、高中3所，已毕业初中生1227人，高中生217人。在校学生650多人。1951年10月，私立元光中学因侨汇中断，并入县立初级中学。1953年9月，省立云霄高中与县立初中合并，称福建省云霄中学，有高中学生244人，初中学生679人，1958年定名为云霄第一中学。1956年8月，设云霄第二中学。1958—1960年，设云霄第三中学、第四中学、第五中学、第六中学。1960年，全县有完全中学1所，初级中学5所，高中学生430人，初中学生2766人，1960年云霄一中高考成绩居全省第九名，被列为省第二批重点中学。1961年撤销第六中学。1966年因“文化大革命”停课。1968年，全县高中生143人，初中生852人。2017年，全县有高级中学1所，完全中学4所，十二年一贯制民办学校1所，初中9所（不含常山，民办1所），九年一贯制学校2所，高中7221人，初中14443人。全县义务教育巩固率99.94%。公办普通高中完成达标建设比例75%，高中阶段毛入学率93.4%，达标高中在校生比例89.27%。义务教育标准化学校完成率100%。

全县初、高中教学质量稳步提高。全县有11所中学被评为漳州市2017年初中教育质量达标校。

四、中等专业教育

民国期间，设立简易师范学校，至1949年秋停办。1958年起，创办云霄师范学校，面向漳州南部县份招生，是当时龙溪专区第二所中等师范学校。1968年停办，1978年复办，1979年秋在漳浦、诏安设立分校。1981年撤销分校。1968年被国家教委表彰为先进中等师范学校。1989年计24个班级(其中民师班、老区班4个班)，在校学生975人。2001年末，与福建师范大学签订联合办学协约，成立福师大网络教育漳州第三学习中心，开设汉语言文学、思想政治教育、英语等9个专业远程教育本科、专科班，注册学员278人。2003年12月，经省教育厅批准，并入漳州教育学院，云霄设校区。2003级、2004级、2005级，720名5年制专科生到云霄校区就读。2003年夏，漳州市办公会议决定：将云霄校区置换给漳州立人学校开办云霄立人学校。云霄校区师生迁漳州教育学院本部，云霄师范学院从开办至2003年，共培养小学师资8389名。

五、中等职业教育

1958年4月，全县26个乡镇(时称公社)各举办1所农业中学，计26个班，学生886人。9月增至35所47个班，学生1330人。11月，合并为海峰、卫星、红旗、火箭、跃进、和平6所农业中学和民办中学及竹塔水产中学，学生1287人。1980年，县人民政府成立中等教育结构改革领导小组，发展职业技术教育，至1996年，全县职业中学有城关职业中学、海峰职业中学、三中附设班、火田中学附设班、和平中学附设班，计有职业中专、职业高中41个班，学生1193

人，占全县高级中等教育学生总数49.6％。1981—1996年，共培养学生4093名。1998年6月，省教委批准云霄城关职业中学更名为福建云霄职业中专学校，2000年秋季，增办三年制综合高中，招生22班1320名。至2006年面向全市招生2740人。海峰职业中学于1997—2005年，先后开设水产养殖、果树栽培等8个专业，面向全市招生。2004年与厦门大学工贸职业技术学校联合办学，开设信息管理与网络技术旅游服务等专业，2005年春季招生89名。2005年9月，县委决定，由县政府与厦门海峡科技中等职业学校签约，将福建云霄职业技术学校、海峰职业中学（职专）割交厦门海峡科技中等职业学校承办，定制三年。2013年，全县招生2533人。作为省级扶贫开发重点县中等职业学校“一对一”帮扶对接工作，云霄卫校与漳州职业学院，云霄职业技术学校与漳州第一职业中专学校“一对一”帮扶对接。强化对职业学校的业务指导与质量监控，中等职业学校年度质量监控工作高分通过市级评估，职校师生参加市教育与技能比赛计26人次获奖。3月，县委、县政府研究同意新建云霄职业技术学校，该项目选址于坂云线东侧，自来水厂北侧，项目规划建设用地71.9亩，总建筑面积3738平方米，工程总投资估算为6851.08万元，2015年秋季投入使用。2016年整合后的云霄职业技术学校，于当年9月招生开学。2017年秋季，学校有学生2018人，共有41个班级。2017年2月，教学楼正式投入使用。此后，医药卫生类的实训室增加到13间；汽修、光电实训设备和电钢琴教学系统陆续建成并投入使用。

六、成人教育

（一）农民业余文化教育

1950年冬，开展扫盲运动，城乡开办成人冬学识字夜校，参加学习者达1.13万人。1952年，全县创办识字班69班，各地还在冬学基础上发展民校，参加学习者1.8万人，民师700余人。1953年，民校分初级班、高级班，计317个班，学员1.2万人。至1957年，全县共扫盲1.33万人。1964年，全县青壮年文盲率由1949年前的

80%下降为38.9%。1991年,县人民政府贯彻国务院《扫除文盲工作条例》,落实扫盲"双线"责任制,推行小学日校办夜校,1996年末全县扫除青壮年文盲26624人,非文盲率达到96.85%,脱盲的25586人进入巩固班学习,巩固率96.1%,15周岁文盲率0.5%。1997年,全县脱盲28624人,大路街好文化夜校获第二届"中华扫盲奖"特等奖(全国共5名)。2002年扫盲2312名,全县青壮年非文盲率99.61%。同年,农村成人教育转入乡镇文化技术学校,培训对象主要为小学和初、高中毕业后停学回乡人员。每年参训约1.5万人。文化技术学校由学区中心小学管理,使用农村实用技术教材和农函大课本,以培训形式授课。

(二)干部工人文化教育

1950年,县总工会指导张合成、华美私营卷烟厂举办职工业余文化学校。同年11月,总工会在清华小学(后改一小)举办县职工业余文化学校,有2个班140人,1951年增至4个班280人。1952—1953年举办职工速成识字班。1954年3月,县委创办直属机关干部业余文化班,学员34人。下半年改称机关干部业余文化学校。1956年,机关干校举办区、乡干部文化学习班,参加学习的区干部14人、乡干部103人脱盲。是年,县手联社、工商联自办职工业余文化学校。工商联设扫盲、初小、高小、初中、高中各类文化班,办学4年,学员常年保持250～350人,获省"铁民校"称号。

1958年3月,机关干校与工人业余文化学校、手联社职工业余文化学校合并,成立云霄县干部职工业余文化学校。同年开办业余大学,招收机关干部、中小学教师158人参加学习。1959年,干校和业余大学停办。1961年3月复办,招收初中班108人,高中班34人,大学班45人。1962年,县委规定公社和企业干部文化程度初中以上的参加省函授中专班学习,初中以下的参加当地民校学习。1979年,云霄糖厂利用停产检修时间举办各种文化、技术班13个班,参加学习者287人。1982年,县成立职工教育办公室,2月干部职工业余文化学校复办,开办初中、高中文化补习班、中文大专班和青年工人文化统考补习班。1982—1989年,参加县干部、工人业余文化学校文化补课结业的干部职工1868人。

（三）脱产培训

党政干部培训 1950年起，县委先后在下楼、阳下等农村举办干部、积极分子训练班。1957年7月，设党训班，配备专职人员。1959年12月，改党训班为县委党校。

1985年，县委党校举办党政干部中专学历班，招收在职干部46人，学制二年，按中专教学计划施教，后又举办一年制中专专修班。至1989年，计举办二年制中专班3个班，毕业79人；一年制中专专修班1个班，毕业25人。

1997—1996年，县委党校先后举办局级领导干部理论学习、新党员和入党积极分子培训、村党支书和村主任培训、青年干部马克思主义基本理论培训、农村后备干部培训、理论骨干培训、公务员培训、青年干部英语辅导等8种类型培训班74期，参加学习6774人。举办省委党校经济管理专业专科函授班（学制三年）计73人；中央党校经济管理专业专科函授班（学制3年）计115人。

卫生系统职工培训 1959年1月，开办县卫生学校，招收初级卫生人员培训班2个班、妇幼保健培训班1个班、中医进修班1个班，计107人，附设于县卫生院内，由县卫生院、中医联合诊所和妇幼保健站医生兼任教师。1979年9月，举办县卫生进修学校，除培训县内卫生职工外，还受地区卫生部门委托，先后举办检验、助产、西药、中药、儿科、病理、基础医学、计划生育等专业班。至1986年，计举办18期，结业1116人。1986年，经省人民政府批准，改为福建省云霄卫生职工中等专业学校。1987年开始面向全省招生，设医士、护士2个专业，1987—2005年计招生2984人。

2006年，与漳州卫生职业学院联合办学，由漳州卫职院颁发毕业证书。至2006年，共开设医士、助产士、医疗、护理、卫生保健、护士6个专业，学制均为3年，共毕业学生1907名。

（四）广播电视函授教育

1980年，福建广播电视大学云霄县工作站成立，由职工业余学校进行业务管理。1980—1996年，先后招收电大742人，中华会计中专 383 人；电大毕业 235 人，单科结业 205 人，中华会计中专毕业 198 人。

1996 年秋，根据国家教委和中央电大关于办好注册视听生教育试点的精神，招收专科注册视听生 206 人，其中财会专业 150 人，法律专业 56 人。学制三年，实行完全学分制。

1997—2000 年，招收中文、财会和法律等专业的成招生及注册视听生。2000 年春季，进行“人才培养模式改革和开放教育”试点，开设教育管理、小学教育、法学、金融、会计等专科专业。同年秋季，被批准为本科导学试验区，开招汉语语言文学和法学专业本科班。

（五）党校函授教育

1989 年，在县委党校设立省党校函授点，当年秋季招收经济管理专业大学班，至 1992 年共招收 4 届，有毕业生 63 名。1993 年，县委党校成立函授站，中央党校函授大专班学制 3 年、本科班学制 2.5 年。2002 年，县委党校招办法律专业本科班。2005 年，函授本科对持有专科毕业有效文凭的考生实行面试入学。1997—2006 年，云霄县委党校计招收中央党校函授学院经济管理专业专科班 9 届 9 班，毕业 491 人；法律专业专科班 4 届 4 班，毕业 190 人。2002—2006 年，招收法律专业本科班 3 届 4 班，毕业 195 人（其中省委党校函授学院毕业 24 人，文凭由省委党校函授学院颁发）。

（六）自学考试

1984 年 5 月，成立县自学考试办公室。

1984 年 10 月，全省高等专科汉语言文学、统计、会计专业自学考试首次开考，由厦门大学、福建师范大学、福州大学主考。1987—2006 年，计开考 33 个专业，全县毕业 815 人。

1987 年 4 月，大学本科自学考试开考，专业为汉语言文学、党政管理统计等。1987—2006 年，计开考 32 个专业，全县毕业 35 人。

1986 年 10 月，中等专业自学考试开考。至 1998 年 10 月，全县毕业 21 名。

1997 年，根据省教委关于小学教师学历大专化的要求，全县公办小学教师 1203 人于 1997—2003 年参加大专自学考试，获毕业证书者785人。

（七）老年教育

1990年，开办云霄县老年大学，县长兼任校长，每周一至周五上午上文化课，周二或周五下午举行舞蹈活动。先后开设保健、心理学、家用电器、烹调、书法、诗词、花卉、音乐、太极拳、电脑等课程。2002年，增开英语课，成立诗词学会和书画学会。2003年，成立合唱团、摄影学会和腰鼓队。2006年，有8个教学班，学员315人。其中，2002、2005年，被评为漳州市老年教育示范校。2015年12月，省委老干部局、省老龄委办、省老年大学协会授予云霄县老年大学为省级示范校，常务副校长郭拱明获“全省老年教育突出贡献者”称号。

（八）教师进修学校

云霄县教师进修学校创办于1958年9月，1978年1月复办，1995年1月，经省教委批准备案为师范类成人中专学校。1996年，校舍总建筑面积3262平方米，有教职员250人。1978—1996年，接受培训教师、小学校长共2.6万人次，通过培训取得中师函授毕业者515名，取得毕业合格证书者235名，教材教法合格证书者694名，小学校长取得岗位合格证书者202名，取得代课资格证书者359名，使小学教师学历合格率达到91.2%。先后获“全省中小学校长培训工作先进集体”“省小学新教师见习期培训工作先进集体”和“全省小学思想品德优质课电视录像最佳评选县”称号。

七、特殊教育

云霄县特殊教育学校在顶溪县体育场周边招收聋哑残疾学生。2014年，省补的100万元专项资金，通过校区改造工程建设，被评为省级特殊教育标准化学校。2017年末，在校学生95人。

第三节 体育运动

一、体育运动的发展

1951 年 10 月，县举办首届运动会。以后，多次组织举办和参加各层次的体育竞赛活动。1956 年 8 月，县人民政府召开体育工作会议。1958 年，县被评为全国和省农村体育红旗县。1959 年 7—8 月，龙溪专区在云霄召开职工及农民体育工作现场会，参观云霄糖厂、银行、供销、商业等系统职工体育活动和跃进公社坡下大队（现下河乡坡下村）、红旗公社上坑大队（现莆美镇上坑村）的体育设施及活动情况。同年，县荣获省体育先进单位称号。

60 年代初期，全县城乡、机关、工商、企业、学校的体育活动继续发展。1960 年，县在常山农场开设游泳、羽毛球项目的业余训练。1961 年 5 月，被垦为农地的县体育场恢复原貌。1964 年 10 月，县举行第九届体育运动会，同月还举行第三次环城赛跑和全县第二届中小学生田径运动会。

1975 年，常山华侨农场、东厦公社佳洲大队、海峰中学被评为省群众体育先进单位。中共十一届三中全会后，体育从学校、机关企业向广大农村扩展，并深入家庭，成为群众生活中必不可少的内容。群众体育的普及，促进竞技水平的提高，1979—1988 年，县体委分别组织举行 52 次县级比赛；40 次组队参加漳州市（龙溪地区）举办的各种比赛，获全市前六名 548 人（次），其中获第一名 184 人（次）；23 次组队参加省市（地区）比赛，获前六名 338 人（次），18 次派出运动员参加全国或华东区体育比赛，还多次派员参加国际性邀请赛，皆取得优秀成绩。国家体委主任李梦华两次（1980 年、1985 年）抵县视察体育工作。县体委干部吴永于 1986 年被国家体委授予“新中国体育开拓者”称号，通报表彰。1989 年 7 月，县人民政府成立庆祝建国 40 周年百日体育活动组织委员会，广泛开展多种形式的群众体育活动，被评为省百日体育活动先进县。

（一）传统体育

云霄县传统体育有武术、龙舟竞渡、舞狮、舞龙、游泳、赛跑、拔河、斗手力、跳绳、踢毽和各种棋类。1943年，福建第五督察区专员公署在漳州举行第二次运动会，在武术比赛项目中，云霄运动员石润华获表演奖。1986年，省体委在连江举行武术比赛，云霄运动员王少康获65公斤级散打第二名，王伟成获52公斤级散打第三名。1988年1月，县体委举办首期少年儿童武术培训班，学员70人。此后体委利用每年寒暑假开展培训，至1996年底，共举办14期，学员1000余人。1955年，于城关塘坪塘举行第一次全县性龙舟比赛，至1963年，政府或县体委多次组织全县性龙舟竞赛活动。1987年5月31日至6月1日，县人民政府举办"漳江杯"龙舟竞赛，部分乡镇分别选派1～3支代表队参赛。佳洲村、西林村、洲渡村、下坂村代表队获前4名，下港街代表队获精神文明奖。比赛期间，漳江两岸观众达4万多人次，气氛热烈，上海电影制片厂工作人员在漳州闻讯赶来，抢拍镜头。县开漳圣王多届文化节中，云霄和台湾健儿在大龙湖开展龙舟竞渡比赛。

游泳、赛跑是城乡传统体育主要项目，在青少年中尤为流行。1958年，县体委在陈岱公社曾江大队（现陈岱镇曾江村）建天然游泳池。1963年7月，县再次在漳江鲤鱼洲举行万人渡江活动。1966年、1967年的7月16日，为纪念毛泽东主席畅游长江，县两次组织举行万人泅渡漳江。县人民武装部在开展民兵军事训练中，多次把武装泅渡列入训练内容。1996年冬，为推进全民健身活动，省冬泳队专程抵云霄，与云霄籍运动员在漳江进行冬泳活动。

1937年，县政府组织举行一次大型越野赛跑，以林山乡大埔村（现莆美镇大埔村）为起点，城关镇南门兜为终点，全程1万米。1959年县人民委员会举行第一次火炬赛跑，县长沈文福亲自点燃第一支火炬。1960年、1964年县再次举行火炬环城赛跑。民兵军事训练也常把越野赛跑列为训练内容。县第一至九届运动会中，赛跑均列为比赛项目。1996年5月，县体委、共青团云霄县委联合举办“96 云霄迈向 21 世纪环城赛跑”，由各基层团委会共选拔 240 多名青年、共青团员参加竞赛活动。

拔河为民间常见活动。陈岱镇下曾村独具特色，世代都在元宵节举行，从无间断。1993 年 6 月，县举行“迎七一·盼奥运”登山比赛，有中共党员、共青团员、少先先锋队员共 2000 多名参加竞赛活动。

（二）群众体育

农民体育　50 年代，坡下村 14 个自然村因陋就简开辟跑道、运动场，上坑村建设篮、排球场，成立农民球队。1958 年，云霄县获全国、全省农村体育红旗县称号，坡下大队体育工作积极分子吴桂泽被推选为农村体育先进代表，参加在北京召开的全国农业先进单位代表会议，并上天安门观礼台参加国庆观礼。1959 年春，县人民武装部与县体委联合举办首届民兵运动会，并选拔运动员参加龙溪专区民兵运动会，荣获“政治红旗”称号。同年 8 月，省、专区在云霄召开农村体育活动现场会，省政府授予云霄县“群众体育先进单位”红旗。1960 年，下河公社体委被评为省体育先进单位。1987 年 10 月，常山农场足球队作为福建省代表队，参加由中央电视台、中国农业银行、国家体委联合举办的第二届全国“储蓄杯”农民足球赛。1988 年 4 月，县组织农民体育代表团参加漳州市首届农民运动会，乒乓球队获团体总分第三名，张全寿获乒乓球单打第三名（后被选拔参加 1990 年省第二届农民运动会，与队友合作获男子团体第一名）；田径队获女子团体总分第四名；射击队获 3×10 和 3＋10 团体第一、第二名，张义莲、方东阳在以上两个项目比赛中，分别获第一、第二名，达国家二级运动员标准，张义莲还打破该两项省少年组记录。同年 10 月，方东阳、柳琪蓉被选拔参加在北京举行的第一届全国农民运动会，方东阳获 60 发卧射及 3×20 三种姿势射击（团体）第六名。

1999 年 10 月，第三届全市农民运动会由云霄县农体协承办。2001 年，云霄县龙舟队代表漳州市参加省第六届农民运动会，获冠军；云霄女子龙舟队代表福建省参加全国第六届农民运动会，获第三名。1988 年 5 月，县成立农民体育协会，10 个乡（镇、场）和多数行政村相继建立农民体育协会组织。2006 年，全县 154 个村成立农体协，会员 31143 人。

职工体育 1957 年 5 月 1 日，县举办首届职工运动会，有 407 名运动员参加篮球、排球、自行车、拔河、田径等 22 项比赛。1959 年 4 月，陈沛然获龙溪专区运动会自行车比赛第一名；方木生获最轻量级举重比赛第一名。1961 年县羽毛球队参加省 12 个单位羽毛球对抗赛，团体总分居第三名。1962 年县男、女篮球队参加龙溪专区在诏安举行的篮球联赛，获女篮冠军。

1984 年 8 月，县组团参加龙溪地区第二届工人运动会，足球队获冠军，11 名队员入选为地区代表队，参加省第二届工人运动会足球赛，获第四名；游泳获女子团体第一名，其中温彩虹、温彩玉姐妹分获 100 米、200 米蝶泳两项第一、第二名，姐妹均被选拔参加省第二届工人运动会，仍分获该两项第一名和第二名。温彩虹被选拔参加 1985 年在河北任丘举行的第二届全国工人运动会，100 米蝶泳预决赛均破全国第一届工人运动会记录。1984 年，县财贸办公室干部吴永顺，被评为省职工体育先进个人。1989 年，举行全县职工运动会，有 31 个代表队共 374 人参加。是年，云霄卷烟厂被省评为开展群众性“百日体育运动”先进单位。

1990 年，职工体育出现新局面。1993—1995 年，县外商投资企业协会与县体委联合举办 3 届外资企业职工运动会。

1997—2017 年，全县 56 个企事业单位创建职工之家，设乒乓球、象棋以及排球、羽毛球、篮球等活动场所或健身房。

归侨体育 常山华侨农场于 1975 年和 1978 年被评为省群众体育先进单位，1979 年被评为全国体育先进集体，并选派代表参加全国体工会和第四届全运会。1980 年，成立农场体育运动委员会。曾先后 9 次承办省体委、省侨办、市体委组织的篮球、足球、羽毛球、游泳等项目的比赛。1982 年和 1991 年又被评为省群众体育先进单位。1988 年农村宣教科长洪朝晖被全国农体协、农牧渔业部、国家体委授予“全国农村体育积极分子”称号。1993 年再次被国家体委授予全国体育先进集体称号。

1960—1996 年，常山华侨农场在参加地（市）、省和全国历届运动会或单项比赛中，打破市（地区）纪录 61 人次，获第一名 162 人次；打破省纪录 18 人次，获第一名 75 人次；打破全国纪录 2 人次，获第一名 3 人次；获国际邀请赛第二名 2 人次。常山足球队还先后作为市、省代表队，与来访的菲律宾南星体育“元老队”进行友谊赛及参加第二届全国“储蓄杯”邀请赛。中共福建省委书记林一心和省体委副主任李威（于 1964 年）、国家体委主任李梦华（于 1985 年），曾到常山农场视察体育工作。

老年人体育　1984 年 6 月，县成立老年体育协会，并逐步建立基层系统老体协分会和乡镇老体协组织。各协会坚持“三从”“三就”原则，组织开展适合各自身体条件和喜爱项目的体育锻炼。1986 年元旦，县老年人体育协会举办首届老年人体育运动会，有 5 个代表队 119 人参加 1500 米健身跑、太极拳、太极剑、太极气功以及棋类、乒乓球、射击等 8 个项目比赛。百岁老人方闩也参加这一活动。1987 年 3 月，组团参加漳州市第一届老年人体育运动会，获门球第一名，乒乓球单打第二名。1989 年，县又举办第二届老年人体育运动会，并组队参加市（地区）、闽南三角协作区和省各种规模单项比赛，均取得较好成绩。同年 12 月，老体协象棋队参加在诏安举行的两省（广东、福建）六县象棋邀请赛，方崇伦获第一名。

1990 年，城关地区有体育场、江滨公园、献宝山及云霄一中校园等 8 个老年人晨练点；更有成群结队的老年人于每天清晨到新城区宽敞的大街上漫步小跑，人数不下千人。后汤村老年协会还常年坚持组织老年人开展小型多样的文体活动。县老年人体育协会及一些基层协会，运用“请进来，走出去”的办法，教授老年健身拳功操舞等项目，不断丰富活动内容。当年 11 月，县老年乒乓球队应邀参加三省六市（扬州、汕头、潮州、漳州、泉州、厦门）老年人乒乓球赛，石崇峰获男子乙组单打第二名，郑振扬获男子甲组单打第三名。县老年门球队常年开展活动，并于每年元旦、“五一”、国庆、老年节和春节等节日期间举行比赛。1991 年参加在永安举行的省老年人门球赛，获第一名；1992 年和 1994 年作为省代表队参加于武汉、西安举行的全国老年门球赛，各获满分奖；1993 年代表市老年门球队，参加省第三届老年人运动会，获第一名；同年参加广东潮州市宏兴杯门球邀请赛，名列第一。1996 年，县组队参加漳州市第四届老年人体育运动会，在门球、地掷球、气排球、中国象棋等项目比赛中，均获前四名。

县老体协于 1986 年获市老体协授予的“工作先进单位”和拳功操辅导站先进单位称号，1992 年被省老龄工作委员会授予“老年工作先进集体”称号，并被省老年人体育协会评为“老年体育工作先进单位”，同时获“漳州市体育工作先进单位”称号，受市人民政府通报表彰。

2006 年，全县有 179 村（社区、作业区）建立老体协，会员 2.3 万余人。县老体协建立太极剑、太极拳、健身气功、民族舞、回春操、门球、柔力球、泰迪球等辅导站（点）14 个，辅导员 72 人；乡镇老体协建立辅导站（点）13 个，辅导员 56 人。2003 年，县老体协获全省老人健身会优秀组织奖。2004 年起云陵镇老体协每年举办 1 次剑、操、拳、舞展示会。2004 年 7 月，漳州市“全国亿万老年人健身活动展示会”在云霄县人民公园举行。2005 年，中老年妇女兴起广场操、健身操活动。2006 年，有广场操队 10 队 1420 人。同年，列屿镇、云陵工业开发区在全县首次举办村级老年人运动会。

2017 年，认真贯彻《全民健身条例》《国务院关于加快发展体育产业，促进体育消费的若干意见》和国家体育总局等 12 个部门印发的《关于进一步加强老年体育工作的实施意见》要求，积极主动与政府相关部门协调，通过部门支持、社会集资等方式，积极改善老年人活动场所环境，在老干部活动中心建一座 400 平方米气排馆。2019 年 4 月 27 日，县老年人体育协会在人民公园举行柔力球展示会、老年人气排球比赛。

全民健身活动　2017 年 8 月 8 日，为庆祝全国第三个全民健身日，14 支体育健身代表队，代表全县健身队伍举办全民健身展示活动，参与互动的群众近万人。

广场舞 全县现有广场舞队400多支。2017年举办培训50多次，参加人数2500多人次。县文化馆举办3期广场舞师资培训，210多人次参加，购置广场舞音响设备赠送给健身点。

竞技体育 2017年，云霄代表团参加十个竞赛项目，获金牌总数41.5枚，团体总分973.5分。

（三）学校体育

幼儿体育 1981年11月，贯彻教育部《幼儿教育纲要（试行草案）》。1986年5月和1987年5月，县妇联、体委、教育局2次联合举办“小小运动会”，组织县直机关幼儿园、城关地区幼儿园及托儿所等单位幼儿参加，设有穿衣着鞋比快、20米跑、30米小三轮车等12项比赛项目。1989年后，执行国家教委“向幼儿实施体、智、德、美全面发展，促进幼儿身心和谐发展的保教目标，加强幼儿体育工作”的指示。每周2节体育课，每天2小时室外郊游、文娱、游戏、体育活动。

小学体育 1950—1956年，各小学普遍实行每周2节体育课，每天一次课间操和课外活动（后增加眼保健操）。先后推行7套少年广播体操。1956年6月，县体委和教育部门联合举办首届小学生体育运动会。1957年起全面实行《小学体育教学大纲（草案）》。1973年6月，县举办第二届小学生运动会。

1980年开始，小学逐步推行《国家体育锻炼标准》，县体委和教育局联合举办3期实施“锻标”业务培训班。1993年开始，执行《九年义务教育课程计划》，体育均为学科和活动课程内容之一。

中等学校体育 1950—1956年，学校贯彻德育、智育、体育、美育全面发展方针，执行教育部《中学体育教学大纲》，坚持两课（每周2节体育课）、两操（早操、课间操，后增加眼保健操）、两活动（每周2次课外活动），把体育成绩列为评选优秀学生条件之一。

1990—1995年，常山中学、云霄一中先后获实施“锻标”先进单位，云霄一中被省体委、省教委确定为“田径传统项目学校”；城关职业中学经市体委、教委组织的“锻标”实施情况考核抽查，通过听、看、测、评，被确认为“合格”单位。1996年，云霄一中体育教师吴志顺,被省体委、教委、卫生厅评为1990—1995年度学校体育卫生先进个人。

(四)主要体育项目

足球 2000年11月29日,由民间组织成立县足球协会,有球队12支,会员640名。2001年5月,云霄足协代表漳州市参加省第四届"足协杯"比赛,获第三名;县少年足球队参加市第九届运动会足球赛,获冠军。

2002年,省第五届足球锦标赛在云霄举行,云霄金都足球队获第三名;8月,全国中学生足球联赛福建赛区在云霄举行,云霄一中足球队,获冠军。同年10月,县足协代表队参加在霞浦举行的省首届足球明星赛,获亚军。2005年,参加在南安举行的省第六届足球赛,获第三名。2006年,参加在泉州举行的省第七届足球赛,获第三名。

乒乓球 全县家庭乒乓球桌近2000台。县少体校、青少年宫及民办俱乐部经常举办培训。1993年,成立县乒乓球协会,2006年有会员126人。2001—2006年,每年一次组队参加省、市业余乒乓球锦标赛,先后获省业余乒乓球团体赛第二名、第三名,漳州市业余乒乓球团体赛第二名和男子单打(公开组)冠、亚军。2006年,获市第七届老年人运动会男子双打、女子双打冠军,男子单打、女子单打第三名。

登山 2004年12月,成立云霄县登山协会,会员138人。协会不定期举行登山经验和野外生存常识交流活动。2006年有会员289人。

游泳 2004年7月14日,成立县游泳协会,会员120人,常年在漳江及峰头、杜塘等水库开展游泳健身活动。2006年,有会员215人,其中坚持冬泳者90人。

跆拳道 1998年,县少体校开设跆拳道培训项目。2004年,成立文雄、京奕民办跆拳道俱乐部。文雄跆拳道俱乐部有教员6人。2005年,文雄跆拳道俱乐部学员朱镇荣参加全国长安跆拳道邀请赛获48公斤级冠军,2006年获福建省第十三届运动会跆拳道48公斤级冠军。至2006年,全县共培训跆拳道学员280多名。

信鸽 1999年,全县信鸽协会会员72人,信鸽3200羽。1997年起与东山、诏安信鸽协会开展联赛活动,2000年、2001年参加以浙江省台州市为起点放飞,2004年参加以浙江省温州市为起点放飞,云霄连获冠军。2005年、2006年,云霄、东山、诏安与广东饶平举办闽粤联赛,参加以浙江温州为起点放飞,云霄均获第二名。

皮划赛艇基地 2017年,皮划赛艇基地组队代表漳州市参加7月在宁德古田举行的"2017年福建青少年皮划艇锦标赛",取得皮划赛艇男子团体总分第三名,女子团体总分第五名;赛艇男子团体总分第四名,女子团体总分第五名的成绩;获得单项金牌5枚、银牌6枚、铜牌4枚。

(五)比赛获奖情况

1995年,郑德全参加龙溪专区乒乓球选拔赛获第二名,被选入专区代表队参加省乒乓球比赛。1956年,王牡丹参加省第二届体育运动会,获女子手榴弹投掷第三名,被省选拔参加在上海召开的华东区运动会,庄亚书参加专区羽毛球选拔赛获单打第一名;县乒乓球队郑振扬、周寿冬、郑德全、林粉绸参加专区乒乓球选拔赛,获男子团体第一名,林粉绸获女子组单打第一名。1957年,沈振富参加龙溪专区乒乓球选拔赛,获少年组单打第一名,石宗峰参加省乒乓球锦标赛,与队友合作获男子双打冠军,9月,王长安参加第一届全国运动会,打破飞碟射击国家纪录,获一枚金牌及国家一级运动员称号。1960年,县首次组队参加省水上运动会,儿童组获团体总分第一名,其中郑瑞娜获女子自由泳第一名,傅巧月获女子蛙泳第二名、自由泳第三名,男子组傅福星获仰泳第二名。

1973年,温彩虹作为福建省队成员赴保定市参加全国少年儿童游泳比赛,获蝶泳第二名。1974—1988年,县内先后组成足球、篮球、排球、乒乓球、羽毛球、射击、游泳、田径等代表队,参加地区(市)第三至第六届运动会,获36个团体名次(其中第一名6个,足球连续3届获第一名),61个个人名次(其中第一名27个);并有30人被选拔为地区(市)代表队成员,参加省第六至第九届运动会63

项的比赛，获得 63 个个人名次（其中第一名 17 个，打破省纪录 6 人次），李翔远获国家健将级运动员称号。1991 年 10 月，县体育代表团参加市第七届运动会，获团体总分第三名，其中射击、游泳、武术、围棋、羽毛球、排球、田径等共获 15 个前三名，女子甲组射击获团体第一名。

云霄运动员在参加全国、华东区和国际性体育比赛中，王长安、李翔远、温彩虹、温彩玉、郑振耀、傅丽娟、邹建贤、甘常珍、林丽英、吴惠忠、方东阳、江奇、吴国柱、郭义彪等取得比赛前三名的优秀成绩。21 世纪始，在参加省第十二届运动会上，汤长贵获男子乙组撑竿跳高第一名，汤朝凤在西北农林科技大学运动会获女子三级跳远第一名。还有唐钰麟、朱荣彬、郑质斌等在全国青年帆船锦标赛中分别获得第三和第二名好成绩。

1997—2006 年，云霄县参加全国、省、市运动会及各类单项比赛，共获冠军 72 人次，亚军 62 人次，季军 31 人次。

（六）体育设施

1951 年和 1957 年，对 1940 年建成的公共体育场进行 2 次填高、拓宽和整修，面积约 1.3 万平方米。1979 年，体育场北面增建一座主席台（200 平方米）。1996 年，县体育馆主体工程竣工，内设灯光球场，看台座位 560 个，建筑面积 924.7 平方米，设计靶场，置有 6～8个靶位，射程 54 米，还有体操、乒乓球、武术等项目设施。至 1996 年，全县较规范的体育场地共 67 处，计 18 万平方米。

乡镇体育设施　2002 年，云陵镇建文体活动中心，总面积 880 平方米，可供排球、羽毛球、毽子操等比赛和交谊舞活动。同年 3 月，云陵镇北门社区建泳康游泳池，面积 750 平方米。2006 年，全县乡镇所在地有篮球场 21 个，排球场 19 个，门球场 5 个，羽毛球场 9 个；142 个村建立文体活动室及锻炼场地，有乒乓球、象棋和健身器械等设施。

学校体育设施　1997—2006，全县 17 所中学，共有 200～300 米环形跑道 15 条，60～200 米环形跑道 2 条；篮球场 47 个，篮球架 94 个。全县 162 所小学，共有篮球场 52 个，篮球架 104 个。54 所小学有60～200米环形跑道。

老人体育活动设施　1997—2006年,全县城乡有门球场18个,地掷球场12个,柔力球场38个,气排球场2个,配置棋类及室内活动室171间。

江滨路人民体育场　1994年,原县体育场改建为人民公园,在江滨路北段新开发的江滨小区建体育场。1995年筹建,1996年投资350万元动工兴建,至同年末,按照国家统一标准,建成标准化跑道400米的田径场及篮排球场,以及主席台、看台等设施。为便于人流集散,分别设置4个通道,可通向四周城区干道。全场长224.5米,宽138.5米,总面积62亩,可容纳5000人以上观众。新体育场四周配套有图书馆、老年人活动中心、迎宾馆、停车场等。

体育场馆建设新项目　2013年,总投资4000多万元,占地面积54391平方米,建筑面积5460平方米的新体育场项目,已建成投入使用。总投资597.4万元,占地11亩,建筑面积2989平方米的青少年校外体育活动中心,两个塑胶篮球场和一个五人足球场,已建成投入使用。建成金霞社区运动中心、汀仔洋社区运动中心、北园社区健身活动中心三个社区多功能公共运动场。利用体彩公益金30多万元,为20多个街村、学校、体育场、将军山公园绿道添置健身路径;为马山村建设塑胶地掷球场和门球场。投资1000多万元建设云霄皮划赛艇训练基地。

第十一章　老革命根据地建设

2003年，全县有4个老区乡镇，4个老区分布乡镇，117个老区基点村（自然村）、100个老区建制村，占全县村、社区的53.6%。2003年末，老区人口16.99万人，2017年末老区人口19.22万人，占全县人口43.5%。

2006年，实现老区建制村村村通水泥或柏油公路，102个老区基点村通公路，通电力、电信和广播电视，大部分村建成或接通饮用自来水。从财力、物力上对老区的经济发展、建设新村人才培养和扶贫救助给予照顾与倾斜；对革命烈士、"五老"及其遗偶，按国家规定给予生活上、医疗上定额补助并不断提高补助标准。

第一节　老区村的认定

一、云霄县老区基点村

2003年10月，省老区办核定老区基点村基本情况，并编印为名册。

表 7-1　云霄县老区基点村统计表(不含常山开发区)

填报时间:1998 年;单位:个

乡(镇)	建制村	自然村总数	其中	基点村名
			基点村数	
和平乡	梾树	1	1	★梾树
	内洞	5	3	后塘、凹湖、新兴(原名新霄)
	金山	7	2	○深水庙(由金京头搬迁)、深山
	征山	5	3	楼坪、马坑、草厝(马坑分出部分)
	甘埔	4	2	★甘树埔、河溪婆
	新楼	4	1	石对坑移民点(大斜移民)
	大斜	3	2	★大斜、南坪
	半岭	4	1	★○半岭新村 (由半岭、内坑移民重建新村)
	上坂	7	3	峰仔湖、厘仔坪、口洞、内湖
	桥头	4	4	★桥头、瓦厝、楼仔、坪坑
	通贝	4	4	★通贝、欧仔湖、屐仔寮、坑仔尾
马铺乡	坪水	14	14	牛埔、高坎、大石、岭鞍、三丘、 老公、荣仔后、半岭、风坪
	坪水			楼仔厝★大坪水、决老、茅坪里、长湖
	湖洋	5	1	★湖洋
	下庵	7	7	井坑、山城、吴江豆、石埒、博史石、 小坪水、片仔
火田镇	佳园	12	1	水沟头

续表

乡(镇)	建制村	自然村总数	其中	基点村名
			基点村数	
下河乡	曲溪	11	11	大邱头、圳坪、后寮、胶塘、太高礤、新田、岸坑、曹坑、土社、石下坑、下向轮
	龙透	5	5	★龙透、洞底、旧厝、龙镜、打石
	陂下	15	14	柯岩、九枝莲、孔塘、三斗种、坑仔湖、赤岭崇
	陂下			下厝、栗欧、★陂下、坡尾、倒楼、松柏、刈稻、斜格田、大坪、记友社
	仙石	16	13	下寮、四近塘、白石后、取切、长田、内角、外角、黄礤
	金坑	19	15	仓下、石厝、石仔岗、上塘、旧楼轮龙、水井、后墩风、横坑尾、圆墩、石学、坡头坡
	金坑			风门亚、虎岩、坡仔头、牛坪、冬瓜坑、九垢、★大社、蛤古
	金坑			火烧寮
	三星	3	3	★○三星新村([illegible]树坑移民)赤土、后溪
	七高礤	3	3	★七高礤、大沙岗、○新坡安置点(九坑移民)
	梅林	10	9	★三坑、大茅坪、梅林者、朱湖、银空、玉角湾、益高寮、新仔科
	梅林			蛇仔坑、○新坡安置点(由牛寮及银空、蛇地部分移民)
	东圩	11	1	○东圩安置点(由茅子坑移民)
	石屏	3	1	尖山
合计	26	177	117	

注:1.基点村名前加“★”号,表明该村(自然村)为建制村村部驻地;

2.基点村名前加“○”号,表明该村(自然村)已搬迁。

资料来源:福建省老区办:《福建省老区乡村名册》,2003年编印。

表 7-2　常山开发区老区基点村统计表

填报时间：1998 年；单位：个

乡（镇）	建制村	自然村总数	其中 基点村数	基点村名
常山开发区	坪岭坪	3	1	楼子岭
	埔经村	2	1	半径
	白竹村	5	4	新楼、丝竹洋、白水磜、罗田
	观阳村	2	1	马洋
	拓林管理区	4	1	坪水
	海峰管理区	3	1	杜塘
	梧园管理区	2	1	下埔
合计	7	21	10	

资料来源：福建省老区办：《福建省老区乡村名册》，2003 年编印。

二、云霄县老区行政村及人口

2003 年 10 月，省老区办核定老区行政村基本情况，并编印成名册。

表 7-3　2003 年云霄县老区行政村基本情况表（不含常山开发区）

单位：个、人

老区乡（镇、街道）	老区村（居）数	老区人口	老区行政村（居）名称及人口数							
和平乡	26	27669	村名	通贝	桥头	椋树	半岭	内洞	大斜	上坂
			人口	885	672	1065	648	1027	629	2647
			村名	吉坂	径仔	莆顶	坎顶	东方	半坑	田坎
			人口	1668	2072	2044	1465	3431	570	239
			村名	河塘	后坪	宜谷径	田仔苏	金山	征山	甘埔
			人口	1375	799	1266	29	177	472	579
			村名	河溪	新楼	牛尾	茶山	安吉		
			人口	804	864	103	54	2085		

续表

老区乡(镇、街道)	老区村(居)数	老区人口	老区行政村(居)名称及人口数							
下河乡	19	35808	村名	龙透	梅林	七高礤	三星	仙石	金坑	曲溪
			人口	1243	1186	967	812	2818	1947	1508
			村名	陂下	车墟	坡兜	石屏	后山	下洞	内龙
			人口	1989	2714	1596	1174	2001	1993	1732
			村名	凤兴	孙坑	新坡	新湖	世坂		
			人口	1600	3246	2256	715	4311		
马铺乡	25	37219	村名	坪水	下安	湖洋	宝石	宝洞	峰头	龙镜
			人口	621	751	590	2046	1071	2107	2084
			村名	马铺	客寮	桥头	上洋	粗溪	乌螺	枧河
			人口	2307	2293	1599	1116	1664	2066	3286
			村名	礤头	石芹	杉脚	白凤	半坑	青美	枋林
			人口	1287	1959	772	1224	1033	835	686
			村名	石古	大坪	坑头	大伦			
			人口	1684	1331	1041	1766			
火田镇	12	32979	村名	古楼	瓦坑	圆峰	白石	佳园	高田	
			人口	2623	1868	2246	1344	4419	3417	
			村名	后埔	岳坑	水头	莆中	火田	新园	
			人口	4055	4250	2060	2517	3353	767	
* 莆美镇	11	20671	村名	狮山	三东	马山	大埔	益宝山	树洞	
			人口	756	724	2781	1435	1025	963	
			村名	阳下	演武亭	上坑	前埔	宝树		
			人口	4301	1112	2532	1685	3357		
* 东厦镇	3	9468	村名	荷东	荷中	荷西				
			人口	2955	3920	2593				
* 陈岱镇	3	5229	村名	竹港	程安	贝云				
			人口	4350	629	250				
* 云陵镇	1	886	村名	下城	人口	886				
合计	10	169869								

注:名称前加“ * ”号的为老区分布乡(镇、街道)。

资料来源:福建省老区办:《福建省老区乡村名册》,2003 年编印。

表 7-4　2003 年常山开发区老区行政村基本情况表

单位：个、人

老区乡（镇、街道）	老区村（居）数	老区人口数	老区行政村（居）名称及人口数				
常山开发区（常山华侨农场）	7	6498	村名	海峰	观洋（官洋）	梧园（浯园）	白竹
			人口	1163	1120	735	1157
			村名	楼子岭（坪岭）	埔径	柘林（蔗林）	
			人口	287	731	1305	

资料来源：福建省老区办：《福建省老区乡村名册》，2003 年编印。

第二节　中央南方老根据地访问团慰问老区群众

1951 年 8 月中旬到 9 月中旬，中央派出由李步新、魏金水为副团长的南方老根据地访问团到达福建，对各老革命根据地的群众开展慰问活动。8 月 25 日，访问团第十二分队（陆维特为队长，许开良为副队长）到达龙溪地区，分成 6 个组前往各老区县和重点苏区进行访问，至 9 月 13 日结束，历时 18 天。

为配合中央访问团做好老区慰问工作，龙溪专署组成了访问团工作领导小组，有洪椰子、杜鄂生兼任副队长，配备了 33 人（其中有在老根据地坚持斗争的各县县级领导干部及工作人员），平和、云霄、诏安、漳浦、龙溪 5 县各配访问团成员 10 人，南靖 5 人。连同中央访问团 10 人，共有 98 人，还组织两个剧团和一个电影队 77 人到各老区县访问。

访问团下县前，分别召开 3 个老革命根据地代表会，平和 1 个，云霄、诏安合 1 个，龙溪、南靖、漳浦、漳州合 1 个。分别召开 11 个区代表会，云霄选派代表参加邻近的区代会。全专区 685 个老革命根据地乡村，基本上都有代表参加县、区代表会议。主要内容：

1.传达了中央人民政府和毛主席对老根据地人民的关怀和慰问；

2.报告新民主主义革命在全国胜利和建国情况，进行革命胜利后国家前途教育，让群众了解党和政府的政策和共产主义远景；

3.由县政府主要领导同志向大会做老区工作报告（主要是优抚政策）；

4.学习党和政府的政策。

此外，访问团还深入到一些老革命基点乡村对群众进行重点慰问。

附：

中央人民政府南方老根据地访问团
致老根据地人民书

亲爱的老根据地革命烈士家属们，革命军人家属们，革命残疾军人们和坚持长期革命斗争的父老兄弟姐妹们！

我们奉中央人民政府和毛主席之命，来访问你们，谨向你们致以亲切而热烈的敬意！

各老根据地是中国人民革命的发源地，中国共产党曾在这些地方组织革命军队，训练革命人才，准备了在全国胜利的基本力量。

各老根据地的人民与军队曾拿起武器，和占优势的敌人打过无数次的仗，得到过无数次的胜利。各老根据地在人民的主力军撤后，曾经再遭受蒋介石匪党惨无人道的烧杀，但人民绝不屈服，坚持游击战争和其他各种形式的革命斗争，一直到全国解放。

各老根据地在残酷的革命战争中曾经创造出经济建设、文化建设、军事建设的惊人成绩，表现出劳动人民的优秀品质与无穷力量。

老根据地的人民，在革命战争中，牺牲了无数生命，遭受了无比的摧残，但也锻炼出无数革命人才。创造出无数可歌可泣的史实。

你们相信革命一定胜利，现在革命已经胜利了。

你们时刻怀念自己的领袖毛主席，现在毛主席已经派人来看你们，并准备邀请你们的代表到北京参加今年的国庆典礼！

中央人民政府和毛主席很关心你们！关心你们的家园被破坏

的尚待恢复，关心革命烈士家属、革命军人家属、革命残疾军人及其他人民的生活还有困难，关心要求学习和工作的革命人员和革命子女，还没有很好的安置。各级人民政府应当尽可能地、有步骤地帮助你们解决这些问题。同时也希望你们继续发扬光荣的革命传统，响应毛主席的号召，在各种爱国运动中起积极作用，共同做好国防建设和生产工作，争取革命事业的最后胜利！

同志们，让我们高呼：

各老根据地的功劳，万岁！

牺牲的同志永垂不朽！

中国人民革命胜利万岁！

中华人民共和国万岁！

中国共产党万岁！

毛主席万岁！

1951 年 8 月[①]

第三节　老区扶贫

一、偿还游击队向群众借粮和救济补助

1950 年 3 月，县人民政府给县内革命老根据地发放大米 2 万公斤，现款 7200 元（按时价可买大米 5 万公斤），偿还革命战争中向群众借粮 0.75 万公斤（以折款归还，实可购到大米 1.875 万公斤），为基点村、老区村的 651 户 2314 人解决了生产和生活上的困难。1951—1955 年，发放生产、生活补助费 3.65 万元，棉衣 96 件，棉被 322 件；偿还革命战争年代向群众借款、借粮（36 万公斤），合计折款 3.09 万元；减免农业税 57 万公斤。县人民政府积极扶持老区农业

① 漳州市老区建设促进会、中共漳州市委党史研究室、漳州市老区建设委员会办公室：《漳州革命老区史》，北京：中央文献出版社，2009 年。

生产，并由银行给5416户发放购买耕牛(104头)、农具、肥料(51.63公斤)的低息贷款。1962—1963年为老区1265户6080人发放救济款8.7万元、棉布1000米、棉花42公斤、衣服1500件，回销粮食14.5万公斤，发给34名优抚对象特殊补助1392元，帮助35人治病，对15人住院治疗的费用给予补助。70年代和80年代各种救济补助折合现金分别为28万元和6万元。1990—1996年各种救济补助折合现金9.8万元。

1997—2006年，县老区办救助革命“五老”及其遗属的特困或因灾、因病补助19.8万元，补助“五老”建房资金3.2万元，发放“五老”慰问金、物品共40.2万元。

二、生产扶助

1997—2006年，由县老区办向上级老区部门申报下拨扶持资金106万元，为龙透、通贝、梅林等老区基点村扶持“早钟六号”优质枇杷苗5.8万株，铁观音茶苗25万株，青梅苗4万株；为老区乡镇、老区村举办农业科技培训班82期，受训人数达3000多人次。

三、扶贫助学

1997—2006年，全县老区基点村品学兼优学生受漳州市科华电子集团公司奖学，该公司每年出资100万元，奖励全市老区基点村考上县重点中学的学生，每学年给予云霄县10个奖励，云霄县共被资助金额28.68万元。期间，县老区办推荐到漳州市第一技工学校学习的老区贫困生198人，每人由市老区办一次性资助500元，每人减免学费800元。

2002年开始，云霄县作为印尼籍爱国华人黄仲咸创办教育基金会试点，至2006年，共向老区393名高中贫困生资助19.65万元。黄仲咸被人誉为“南安陈嘉庚”，他不仅为家乡南安捐赠建设40多座学校、幼儿园等，2004年9月，还把厦门、南安的必利达大厦(两幢5.65万平方米，值3亿多元)，1.1万两黄金和中国银行642.77万元人民币存款全部捐赠给已设立的黄仲咸教育基金会，对福建省老区学生发放奖金。

2007—2013年，福建黄仲咸教育基金会向云霄县62名老区在校高中贫困生发放奖学金，县配套4名，全县合计享受此次奖金人数66名，按此名额，全县享受此项奖学金比例为老区学生的1.3%，根据省、市对享受此项奖学金的条件要求，经县老区促进会审核后，与县教育局于8月下旬联合召开由4所完全中学负责人参加的名额分配会议，县老区促进会组织人员深入受助中学进行核实和了解受助学生学习表现情况。2013年全年受助的42名高中毕业生100%被录取进入大专以上院校，其中上本科者29名，占受助人数的70%。2014年，全县在校老区学生1852人，其中高一年级653人，高二年级663人，高三年级536人，享受奖学金66人，其中“五老”后代2人，占3%，贫困生64人，占97%，男生23人，占35%，女生43人，占65%。2015年高考，云霄一中享受黄仲咸奖学金的12名学生参加考试，11名考上本科，1名考上专科，录取率100%。2016年，黄仲咸和科华奖学金的发放根据《省黄仲咸教育基金会2016年向老区山区品学兼优、受到国家资助的高中生发放工作的建议》精神进行，全县享受黄仲咸奖学金的28名学生参加2016年高考，22名考上本科，6名考上专科，录取率100%。漳州市科华公司每年提供老区基点村奖学金6万元，漳州市陈建平老区育才奖学金每年提供2.7万元。云霄一中享受科华、陈建平奖学金的19名学生，分别被中国人民解放军军械工程学院、东北大学、北京航空航天大学、西安交通大学，中国农业大学、中国民航学院等高等学校录取。2017年，全县老区高中年段学生高一600名，高二536名，高三624名，合计1760名。黄仲咸教育基金会受奖名额市老促会分配62名，县人民政府配套4名，金额共2.3万元。按比例分配，受奖名额为老区在校总生数的3.75%。团体助学方面，1999—2006年，县关心下一代工作委员会募集资金111万元，初期对全县九年义务教育阶段的贫困学生进行助学，后逐步扩大到对高中、大学的贫困生进行助学奖学。2017年，云霄县总工会提供高考助学金6万元；云霄慈善总会提供高考助学金15.5万元，高一、高二、高三助学金3.8

万元;云霄雨润基金会(统战系统组织)提供慈善助学金(高一、高二)2.4 万元;云霄志诚房地产提供高考助学金 1.25 万元;福州商会提供高考助学金 2.7 万元;闽南日报社提供高考助学金 0.5 万元;海峡都市报提供高考助学金 0.5 万元;漳州团市委提供高考助学金1.8 万元。云山书院 2000 年起设立高考状元奖学金,对当年全县高考文科前 10 名和理科前 20 名的学生进行奖励现金及学习生活用品计 10 万元。从 2000 年起,颁奖年年举行。同时,由县爱心协会主办,县城隍庙承办,水月楼、团县委、县妇联、县文明办、县民政局、县酒类收藏协会、下南将军庙会友会、县渔业商会、县青少年宫等单位协办的每年金秋助学活动,从 2000 年起年年举行。每年资助大中学生 50 人以上,资助总金额 8 万元以上。如 2013 年,资助全县大、中学生共 62 人 8.94 万元,2014 年资助全县大、中学生 91 人,总金额 12.34 万元。2019 年,参加资助的企业和单位达到 28 个。

2002 年,中信集团捐赠云霄二中 100 万元建中信教学楼。2003 年,厦门大学捐赠泮坑小学 10.2 万元。2006 年,石鼓村教育基金会捐资 7.2 万元建小学。同年,西林村集资 600 万元建小学和幼儿园等。

社会助学方面,20 世纪 90 年代以后,有的村社或姓氏联谊会通过各种渠道募集资金奖学助学,考上重点大学(尤其名校)者,少则奖给每人数千元,多则数万元。如 2019 年云阳方氏联谊会、助学奖学基金会奖励大学生 89 人,其中 1.2 万元 4 人、6000 元 11 人,其余高考考分在本一线以上者每人 4000 元。往年,有 4 名考上清华大学、北京大学者各奖 8 万元。云陵镇下坂村,实行每年本村学生高考分数在本一线以上者每人奖励 3000 元,本二线以上者每人奖励 2000 元,考上名校者另加重奖。县黄氏源流研究会设立奖学助学基金会,对高考考上本科的大学生年年颁奖,2019 年授奖 61 人。团县委联合邮政、电信、供电等单位,在收费窗口设立爱心助学捐资箱,募集助学资金。

老区儿女不忘初心热心助学。曾任县老促会第四届常务理事、在老区基点村风兴村当过村主任的黄荣来,从 1983—2018 年,带动县爱心协会会员1650人次，共捐助公益资金2500万元，其中黄荣来个人捐助665万元，有一半以上资金投入老区扶贫助学和建设项目上，他不仅资助云霄五中、职专和10多个小学的建设资金和教学设备，而且资助老区贫困生。2003年，老区村火田镇圆峰村的罗高明高考分数线超过本一录取线，虽然选择了学费最低的西藏大学，但是家里拿不出1000元学费，黄荣来得知后，主动将1000元学费、200元路费找上门送给小罗，并资助他四年大学的学杂费。从新世纪开始，他每年都奔波发动社会爱心人士，开展资助贫困生活动。如2015—2019年他带领的爱心协会共发动94个单位和个人，捐款55.82万元，资助贫困大中学生363人。2008年6月，他把1983年发起成立的爱心小分队申请登记为云霄县爱心协会，挂靠于云霄县老区建设促进会。他是老区土地哺育培养出来的市劳动模范、省优秀共产党员、中共福建省八大代表、省"八闽慈善"奖章获得者、市2005年"感动漳州"十大人物。2012年10月26日在中共中央宣传部、中央文明办主办的全国道德模范与身边好人现场交流会上，被誉为"见难就帮，见险就上的当代活雷锋"，大会的致敬词，给予他很高的评价。[①] 2017—2019年，他组织10多名爱心志愿者，组建宣传小分队进中小学校、社区、农村，宣传贯彻党的十九大教育强国思想，共组织39场次，受教育者达2.35万人。爱心讲师团共出动80多人次。

参与闽粤赣革命史研究会工作的老红军遗偶、老游击队员钟梅英，多次资助贫困生。2017年8月，她给予被杭州师范大学物理系录取的马铺乡杉脚村贫困生罗丽麟5000元，给予云霄一中在读高中生蔡燕萍等5名贫困生每人2000元扶助。

侨胞陈良民1997年捐资53万元建下曾小学。2001年新加坡侨胞陈东平捐资240万元建陈岱中心幼儿园，1997—2013年，向县关工委捐资90万元设立奖学金。2017年，奖励云霄一中高考奖学金3万元，云霄二中高考、中考优秀学生2万元，捐赠陈岱中心小学

---

① 事迹见张煌辉、张绍猛：《见难就帮的活雷锋》，《漳州今古》2014年第2期。

助学金 1.5 万元，陈岱中心小学幼儿园奖教奖学金 2.5 万元，合计 9 万元。

一些企业界和社会人士也热心扶助教育事业，如方俊源捐赠云霄一中 8 万元；1999 年，社会及个人捐赠实验小学操场建设经费 28 万元；2001 年，云霄三中深圳同学会捐赠云霄三中教学楼装修 8.6 万元；2000—2002 年，何文山捐赠石芹小学 10.1 万元；2003 年，郭志荣捐赠竹港中学 10 万元；2006 年，方火明捐赠云霄一中 10 万元；2017 年，徐安础捐赠高考奖学金 7.5 万元。2017 年，云霄一中共接受单位和个人捐助学金 62.15 万元。县慈善总会周全艺助学基金由外出创业乡贤周全艺设立，基金总额 500 万元，每年到资 50 万元，专项用于资助品学兼优家庭贫困的学生，其中大学生 80 名，每人每年资助 5000 元，高中生 120 名，每人每年资助 1000 元。

四、技术培训与劳务输出

2003—2006 年，县老区办推荐老区初中毕业生 198 人到漳州市第一技工学校学习电脑、电子装配、电工、烹饪等专业，毕业后定向分配到工厂、公司就业；输送 286 名老区高中、初中毕业生到漳州宾馆、厦门市西华家具厂、漳州市鸿瑞鞋厂、漳州市正兴钢圈厂、云霄县豪昌制衣厂等企业就业。

五、重建家园

1952 年 10 月，省政府主席张鼎丞在“加强革命老根据地工作”的讲话提出要把扶助基点村人民“重建家园”作为各级政府摆在第一位的工作任务。1953 年 7 月，龙溪专署革命老根据地建设委员会和办公室按照省政府和专署的通知，布置各老区县老建委，老区办开始对基点村被敌人破坏的必须修建的房屋进行调查摸底，提出应修建对象的名单和间数，经乡级（新中国成立初期的乡等于后来的行政村）组织成员讨论通过。在广泛调查摸底并经过市查的基础上，当年由专署老区建设委员会制定了老区修建房屋五年（1953—1957）计划。5 年间，云霄县总修理 360 户、360 间，新建 200 户、250

间。1953—1955年，政府帮助老区村重建家园424间，其中新建103间，修理321间，得益户数424户，1472人。1981年1月，龙溪地区革命老根据地建设委员会以龙署001号文件《关于革命老根据基点村建设规划的报告》确定并完成云霄老基点村修建民房240间。

六、建设

1951—1955年，共发放老区建房救济款5.5万元，为413户老区群众建房屋110座，修建303座；拨款8.3万元修筑陂圳10条，灌溉农田4585.3公顷。

1956年，为宝洞、楼树、安吉等村新建小学教室15间，为观（官）洋、石屏等校修建校舍；举办老区民办教师训练班2期，培训教师80名；建立卫生所1个、诊所5个、保健站1个，训练卫生员、接生员计40余人，达到每600～700人口中有医生1人。1962年与1963年，两次共拨款1.27万元，修建大埔通观（官）洋和和平通水晶坪等简易公路及桥梁。

1981—1984年共拨款197.5万元，扶助基点村、老区村发展经济，其中农、林、牧款40.76万元，水利、水电建设用款34.6万元（建小水电站14个，装机容量1234千瓦，架设线路18.5公里，修建水利49处，渠道13公里）；公路桥梁建设75.7万元（新建公路20里、整修47公里、机耕路74公里，桥梁5座181米）；乡镇企业投资2万余元（办厂4个）；文教卫生投资10万余元（建校舍教室14间800多平方米及架设七高磜广播线路、开办卫生所等）。

1985—1989年，扶助老区生产建设计投资74.85万元。为扶持老区发展文教卫生事业，先后录取老区13名参加中等专业学校考试的应届学生，到师范、卫生学校预科班学习。

1990—1996年，继续扶助革命老区生产建设，7年中央投资拨款250万元。修建公路5条计28公里；兴修水利8处，其中渠道6处，计17公里；兴建学校5间计，950平方米；开山种各种果树500公顷，造林（含种竹）833.33公顷。

1997—2006年，由县交通局、老区办、库区移民开发管理局拨款和社会捐资、群众投工，共筹集6000多万元，建成14个老区村柏油路56公里，34个老区村水泥路134.6公里，9个老区基点村公路28公里，加上原有已通公路，全县100个老区村全部通水泥路或柏油路，102个老区基点村通公路，在电力、广电、邮电部门的重视支持下，实现电力、电话、电视“村村通”。期间，由上级老区部门拨款366.5万元，为8个老区村建设卫生饮用水设施，为6所中小学改造危房2140平方米，修建村部2处246平方米以及龙透村卫生保健所，修建引水坝、渠3处，长286米。全县通过引进资金、技术、良种，扶助革命老区种植优质枇杷3370公顷，其中有金山万亩枇杷园和征山、白花洋、下城、蕉坑、内洞、石古、瓦坑等7片千亩以上枇杷园；引进燕顶、大茂山等茶叶有限公司种茶266.67公顷；引进良种淮山在马铺革命老区村种植26.67公顷。

2013年，县委县政府制定出台《关于进一步支持和促进革命老区加快发展的若干意见》，在政策、项目、资金、人才和信息等方面加大对老区建设的扶持力度，投资1713.09万元支持造福工程危房改造，顺利完成1200户5185人的危房改造任务，确定6个省级、4个市级、30个县级扶贫开发重点村，编制完成扶贫开发重点村三年发展规划，投入7523.7万元，实施和平乡等9个乡镇完全饮水工程，加固32个小型水库、4.7公里海堤和火田镇区防洪防护护岸工程。建成火田、东厦小型农田水利重点项目，通往老区基点村公路硬化建设19.53公里，县财政补助58.59万元。投入3300万元，新建、改扩建校舍面积2.7万平方米。全县各级各部门向上争取老区建设项目补助资金31095万元。省市老区办支持全县老区扶建项目20个，资金54万元。

2014年，投入20389万元，实施莆美镇等3个乡镇安全饮水工程，11个小型水库和2公里海堤保险加固及山洪沟防洪治理工程，中小河流综合整治河长14.38公里和基本建成农田水利重点县项目；投入1926万元，完成农村公路硬化建设53.5公里，其中通往老区基点村22.5公里，县财政提供每公里3万元补助，共补助67.5万元；投入1043万元，新建、改扩建校舍面积7700平方米，建成云陵社区卫生服务中心，卫生监督所业务用房，完成卫生院拓展建设。

2015年，谋划与厦门市海沧区、漳浦县台商投资区的帮扶对接，落实各级各部门扶贫资金15250.4万元，申报第二批省级扶贫开发重点老区村项目2个，扶建项目资金22万元和老区革命遗址维修项目1个，资金10万元。水利建设投入28735万元，实施小型农田水利重点县、中小河流治理重点县和山洪灾害防治综合示范县建设项目，峰头水源工程建设项目，20座小(2)型水库和佳洲岛4公里海堤除险加固项目，陈岱镇等农村饮水安全项目。

2016年，投入289万元完成老区道路硬化建设59公里，其中通往老区基点村24公里，县财政对老区基点村及较大老区自然村道路每公里补助3万元，共72万元，市财政每公里补助5万元，共120万元。加大道路、水利、饮水工程，老人活动中心，家园整治清洁等项目建设帮扶力度。石鼓、枧河、下庵、七高磜、三星、龙透、凤兴、东方、梾树、圆峰、水头、莆中等12个村得到省级补助24万元，重点老区村马铺乡峰头村得到省级家园整治补助10万元，得到建设项目补助的有马铺乡客寮村淮山U槽管栽培示范基地10万元、马铺乡客寮村淮山特色产业和农村幸福院20万元；得到特色产业补助的有云霄梦达农业合作社150亩旅游观光百果园6万元、县鑫御品楼中草药种植农民专业社新优持桃李观光及科普实训体验基地6万元。

2017年，全县完成老区村道路硬化建设32公里，其中经验收符合市县老区补助道路23公里。县财政对老区基点村及较大老区自然村道路每公里补助3万元，共69万元；市财政每公里补助7万元，共161万元。加大道路、水利、饮水工程、老人活动中心、家园整治清洁等项目建设帮扶力度。获得省级扶建项目资金44万元，其中有下河乡、和平乡、火田镇、莆美镇、马铺乡等乡镇道路拓宽建设补助；老区特色产业发展项目获得省级补助38万元，其中有古井山、龙镜花卉、丰达园生态养殖和源和农民专业合作社乌山富硒蔬菜种植基地建设等项目补助。

第四节　村庄建设

一、住宅

民国及以前，云霄村庄地处山区者多建土圆楼，楼以乱石为基础，生土夯墙，小瓦屋顶，杂土地板，木板楼棚 2～3 层，并以楼为村；沿海村庄多以乱石为墙，筒瓦(俗称"瓦虫")为屋顶，并筑有小阳台；平原地区房屋结构与形式较为多样化，有田字形、下山虎式、骑楼式、竹篙厝等住宅。在农村中仅有少数富裕农户的住宅建有多种形式石木、砖木结构 2 层楼房，大多数农户住宅是土木结构的平房，房间低矮，采光不足，通风极差。

50 年代中期至 60 年代初，原居住低矮平房、土圆楼的农民，陆续进行改建或迁建新居。70 年代，农民大都建成石木、砖木结构 2 层楼房，并讲究抹白灰墙壁和铺红砖地板。实行改革开放和农业联产承包责任制后，新住宅建筑多为混石木结构 2～3 层楼房，洗石(石料细加工)粘贴瓷砖、马赛克和使用涂料者也日渐增多。下坂、阳下等多建混砖结构 3～4 层楼房。据 1985 年调查，楼房建筑占住宅总面积 1/3 多。农户人均住房面积：1949 年 22087 户，110434 人，住宅 181.5 万平方米，户均 82 平方米，人均 16.4 平方米；1978 年 52969 户，286740 人，住宅 361.4 万平方米，户均 68.2 平方米，人均 12.6 平方米。1990—1996 年全县农村农户住房多新建、改建、扩建成 2～3 层混砖结构的楼房，新建私房 51 万平方米。至 1996 年农户共有住房 598.3 万平方米，户均 93.5 平方米，人均 18.7 平方米。

二、精品村、生态村

陈岱镇礁美村　1996 年全村有 1000 余户、4000 多人口，1997—2006 年，全村新建楼房 300 多幢，先后被评为福建省精品村、漳州市新村建设先进村。

云陵镇下坂村　2007年全村有1967户，8539人。1980年后，优先致富的村民多以改造、翻建老房屋为主，拆除旧墙体，砌条石墙。1990年以后，楼板建筑使用钢筋水泥混凝土，一般建1～3层，村民对宅基地需求越来越多，开始向村周边闲杂地、自留果地扩展，建1～4层楼房。2000年后，村中重视规划，依据下坂村的实际情况，较好地规划第一期、第二期的新村建设，已完成并投入使用花园式新村别墅200多套，绿化地、水、电、路、通信设施已全部配套完整。第三期的新村建设也已规划完成。2014年，下坂村顺利通过省级“美丽乡村”示范点验收。同年，云陵镇绿化覆盖率达45％以上，被评上国家级生态镇，下坂村被评为国家级生态村。

三、美丽乡村

2013年，新批准火田镇七里铺村、圆峰村、西林村、马铺乡客寮村；和平乡河塘村、东厦镇浯田村、陈岱镇岱北村等17个新村建设用地，合计约8.8公顷。

2015年，全县共有13个美丽乡村建设任务，分别是莆美镇阳下村、中柱村、佳兜村，火田镇古楼村、后埔村，东厦镇洲渡村、溪塘村，下河乡世坂村，马铺乡龙镜村，列屿镇人家村，陈岱镇岱南村，和平乡内洞村等，其中莆美镇阳下村是省级美丽乡村示范村。13个美丽乡村年度投资20309.5万元。全年共整治裸房994栋，总建筑面积8.71万平方米，新建污水处理设施5个，新建污水管网22.8公里，硬化村道33.59公里，面积13.09万平方米，新增绿化面积4.97万平方米。

2016年，全县共有14个美丽乡村和一条景观带建设任务。14个美丽乡村分别是莆美镇阳下村、双溪口村，火田镇郭浦村、西林村、佳园村，东厦镇长洋村、荷东村，陈岱镇后江村，下河乡下河村，马铺乡峰头村、客寮村，和平乡楂树村、桥头村，列屿镇油车村等村为省级美丽乡村示范村。年度投资30900万元，全年共整治裸房672栋，总建筑面积4.3867万平方米，拆除房前屋后猪圈、禽舍、旱厕等违规搭盖建筑面积4.126万平方米；新建集中污水处理设施12

个，新建污水管网32.4公里，硬化村道32.36公里，面积14.35万平方米，新增绿化面积2.783万平方米。峰头水库水资源保护区景观带建设年度计划投资3000万元，已完成投资3180万元。

2017年，全县共有11个美丽乡村建设任务，分别为火田镇白石村、莆美镇高塘村、列屿镇青径村、陈岱镇岱北村、东厦镇埭洋村和荷中村、开发区下径村、和平乡楼树村、下河乡下河村、马铺乡桥头村和下庵村等。

第五节　抗击“珍珠”强台风　重建老区新村

2006年5月，云霄县遭受历史罕见的强台风袭击，台风挟携暴雨，给全县尤其是老区村的经济建设及人民群众的生命财产带来重大损失。灾害面前，全县人民迅速投入抢险和灾后重建工作，历经两年，为房屋遭受严重破坏的群众重建家园。

一、灾情

2006年5月17日，一号台风“珍珠”正面袭击云霄，最大风力11级。据云霄石对坑水文站测报，17—18日24小时内平均降水量642毫米，超过1956年7月27日488毫米的云霄历史记录。全县河水暴涨。漳江北江水位18日4时30分达3.95米，为70年来最高水位。东厦镇佳洲岛堤岸决口。县城区大面积进水，大园、下港、溪美、王府等地势低洼街区水深1米至2米。全县受淹民房500多户，受淹商店、仓库3500多家，停产企业232家，损坏房屋3528间，倒塌822间，53处地质灾害点出现滑坡29处，非地质灾害点滑坡5处。和平乡半岭村发生山体滑坡，造成9人死亡、3人失踪，部分民房受损。下河乡三星村树坑自然村山体滑坡，100多间房屋被冲毁。全县农作物成灾面积11546公顷，绝收面积1986公顷，死亡大牲畜0.35万头。水产养殖损失3333公顷，渔船损毁199艘。水库损坏4座，冲毁坡坝31座，堤防损坏142处、10.76公里，其中海堤决口 23 处、1.307公里。公路中断 4 条，毁坏路基 31.5 公里，桥梁损毁 17 座，其中全毁 3 座。全县受灾 26.2 万人，死亡 12 人、失踪 7 人。经济损失共 3.85 亿元。

二、救助

2006 年 5 月 17 日晚，下河乡三星村横树坑自然村后山山体出现裂缝，驻村的乡党委秘书何少栋与 3 名干部组织村民迅速转移。18 日零时 30 分，山体崩塌，泥石流穿村而过。100 多间房屋被冲毁，其中 30 多间被夷为平地，116 户 472 名村民因及时转移无一伤亡。

5 月 18 日凌晨 2 时许，和平乡半岭村 2 个自然村的后山发生大面积山体滑坡，部分村民被埋。县委县政府立即组织带领县乡干部赶赴半岭村，市委、市政府调派 200 多名武警官兵驰援。县乡干部与武警官兵翻山涉水，步行 3 个多小时，肩扛手抬，运送急需的帐篷、食品等救灾物资，组织力量挖掘寻找被埋村民。

5 月 18 日清晨，漳江城关段水位猛涨，城区成为一片泽国。云陵镇社区干部和爱心居民，捆扎木筏，安全转移所有受困居民。县爱心小分队黄荣来带领吴其谋、刘炎龙等 50 多名志愿者，当天救出被困群众 50 多人。

5 月 21 日，县委召开常委扩大会，做出有关恢复生产、重建家园的决定。5 月 22 日，县委办、县政府办联合发出《关于开展第一号台风“珍珠”灾后恢复生产、重建家园捐款捐物活动的通知》，在全县范围内开展捐助灾民活动。5 月 24 日晚，县委、县政府召开赈灾捐资动员会，44 个县直机关负责人共表态捐资 218 万元。26 日，县委、县政府在人民会堂召开抗击 0601 号台风情况通报暨捐资大会，会上共获捐款 437.9 万元。其中，厦门市集美区、县烟草局各捐款 50 万元，龙岩卷烟厂捐款 30 万元，省新华发行集团捐款 10 万元。群众性捐资救灾活动在全县迅速掀起。一些在外的云霄籍乡亲纷纷慷慨资助，一些县内受灾的企业也克服困难，捐出款物支持灾区，不少村社及社会爱心人士也都踊跃捐款捐物。运祥工程机械公司捐出10万元。大众兴纺织公司仅材料一项损失超过30万元，但仍捐出5万元。恒晟商贸发展公司在损失几十万元的情况下，仍捐出食品、服装等，价值50多万元。新加坡华侨陈东平、在上海的县政协常委方永章、深圳中信集团郭志荣、江苏无锡汤艳芬、著名版画家吴平、海军周金泉大校、空军吴文琛大校等云霄籍在外乡亲都向灾区捐款。其中，方永章捐款10万元，汤艳芬捐款5万元，郭志荣捐款3万元。下坂村民捐资10万元，阳下村募集款物20万元，莆美村募集款物14万元。县爱心小分队黄荣来个人捐资32万元，并组织带动爱心小分队200多名队员捐资12.8万元。书画界的20多位书画家组织开展赈灾艺术品义卖活动。县民政局共接收捐款592.59万元，县政府共下拨救灾救济金2074.58万元，大米25吨，棉被845床，帐篷241顶，衣服3000件及大批食油、大米、面粉等物资。

三、重建

2006年5月24日，县委、县政府发出《关于切实做好灾后家园重建有关工作的通知》。对房屋倒塌严重的村，或结合所在村建设，实行统一规划、集中重建，或整村迁移重建。马铺、下河、和平3个乡10户以上自然村受灾重建18个点，由18名县级领导和18个县直机关单位挂钩。住房重建采取群众自筹、政府补助形式，资金由政府设专户管理，专款专用，倒房户每户补助5000元；困难户在规定时间内建成并入住的每户增加补助2000元；对计生户、困难户、低保户的补助标准适当提高。灾后重建房屋一律免除各种收费。

重建工作从下河乡车圩村新楼自然村开始，该村的方形围楼44户49间房屋，在灾害中基本整体坍塌，根据群众意愿原址重建。三星村棪树坑自然村地处高山峻岭，在灾害中山体滑坡，部分民房为泥石流所覆盖，116户迁建于世坂村大林湖。下河乡梅林村48户迁建于新坡村。下河乡内龙村夫子崁自然村32户迁建于外龙村小陂自然村。上河村圆楼22户原址重建。和平乡半岭村因地质条件差，171户迁建于东方村西安自然村。火田镇高田村潦下自然村29户迁建于火田村。马铺乡枋林村牛坑自然村17户迁建于该村枋林自然村。马铺乡枧河村圆山墩自然村 12 户迁建于该村新址。马铺乡坑口村溪坪自然村 19 户迁建于坑口自然村。马铺乡泮坑村 16 户迁建于该村新址。马铺乡坪水村茅坪里自然村 14 户迁建于马铺村坪美自然村。

自 2006 年 5 月底至 2008 年 6 月，全县共投入资金 0.7 亿元，重建安置新村 12 个，建筑面积 8.5 万平方米。全县共异地重建安置 474 户，1852 人。

第六节　“五老”及遗属优待

一、落实政策和评定“五老”

1957 年 9 月，县委组织部、县民政科、财政科抽调干部深入老区调查研究。经查明，在国内革命战争时期参加红三团、独立营牺牲而未追认的烈士 27 名，原在革命队伍而于新中国成立初回乡者 65 人，新中国成立前经申请批准回家者 30 人，负责为红军游击队接送粮食军需和通讯联络而被国民党杀害者 47 人，经审核追认烈士 67 人，发给其嫡亲亲属 40 人抚恤金共 5230 元。1962—1964 年，对优抚对象再次核实，按户按人建立档案卡片，计在 234 个基点村、老区村的 5160 户中，核实为老游击队员、老地下党员、退伍老红军、老接头户、老交通员（简称“五老”）者计 240 人。“文化大革命”中，部分“五老”被诬陷为“土匪”“叛徒”“反革命”，造成冤假错案。1981 年，地、县委有关领导到乌山地区为被诬陷的“五老”平反，恢复名誉，并发给平反证书。自 1982 年落实评定为“五老”的共 427 人。

1985 年，进一步落实历史遗留问题，经取证、张榜公布，新增加“五老”224 人，连前合计 660 人（女性 139 人）。其中，老地下党员 54 人、老游击队员 201 人、老接头户 251 人、老交通员 139 人、老苏区乡干部 6 人。同时经查证核实，为在第二次国内革命战争时期因“左”倾错误影响而被错杀的 26 名有关工作人员和战士平反，恢复名誉，并一次性发给抚恤补助费，其中2名被追认为烈士。至1996年，全县共有“五老”314人，其中，老地下党员24人，老游击队员51人，老接头户219人，老交通员19人，老苏区乡干部1人。

二、“五老”及其遗属优待补助

1998年，国家对不在职的“五老”人员进行定期生活补助，每人每月80元。2002年，对全县健在的“五老”遗属进行定期生活补助，每人每月40元。2003—2006年，在全县的老区进行“五老”调查、取证、核实、张榜公示并报送县政府批准，全县有老地下党员54位、老游击队员206位、老接头户353位、老交通员152位、老区乡干部6位，共771位。2006年，提高“五老”定期生活补助标准，无依无靠“五老”由每人每月80元提高到265元，有依无靠“五老”由每人每月50元提高到170元，有依有靠“五老”由每人每月30元提高到115元。2006年7月，换发“五老”荣誉证书，有老地下党员20位、老游击队员53位、老接头户212位、老交通员30位，共315位，“五老”遗属为103位。在医疗补助方面，2006年7月，发给全县革命“五老”人员每人每年医疗补助费600元，其中30％为门诊费，一次性划拨入个人账户，70％为住院医疗补助基金，医疗费可报销比例按50％补助，最高限额每人每年1万元。至2016年末，全县健在的“五老”人员41位。2017年，健在的“五老”人员又减少8位，年末人数33位，20年中，逝世的“五老”人员中，最高龄107周岁（失散红军战士、老游击队员吴松根）。吴松根生前除享受“五老”优特补助外，在他进入90周岁时，每月还享受100元补助；进入100周岁时，每月享受300元的补助，同时被纳入“五保”老人名单，每月发给低保金480元等。每年重阳节、春节，县乡领导深入慰问，发给百岁老人慰问金近3000元等。村领导和周围村干部，经常无微不至关心照顾，医疗费全部报销。对其他在册登记“五老”人员，也同样予以百般呵护。如2017年间逝世的8位“五老”在世期间，均得到各级党和政府的关怀，得到周围干部和群众的爱戴、尊重，在各方面得到照顾，得以幸福安度晚年，享受新时代的阳光和雨露。他们逝世后，按国家有关规定对其遗属进行补助。2017年末,健在革命“五老”人员,分布在云陵、火田2个镇和马铺、和平、下河3个乡,3个社区,20个村,其中91～99岁9位,79～89岁24位。从2017年10月起,每个革命“五老”人员每人每月补助提高100元,省定标准应达到每月1070元,云霄县达每人每月1150元。元旦、春节和重阳节期间,县委、县政府组织开展走访慰问活动,慰问革命“五老”人员、“五老”遗属及老区受灾户、贫困户234户,发出慰问金(物)14.12万元,配合宣传部门组织文化、科技、医疗三下乡慰问活动,向革命“五老”人员及老区群众送医送药、送年画、送对联等。2017年,9户革命“五老”人员得到医疗报销79684元,其中新农合报销59224元、民政医疗救助9618元、老区办报销10842元。医疗救助8户19万元,3户因生活困难得到补助7000元,1户因住房难得到补助3000元。革命“五老”人员逝世的有1户,省老区办给予一次性补助6900元作为丧葬费。

三、为家在外地的革命烈属和离休干部排忧解难

陈元宰,1926年中学毕业后参加工农运动。1927年,加入中国共产党,曾在陶铸领导下工作,为闽南、闽东革命根据地的创立做出重大贡献。1957年,经省人民委员会批准追认为革命烈士。陈元宰女儿、儿子每逢清明节或烈士节都到漳州烈士墓和乌山悼念父亲。但因为在外省(广东、上海)工作和退休,家乡没有房屋居住,都要住在亲戚家或租住宾馆。2015年,国家实行棚户区改造和廉租房政策,他们把住房困难反映给县民政局,并写信给县委书记。县委和有关部门非常重视,2017年,终于办妥一套50多平方米,一厅两房一卫一小厨房的廉租房,给他们姐弟居住,房租由县民政局负责缴纳。姐弟十分感激,加上邻里和老年朋友、同学的关照,他们在家乡感受到落叶归根的幸福,表示要继承父母革命传统,并为保护文物捐资近万元。

85岁的厦门籍离休干部章岳珍,1949年11月5日参军,以后转业到云霄县花纱布公司,离休后,离休金由企业发放。因为家住

在厦门,在养老生活津贴和医疗费用报销上不方便。县老干局热情为她解决难题。

台湾籍的退伍军人陈庆宝,1948 年入伍,从部队复员到常山粮站,因为常山粮站 1989 年归入常山经济开发区,由漳州市直辖。而陈庆宝 1990 年离休时属云霄县粮食局所属。其应补发每月离休生活津贴从 1374 元提高到 3883 元,长期得不到解决。云霄县台办和老干局共同负责调查,终于在 2013 年 3 月完满解决他的难题,并把应补发养老金 10 多万元人民币辗转送到其台湾家中。

第七节　老区工作机构与组织

一、云霄县革命根据地建设委员会办公室

2002 年 9 月,从民政局分出单列,简称县老区办。2018 年 12 月,并入民政局,主任由民政局长兼任。2013—2017 年,县老区办与县老区建设促进会被中国老区建设促进会授予老区宣传工作三等奖。2018 年,县老区办与县民政局合署办公,县民政局长兼任县老区办主任。

二、云霄县老区建设促进会

1995 年 9 月成立,第一届会长赖新水,副会长张积强。于 2004 年 4 月 1 日换届,第二届会长方加群,副会长张积强、林坚、黄得乐、方耀章、张镇生、罗深汉,秘书长方耀章,常务理事 12 名,理事 36 名。第三届由第二届理事会连任。第四届于 2010 年 11 月换届,会长方加群,副会长张积强、吴锡宗、周连勇、方耀章,秘书长张待德,常务理事 11 名,理事 38 名。第五届于 2018 年 8 月 7 日换届,第五届会长张炯辉,副会长张启基、吴亦强、张文清、陈城炉,秘书长吴亦强,常务理事 3 名,理事 39 名。职能主要有:开展全县老区革命遗址、遗迹普查,并进行名称刻石和立碑;普查增补“五老”及其遗偶遗

属，按国家规定标准给予生活补贴和补助；围绕老区经济发展项目和路、水、电、通信、广播电视的“五通”状况进行调查研究，协调有关职能部门逐个落实解决；对于涉及面较广的问题，将调研形成书面材料向县领导呈报或提出建议，作为县领导决策参考。

三、云霄县闽粤赣边区革命史研究会

1997 年 7 月成立，会员以边区老战士、离退休干部和热心革命史研究人员组成，共 120 多人。研究会设理事会，有会长、副会长、秘书长、常务理事、理事，共 15 人。至 2017 年历 4 届。组织开展县内外、省内外有关闽粤边区、闽粤赣边区革命斗争人与事的面访、电话采访和调查研究活动。先后搜集整理《陈国桢与云霄地下交通站》《神枪何凤》《从侨眷千金到游击队员》《云霄革命先驱陈元宰》《无畏战士潘金德》《为人民捐躯的红军团长张长水》《坪水女杰何两花》《坪水乡苏维埃主席何意》《血染乌山路》等 32 篇文稿，刊载于光明日报出版社出版的《乌山风云》、中央文献出版社出版的《烽火征程》和作家出版社出版的《闽粤赣边区革命故事丛书·血沃杜鹃红》；配合市革命史研究会合作撰写由作家出版社出版的原中共云和诏县委副书记张振福革命回忆录《巍巍乌山战士情》；整理完成边区革命史料计约 40 万字。还组织举行“纪念闽粤赣边区纵队成立48 周年”“纪念乌山革命根据地建立 70 周年”“纪念红三团北上抗日70 周年”等活动。先后向全县各中学和老区小学赠送《血沃杜鹃红》《烽火征程》《乌山风云》等革命书籍 1000 多册，向中小学和有关单位宣讲边区革命史 50 多场次，协助接待和引导省内外老战士及有关单位瞻仰游览乌山革命遗址 10 多批 400 多人次。

下篇

保护革命遗迹　弘扬老区精神

1879 年，近代著名爱国民主革命烈士秋瑾在云霄出生和成长。国内革命战争年代，云霄人民为反抗日本侵略和摆脱剥削压迫，争取自由解放，进行了长期艰苦的斗争，留下很多革命胜迹。革命文物遗址为党史整理与研究、旅游开发等提供了珍贵的资料和依据。

第十二章　革命遗址和文物的调查与保护

第一节　革命遗址

一、秋瑾故居(出生地)

秋瑾

秋瑾故居

位于云陵镇享堂村紫阳书院，左邻七先生祠。原为清代历任邑宰官邸，木石结构，二进一院，悬山顶，面阔五间，进深三间，面积 350 平方米。清光绪四年(1878 年)八月，秋嘉禾携眷出任云霄抚民厅同知。翌年(1879 年)十月十一日，孙女秋瑾出生于此。

1987 年，县政协在 1961 年对秋瑾出生地(七先生祠)进行考证基础上，证实七先生祠曾是 30 年代中共闽南地委和云和诏中心县委的所在地。2009 年 12 月，福建省人民政府公布七先生祠为第七批省级文物保护单位。

二、红军革命遗址

国农协会培训班遗址 在火田镇大洞朱氏老祖祠。祠堂占地相当于一般祠堂 3 倍。1932 年 2 月初，中国工农红军闽南红军游击司令部司令王占春、参谋长冯翼飞和地方工作人员周木等人在此组织召开农协骨干培训班，参加培训学习的有 500 多人，会期 3 天，会场挂起镰刀斧头的苏维埃大红旗。后曾为农民武装游击队转移的宿营地。遗址保存完好。

饶和埔红军交通站(点)遗址 1928 年，中共饶和埔县委和革命武装为避开闽粤国民党军"合剿"，转移梁山地区，往返开展活动，于 1932 年在下河乡陂下以创办福成昌公司(烧制青灰色瓷碗磁窑厂)和下河港口柴炭转运站为名，设立地下交通站(点)。公司平日由县委书记刘锡三和县委委员张华云以夫妻名义管理经营，筹集革命经费等革命活动。遗址尚存。

饶和埔红军交通站(点)遗址

徐南坑交通站遗址 在火田镇徐南村(林江为交通站负责人)，建于 1932 年。交通站主要接待和掩护经过或在此开展工作的中共漳州县委、靖和浦县委、闽粤边委等工作人员，红三团指战员；组织传递机密文件信息、运送物资进中心苏区和游击区；帮红三团建立临时医疗所、裁缝组等。村里数处活动遗址尚存。

闽粤边沿海岱山交通站遗址　在陈岱镇岱山村大庙。1933年，漳州中心县委派周木等到云霄、漳浦、诏安、东山沿海边界串联，经对“三合会”期间的沿海线点进行疏通，开辟地下交通线。建站后，由东山波恩寺“和尚”陈绍文负责在此联络。后由其儿子陈舜宗以摆小店摊为名接头。是年4月，陈高顺等为交通员，活动至抗日战争期间。遗址保存完好。

坪水乡党支部和苏维埃政府遗址　在马铺乡坪水村。1934年4月，由靖和浦边区苏维埃政府五区常委李若松进村开展工作，建立赤卫队，协助正式成立中共坪水乡党支部。党支部成立后于7月发动农民抗租，8月正式选举成立坪水乡苏维埃政府，坪水、三丘、岭鞍等集会活动的遗址尚保存完好。

坪水乡苏维埃政府纪念碑

红三团北上抗日出发地遗址　在下河乡陂下村。1938年1月下旬，原红三团改编的闽南人民抗日义勇军第三支队在卢胜等率领下于除夕到该村集中，由此出发北上编入新四军参加抗日战争。

闽抗第三支队北上抗日出发地遗址

闽南支队成立遗址　闽南支队成立遗址位于云霄县和平乡通贝村乌山坪水西山岩葱仔寮。1947 年 7 月，卢叨回乌山后，重新担任闽南地委书记。8 月 1 日，在乌山坪水西山岩葱仔寮集训的钟骞支队指战员 30 多人，正式成立中国人民解放军闽粤赣边区总队闽南支队（简称闽南支队）。

闽南支队成立遗址

树滋楼遗址　树滋楼旧址位于和平乡宜谷径作业区内。1936年9月4日上午8时至11日上午9时，被国民党七十五师一个连围攻七天七夜，任凭枪林弹雨，树滋楼人民没有屈服。树滋楼直径50米，高3层12.5米，墙厚2米，楼平面呈圆形，直径50米，周长157米，坡顶。每层都有厅房，共有6厅78房。

树滋楼旧址，位于和平乡宜谷径作业区内

坪坑战斗战场遗址　坪坑战斗战场遗址位于云霄县和平乡桥头村坪坑自然村。闽南支队指战员在此伏击国民党福建省保二总队第二大队大队部和第五中队官兵，大获全胜，闽南支队则无一伤亡。坪坑战斗战场遗址已被开辟为农田和果园，在原址处立了一座纪念碑，碑高1.5米，宽1.2米，正面刻写“坪坑伏击战”。

闽南地委机关遗址　1947年9月始建于乌山鸡笼山，1949年1月迁移至观音座莲，5月搬移至云霄水晶坪西南石门垒，即在云霄境内的云、和、诏三县交会点一处天然深邃大山洞内，至1949年3月间，为中共闽粤赣边区闽南地委（含云和诏县委）机关所在地。山洞保存完好。

闽南地委《前哨报》编印机构遗址　1948年8月在乌山共头里

坪坑战斗战场遗址

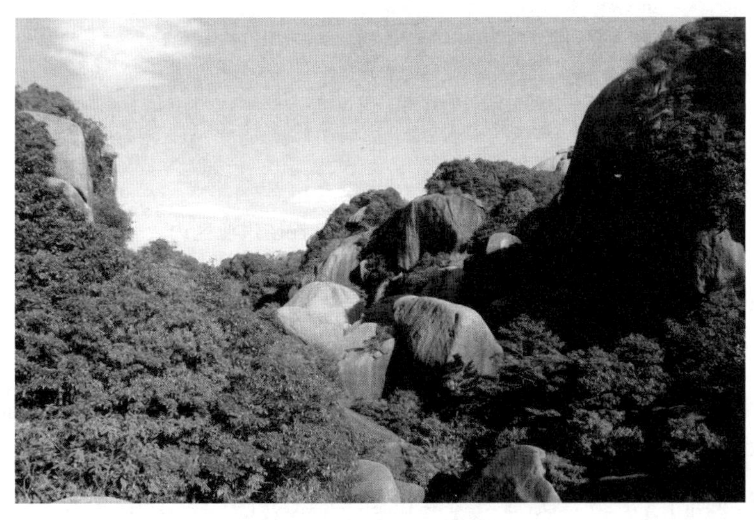

云和诏县委成立地旧址

首次设立地委机关电台，并从南靖树海撤回地委机关报《前哨报》编印机构，11 月 27 日复办《前哨报》。由印尼爱国归侨、中共党员黄立负责党报和电台工作，直至 1949 年上半年。共头里石洞尚保存完好。

乌山共头里中共闽南地委机关旧址

第二节　革命文物

一、红军歌曲

在下河乡顶梨畲村屋内墙上书写着两首红军歌曲及歌谱，一为《山地行军歌》:“我们就是无敌的红军……”，一为《工农筑路歌》:“谁是革命主力军，我们工农兵……”《山地行军歌》落款“永定县十区”，为 1935 年闽西红九团在闽南地区时书写。

二、红军标语

在和平乡甘埔村一座房屋的白灰前墙上，有“一切不愿当亡国奴的人们，起来当义勇军!”“拥护北上抗日义勇军!”等标语 11 条，落款“中国抗日义勇军”，为 1936 年住此屋内的中共云和诏县委世吉区区委书记文阿业所书。当时驻乌山的闽粤边红军独立营番号为闽粤边红军抗日第一支队，并发动群众成立抗日义勇军大队。

三、烈士碑墓

抗战将士阵亡纪念碑 碑建于1945年，位于中山纪念堂之前广埕，即云平路中段。四方塔形，底座数层台基，高4米多，四面各宽2米多。碑体下宽顶尖，水泥与砖结构，四面直排楷书凹塑魏碑体“抗战将士阵亡纪念碑”，字径40厘米。90年代在建设云平路时被拆除。

东山保卫战烈士墓 分别在献宝山、陈岱、常山3处。献宝山烈士墓，在镇城南；陈岱烈士墓，在岱东村东北即云霄县第二中学附近山丘；常山烈士墓，在场部的双山上。以上均为1953年7月16日东山保卫战牺牲烈士墓葬，灰砖结构，均保护完好。

云霄烈士陵园 在云陵镇南隅（即献宝山烈士墓）。其中安葬1953年牺牲于东山保卫战中的中国人民解放军二五三团和中国人民解放军八十团烈士。墓占地面积2500平方米，依坡纵向横排建造墓墩，连成长方形灰面结构，墓周水泥栅栏，墓前留进出口，墓后贴墙石刻：“烈士们永垂不朽”。墓前出口旷地建烈士纪念塔，高7米多，下沿宽1米见方，四角形灰砖结构。纪念塔分上下段，下段两层台砥，上镶石刻“烈士纪念碑”，并列落款为“中共云霄县委、云霄县人民政府”；上段高5米多，塔身四面直排凹塑“烈士们永垂不朽”，周围筑护栏。1978年，在烈士墓后山上增建一座六角形纪念亭，周围沿6根水泥柱筑栅栏，前后门对开，亭内设石圆桌和石横条椅。亭宽24平方米，高至檐下3米多，琉璃瓦六坡顶高一米多。1995年，又利用纪念塔前旷地1000多平方米增建一座纪念亭，在其东向云漳路大街建一大门，横额为“云霄烈士陵园”6个镏金大字。进大门后为新建纪念亭，底宽3.9米，高4.2米，由6根水泥柱形成六角状，琉璃瓦顶，与烈士墓后山上纪念亭对应。亭内树“云霄烈士纪念碑”一方，一面刻碑文，一面刻卢胜将军题字：“乌山松柏长青 烈士永垂不朽”。向内一清水池，折转曲桥跨池而过，池边垂柳成荫。烈士陵园聚纪念文物与游览胜地为一体。

汤铭盘墓　在列屿镇白衣山上。汤铭盘于1918年为靖国军营长。是年8月，闽浙联军攻打汕头失败，汤铭盘与李世藩等退至东山岛，后奉令离境。1923年7月17日，汤铭盘在参与广东革命军于饶平浮山指挥征讨陈炯明叛军的作战中牺牲，初葬于浮山，后迁葬故乡列屿，广州大元帅府追认其为陆军中将。

陈元宰原葬墓　在献宝山东坡。1931年，陈元宰在厦门从事中共福建省委地下工作，先后任厦门中心市委常委、漳州特行委书记、连江中心县委宣传部长等职。1939年病逝，葬于漳浦县城附近。1957年，迁葬家乡云霄城南献宝山。1990年，遗骸经遗属火化后，骨灰安放于漳州市烈士陵园。

卢叨墓　在和平乡乌山水晶坪坑仔尾村后山坳间，地名共头里，原中共闽南地委机关驻地前方。新中国成立前，卢叨在乌山打游击，任过中共闽南地委书记。1993年11月16日逝世于福州，终年79岁。按其生前嘱咐葬于此山坳，占地30多平方米，四周山冈石林丛立，庄严壮观，墓墩前竖一石碑，正面刻“卢叨之墓”，背面刻其生前所作诗一首，云：“万物生死一律同，清流骨灰两相逢，燕凝愿随东海水，化作彩虹展长空。”

第三节　纪念场所的建设

（一）乌山闽南老游击队员之家

在原中共闽南地委机关驻地乌山共头里。2001年3月建，占地面积206平方米，建筑面积272平方米，内设革命历史文物展厅。展品有闽粤边红军独立营军号、原中共闽南特（地）委书记卢叨革命战争年代的笔记、《机关夜月图》（国画），卢胜将军20世纪60年代用过的钢盔、圆珠笔，永春县“功勋车”（LD牌自行车，时永春县属闽南地委领导范围，1949年冬，永春县游击队攻入县城缴获该自行车）等革命文物。2007年1月，由省政府批准为国防教育基地。

闽南乌山老游击队员之家

(二)中共闽南地委机关旧址

中共闽南地委机关旧址位于云霄县和平乡通贝村乌山共头里。

闽南地委下辖中共平和县委、中共诏安县委(原云和诏县委)、中共靖和浦县工委、中共永和靖工委、中共漳南工委、闽西南白区共产党组织、中共安南同县工委、中共安溪中心县委等;人民武装力量发展为5个团,2个独立大队及云和诏、永和靖、惠安、泉州工作团计6000多人枪。闽南地委刚成立时,驻地设在乌山人床石,1946年12月转迁南靖树海,1947年下半年迁回乌山人床石,后迁至观音坐莲,再后迁至共头里(今卢叨墓所在地)。1949年3月转迁树海,同年8月迁南靖县水潮地区,漳州解放后迁入漳州城。1996年,云霄县人民政府在乌山下的和平乡兴建乌山革命纪念馆,同时对原地委书记卢叨住所、电台室、前哨报社、军械处、伤兵处以及雷公陂地雷战和坪坑伏击战旧战场等当年乌山游击队生活、战斗的场所凿刻标志,供群众参观敬仰。2000年,云霄县委投资10多万元对纪念馆进行修葺、整理,开辟了老游击队员之家暨乌山革命历史陈列厅。

闽南地委机关旧址(含乌山革命纪念馆、天然石洞等)占地面积7000平方米,共设3个展室,展出图片1000多张,实物100多件,主要内容为红三团、红九团、独立营和闽南支队等在乌山开展艰苦卓绝斗争的大量革命史料、文物、图片。

乌山革命纪念馆

乌山革命纪念馆于1985年6月被云霄县人民政府公布为云霄县文物保护单位，2009年12月被福建省人民政府公布为第七批省级文物保护单位，2003年10月被中共漳州市委、漳州市人民政府公布为市级爱国主义教育基地，2007年11月被福建省人民政府命名为福建省国防教育基地，2007年12月被中共福建省委、福建省人民政府公布为福建省爱国主义教育基地，2010年6月被中共福建省委党史研究室公布为福建第一批党史教育基地。

（三）仙石小学乌山革命史展览室

位于下河乡仙石村的仙石小学，有中共云和诏县委第四游击大队枪支、土炸炮、挂包等革命文物。

（四）龙透村党支部

1936年11月成立，全村300多人口有200人被捕，但没有一个人叛变失节，没有一人脱离组织，一直坚持到革命胜利，堪称红旗不倒的战斗堡垒。

（五）坪水乡苏维埃政府纪念碑和展览室

坪水乡苏维埃政府纪念碑位于云霄县马铺乡坪水村。1934年

4 月，在此成立中共坪水支部。8 月，领导农民在坪水楼成立坪水乡苏维埃政府，在云霄县竖立起第一面红色政权大旗。2009 年 8 月，云霄县人民政府在马铺乡坪水村建立了坪水乡苏维埃政府纪念碑。

坪水乡苏维埃政府纪念碑整体以党旗的造型设计，高 3.4 米，宽 2.2 米，中嵌朱红磨光装饰岩石，正面镌刻镰刀斧头图案和“一九三四年坪水乡苏维埃政府纪念碑”金色大字，背面刻写坪水乡人民革命斗争史实。纪念碑左侧建有展览室。

（六）梁山根据地中心村旧址纪念亭

在云霄县东厦镇荷东村梁山水库管理处。纪念 1934 年初，红三团张长水率部转战梁山西侧，留一个排开辟新区的革命历史。

（七）云霄人民革命斗争纪念亭

在后汤村献宝山烈士陵园前。1995 年由中共云霄县委、县人民政府建。亭内立碑，有卢胜将军题词及云霄人民革命历史简介。

（八）陈元宰烈士纪念亭

在乌山腹地，陈元宰于 20 世纪 20 年代参加革命，后病逝。1957 年，由福建省人民委员会追认为烈士。2006 年 9 月，由陈元宰女儿陈甦、儿子陈哲承及和平乡出资兴建纪念亭，亭内正面刻有“忠心耿耿浩气长存”，背面刻有烈士生平。

第十三章　文字著述

第一节　党史研究与整理

一、专题研究

1961年春，设立中共云霄县委党史办公室，1962年夏撤销。1982年8月，重新设立中共云霄县委党史资料征集办公室。1986年11月，改称中共云霄县委党史资料征集编纂委员会。1987年10月，又改称中共云霄县委党史工作委员会。1989年8月，再改称中共云霄县委党史研究室。2019年12月，改称中共云霄县委党史和地方志研究室。

从1961年春至1962年夏，对中华人民共和国成立前云霄革命斗争较活跃的地区，如火田公社的徐南坑、瓦窑坑、古楼、圆峰、白石，下河公社的仙石、梅林，和平农场的水晶坪、顶下半坑、安吉，马舖乡的坪水、杨美、宝石，常山农场的楼仔岭、白狗洞、白水礤、丝竹洋、官宅等村开展调查，征集到许多翔实的第一手材料，并以乡或村为单位进行整理。

1982年8月至1992年底，对中华人民共和国成立前云霄境内革命斗争情况尤其是乌山地区情况，再次深入调查和整理，编纂出版《云霄党史资料》第一辑至第五辑，1992年4月编成《云霄人民革命史》，由厦门大学出版社出版发行。

1993年，党史征集、研究重点转入社会主义时期，完成《云霄县社会主义时期党史大事记》初稿。1994 年 5 月，出版《云霄党史资料》第六辑《云霄县社会主义时期党史大事记(1949 年 10 月至 1980 年 12 月)》。

1995 年，制订并着手实施“党史科研六年计划”(即每年完成 2 个重大党史征研课题，至 2000 年完成 12 个专题，争取 2001 年完成《云霄县社会主义时期党史》)。当年，完成“云霄农村变革(1979—1994 年)”专题和“云霄城市接管和社会主义改造(1949—1952 年)”专题。1996 年完成“云霄城市改革(1979—1995 年)”专题和“云霄县国民经济调整(1960—1965 年底)”专题。

1997 年，开展“云霄县拨乱反正”专题研究，编写《摆脱“左”的束缚，探索云霄振兴之路》专稿，入编《漳州拨乱反正》专辑；同年夏开展“云霄县农业合作化运动”专题研究，编写《组织起来，全面实现农业合作化》专稿，入编《漳州农业合作化运动》专辑；搜集整理原王涛支队第四大队大队长连大汉烈士史料，撰写《连大汉献身泗近塘》，入编闽粤赣边区革命故事丛书之《血沃杜鹃红》第三辑(作家出版社出版)。

1998 年，开展“云霄县‘大跃进’运动”专题研究，编写《痛定思痛再反思》专稿，入编《漳州“大跃进”运动》专辑；搜集整理潘金德烈士和云霄县武工队革命斗争史料，编写《无畏的战士潘金德》和《威震敌胆的云霄武工队》，入编革命斗争故事丛书之《烽火征程》。

1999 年，开展“云霄县社会主义市场经济体制的探索与构建”专题研究，编写《在改革中求发展》，入编《漳州社会主义市场经济体制的探索与构建》专辑；收集整理和平乡乡长曾潮州为抢救落水学生而牺牲的事迹，撰写《曾潮州》，发表于《福建省革命烈士传》(第十三辑)；《人民的好乡长曾潮州》，入编大型纪实文集《历史的足迹》。

2000 年，开展“新时期云霄农村变革”研究，编写专稿《深化农村改革，加快发展步伐》，入编《漳州新时期农村变革》专辑；编写《红军奇袭云霄城》《水晶坪大捷》和《峰头水库的建设与库区开发》，入编市委党史研究室迎接中国共产党成立八十周年献礼专集《八十春秋党旗红》。

2016年，按照中央党史研究室统一部署，着手进行改革开放史的研究，重点研究“新时期农村变革”和“新时期城市改革”两个课题。

二、其他编研

2001年，搜集整理省政协原副主席（解放战争时期闽南特委书记）卢叨1958年、1959年（时任福建省委宣传部副部长兼省委党校副校长）到云霄检查工作有关纠“左”的言行史实，编写《卢叨在云霄的两次纠“左”努力》（发表于《福建党史月刊》）和《浅析卢叨的思想作风和工作作风》（入选“2003年漳州市加强和改进党的作风建设理论研讨会”论文集）。同年，《泗近塘红军训练营地》等17幅照片入选《闽南革命史画册》。

2002年，搜集整理陈元辛、何两花、陈国桢、连大汉、文阿业、许大贵、潘金德等烈士事迹，编写《鞠躬尽瘁，默默无闻》《豆蔻年华写青春》《矢志不移，奋斗不息》《喋血泗近塘》《贫苦农民的贴心人》《胸怀大志，腹有良谋》《血洒桃仔寮》等革命史料，入编《为了崇高的信念》一书；搜集整理新中国成立后曾在云霄任职的23位处级以上干部履历资料，入选《中共漳州党史人物》，三位正厅级传主入选《中共福建党史人物》。

2003—2004年，编写《云霄县农村党支部三级核心网络建设》，入选《漳州党史特色专题研究》。2005年，着手整理1949年10月至1978年12月党史专题史料，启动《中共云霄地方简史》的编撰工作。2006年，撰写《厦门、漳州早期党的领导人陈元辛》《抗日时期福建省云霄县人口伤亡和财产损失调研报告》。

2013年，出版《中共云霄地方史大事记（1949—1996）》，征集和整理云霄县历届党代会资料，为来访的老地下党员、老红军、老接头户的家属提供有关历史史实和有关政策，配合中共福建省委党史研究室完成“中国红色旅游指南”丛书编撰工作，提供相关素材，完善该卷红色旅游地图目录。

2014年，参加漳州市闽粤赣革命史研究会举办的纪念闽粤赣特委、靖和浦苏维埃政府、芗潮剧社成立80周年会议，提交论文《靖和浦县委与云霄县坪水乡苏维埃政权的成立》。论文《乌山革命精神的内涵》刊载在漳州市闽粤赣革命研究会刊物《火花》2014年第1期。

2015年，论文《抗日战争时期乌山地区的斗争》入选抗战胜利70周年理论研究会优秀论文。2016年，参加漳州市委党史研究室、市委党校发起的纪念红军长征胜利80周年活动。

继续推进《中国共产党云霄历史（1949—1978）》的撰写进程。该书已完成第二编《社会主义建设在探索中艰难前行（1956—1966）》、第三编《“文化大革命”的动乱（1966—1976）》、第四编《在徘徊中前进和伟大历史转折（1976—1978）》。第一编《社会主义制度建立（1949—1956）》，因部分章节缺失重要史料，正在多方搜集，拾遗补漏。

2016年，出版《福建中央苏区纵横——云霄卷》，由中共党史出版社出版，该书是近年来党史研究的最新成果，收录了在申报中央苏区县工作中征集的苏区史料。

附：党史研究书目

一、文字书目

《云霄人民革命史》 中共云霄县委党史研究室编（陈旺杰、方水生主编），厦门大学出版社出版（1992年4月）。

《中共闽南地方史》 中共漳州市委党史研究室编（陈方主编），中央文献出版社出版（1995年8月）。

《乌山风云》 中共闽粤赣边区党史编室领导小组编（陈方、丘兰生主编），光明日报出版社出版（1996年7月）。

《漳州革命老区史》 漳州市老区建设促进会、中共漳州市委党史研究室、漳州老区建设委员会办公室编（何池主编），中央文献出版社出版（2010年10月）。

《乌山情——卢叨诞辰百年纪念》 韦立、杨涛、曾一石编，香港天马出版有限公司出版（2013年）。

《福建中央苏区纵横（云霄卷）》 中共云霄县委党史研究室、云霄县革命老根据地建设委员会办公室、云霄县老区建设促进会编，中共党史出版社出版(2016年12月)。

二、画册书目

《闽南革命史画册》 中共漳州市委党史研究室编(巩玉闽主编)，中央文献出版社出版(2001年5月)。

《漳州市革命老区历史纪念物》 漳州市老区建设促进会、漳州市市委党史研究室、漳州市老区办公室编(编委会主任黄长茂)(2009年9月)。

《纪念建漳1330周年美术作品展览作品集》 云霄县文化馆、云霄县美术协会编(2016年1月)。

《钟灵毓秀·生态东厦——笔墨深情作品集》 云霄县东厦镇人民政府、云霄县政协元光画院、云霄县政协漳江诗社合编(王彩云主编)，东方艺术研究院出版(2018年12月)。

《胜景云霄(福建省山水画名家作品集)》 福建省美术家协会、云霄县人民政府编(2019年1月)。

第二节 地方史志编纂与研究

一、地方志整理与编写

清嘉庆以前，云霄分属漳浦、平和、诏安等县。嘉庆三年(1798年)建云霄厅、民国二年(1913年)建云霄县后，始有云霄厅、县志。

(一)云霄厅志

清嘉庆十九年(1814年)十月，云霄厅同知薛凝度(无锡人)捐金400多元倡修《云霄厅志》。次年正月，薛调署鹭门(今厦门)，将修志事嘱云霄岁贡生、义学山长吴文林。嘉庆二十一年四月，薛回任云霄，参与修订，同年十一月告成。该志主修薛凝度，纂修吴文林，采访生员蔡云，全志设20卷，版面24万多字。该志今为孤本，藏于北京图书馆。

1935年初，县长雷寿彭（宁化人）倡议增订重刊《云霄厅志》，推荐方圣徵（民国初年国会议员）、陈嘉臧（全国师范学堂毕业）负责搜访缺残，雠校旧著。当年6月完成，印刷400套。

（二）民国《云霄县志》

1946年秋，县长徐文炳（湖南湘阴人）倡修《云霄县志》。9月，县成立修志委员会，设修志馆，徐兼任馆长，聘请龙岩郑丰稔（笔山）为修志馆总纂，以陈嘉臧为襄助，周凤翔、石正为协辑，计设大事、地理、典礼等22卷及卷末，字数约28万字。

（三）新方志编纂

1984年，县成立地方志编纂委员会，由县长兼任主任，下设办公室，为临时修志机构，进行新中国成立后首次修志工作。1999年12月，新编《云霄县志》由方志出版社出版发行，全书分上、下两册，共213万字。新编县志上溯云霄历史渊源，下止于1996年。2008年8月，根据福建省地方志编纂委员会部署，启动云霄县第二轮修志工作。为前志之续修，并对前志进行补遗与勘误。由县长兼任主任，下设总编室，由方志委主任兼任主任。2015年9月，由方志出版社出版《云霄县志（1997—2006）》，编纂机构与1999年版《云霄县志》相同。

（四）旧志整理出版

云霄旧志有清嘉庆版《云霄厅志》（北京图书馆藏孤本）、民国二十四年增刊本《云霄厅志》、民国三十六年版《云霄县志》。2005年，县人大常委会主任张小梅、副主任陈耀国发起组织旧志整理出版小组，由云霄师范学校高级讲师吴鼎文点校，出版《云霄厅志》和民国《云霄县志》，两志各印600册。

（五）持续做好近年修志编鉴工作

2007—2017年点校出版清嘉庆《云霄厅志》、民国《云霄县志》，地情书《云霄客家民谣》（内附云霄土楼寺庙调查和《云霄谱牒辑要》）、《长发陷云纪略》《梅月诗卷》《巨贾春秋》《张贞一生》《刘文英诗选》等。2014—2018年，持续做好云霄年鉴编纂工作，每年编纂一本，约 40 万字，公开出版。2019 年 5 月，由云南人民出版社出版《云霄名特产志》。2014—2019 年，县方志委还为《福建年鉴》《漳州年鉴》《漳州市志》《漳州名特产志》《漳州地名志》“闽南金三角丛书”《福建家训》等书的编写提供资料。

二、开漳史研究

1995 年 3 月，成立县开漳历史研究会。2006 年 5 月换届，更名为县开漳历史文化研究会。至 2016 年先后撰写出版《开漳圣王陈元光与云霄》《开漳圣王文化节论文汇编》《陈元光与开漳圣王文化节》《开漳史参考资料》《开漳历史文化交流》《龙湖集笺注》《将军山与将军山公园》《将军山公园将军书法集》《将军山公园将军名人书画集》《将军山公园军旅书法家作品集》等论文、资料、书刊。2012 年，由陈振权主编的《燕翼宫》出版，县委书记陈水树作序。2014 年 6 月，陈振权主编《龙湖集》出版，县长王金狮作序。2019 年 3 月，汤毓贤著《开漳圣王传》出版。

第十四章　红色旅游的开发

第一节　秋瑾故居

秋瑾故居位于云陵镇望安山下西侧，江辉路口“紫阳书院左邻原七先生祠”。清光绪四年(1879年)，浙江绍兴阴县恩科举人秋嘉禾(字露轩)到云霄厅任同知(在云霄顶关帝庙，存留秋嘉禾“圣不可知”的题词横匾)。冬至后，第三次参加春闱落第的儿子秋寿南(字益山，号星候)也偕夫人单氏举家南来，在原来奉祀御患兴文、惠政于民的明清名宦“六先生”牌位的紫阳书院学舍陪伴父亲，次年十月十一日，单氏得一长女，取名闺瑾，乳名玉姑，她就是近代著名爱国革命烈士秋瑾。光绪三十一年，她以光复会员身份加入同盟会，为浙江主盟人。1907年，回故乡绍兴主持大通学堂，在和畅堂联络金华、兰溪仁人志士组织光复军，准备皖、浙两省起义。七月，徐锡麟枪杀安徽巡抚恩铭事泄，秋瑾在大通学堂被捕，面对绍兴知府提审，她写下“秋风秋雨愁煞人”诗句，坚贞不屈，于7月15日就义于绍兴轩亭口，时年31岁。1913年孙中山曾到位于杭州西湖的秋瑾墓祭奠，称赞她为“巾帼英雄”。

秋瑾在紫阳书院里随学子们读书习文，学诗写字，深受书院学习环境的启蒙和熏陶，度过一段宝贵的童年时光。秋瑾是一位琴棋书画皆能的大家闺秀，其诗文缘于其母亲，安徽候补县丞单良翰长女的教益，而书法底蕴则得到祖父秋嘉禾的真传。2014年2月10日，全国人大原副委员长彭佩云为秋瑾故居题词。2017—2019年以保持原貌为原则进行修复。

第二节 乌山景区

一、闽南革命根据地——乌山

乌山位于云霄县境西部，主峰西山源海拔1117米，距县城30公里，连绵云霄、平和、诏安三县边界，核心景区3.8平方公里。乌山巍峨挺拔、层峦叠嶂，奇峰、异石、幽谷、曲洞、碧水、云海等自然景观奇特，炎夏气候凉爽，为避暑胜地。它又是著名的闽南革命根据地，为一处集自然景观与红色旅游为一体的重要旅游景区，被誉为"闽南的井冈山"。

自然景观 有可容纳2000人站立的巨石，人称"龙床石"或"人床石"，有深不可测的石井，有盘曲蜿蜒的巨石堆砌而成的天然石洞，更有高耸入云、直冲苍穹的"笋石"，还有"八仙过海""雏鹰待哺""独占鳌头""猴象接吻""大圣升帐""乌龟探井""长剑横空""鲤鱼跃龙门""一线天""金钟罩"等奇峰异石，构成一幅巧夺天工的天然景观。有位于群峰之间的"天池"，水域面积26.6万平方米，水清如玉，清澈透底，周边多峰，"太极仙翁""石猴望月"等怪石栩栩如生，巧夺天工。方圆79公里为森林公园，植被丰富，为天然氧吧。

红色史迹 乌山为革命战争年代中共闽南地委机关所在地，主要革命遗存有石门垒(共头里，原闽南特委机关旧址)、军械所、印刷所、伤兵处、交通点站、秘密通道等10多处遗址以及原闽南地委书记、福建省政协副主席卢叨的陵墓。2001年在乌山共头里建"闽南乌山老游击队员之家"(云霄乌山革命纪念馆)，为省爱国主义及国防教育基地。馆内陈列革命战争年代的各类文物。2006年，在共头里建陈元宰烈士纪念亭。

1997年，县财政对乌山风景区投入7400万元，用于建设通景区的公路30公里，景区内的人行道、停车场、护栏、石阶等配套设施，纪念馆与革命遗址维修。乌山脚下通贝行政村人口885人，有4个自然村，都是老区基点村，通贝（水晶坪之一）是离乌山共头里最近的自然村，2018年全村120户500多人。改革开放以后，乌山风景区的开发给通贝老区人民带来富裕的福音，全村有30多人家到共头里做起贸易。村里村民合伙在共头里免费停车场旁边建起第一家饭店——思源饭店，村民还合伙办起第二家饭店——红军饭店，让旅客吃上当年红军吃过的野菜、地瓜、番鸭等。一些村民办起老区农家小吃，有萝卜粿、蒜仔粿、油葱粿、粿条、熟鸡蛋、锦煎、甜粿、分层甜粿等。还有经营乌山山货、土特产。张元镇是一位30岁初中毕业的小伙子，本来在外地打工，看到乌山的开发，他在共头里办起“乌山印象富硒特产”商店，经营枇杷制品、茶叶、中药材、水晶奇石、果蔬、蜂蜜和旅游纪念品。为了外地游客方便，他还把一些乌山的特产药材切成薄片，制成小包装，并做起电商，快递全国各地。2018年秋天，他两次接待过上乌山瞻仰父亲的陈元宰之女陈甦及妻侄女缪宜惠和陈甦的两个儿子。大家共叙缅怀二三十年代陈元宰烈士的英雄事迹。

二、“闽南的小布达拉宫”福建省特色旅游景观名村——和平乡棪树村

乌山脚下的和平乡棪树村，既是老区建制村，又是老区基点村。棪树村民俗文化底蕴丰富，有“上刀梯”“趟火海”“捞油锅”“坐刀桥”等民俗活动，棪树村建立明煌枇杷种植基地，采取“特色农业+生态游”模式，投资3500万元，完成了2公里的木栈道铺设及其路灯安装，基础、钢构建设，1.5公里的园区鹅卵石漫道铺设等。站在远处眺望棪树村，像是西藏的布达拉宫，因此棪树村也被称为“闽南的小布达拉宫”。

2016年，明煌枇杷种植基地推出果树认养活动，“认养”投资每棵树2800元，协议5年内果树“主人”每年可以领取40斤枇杷鲜果、一斤枇杷花茶和一斤枇杷叶。领养人还可以带领家人及子女，不定期到果园为果树浇水、施肥、铲草、采摘、拍照。上海的蒋先生、

江苏的伊女士，还有一些远在英国、加拿大的外宾也来认养、休闲。在枇杷园栈道上，还有村民办的红军食堂接待外地来的游客。

三、悠悠桃源内洞村

内洞村是云霄上乌山的必经之地，国家级经典景区。离中共闽南特委机关所在地非常近，是老区基点村，革命战争年代这里是乌山革命根据地的前哨阵地、交通要道。位于村口松树边下的三板桥，是当年红军放哨的地方，村内的红军会议室和器械仓库及保存完好的条石小道，见证了那段浴血的峥嵘岁月。在这里的村民大多种植青翠的竹子、甜蜜的枇杷和珍稀的观音串。2016 年，与棪树村整合建设十八大潭溪景观栈道，经村而过的西溪发源于乌山山脉，溪水开始好像一条沉静绵长的玉带，渐渐仿佛变成舞者手中飘动的白丝绸，奔腾着、跳跃着，形成了跌宕起伏的滑瀑、叠泉与深潭，水质清澈，沿途风光秀丽，全程数公里，拐过十多个弯，在十八个潭中穿梭而行，迂回流连，两岸怪石崎岣，滩奇水异，惊心动魄，飞瀑与流泉连绵起伏，熔岩共峰林交相辉映。加之内洞村海拔高，气候十分凉爽，大有“六月长廊不知暑，飞泉终日响潮音”的意境。村里还在山脚下办起一所餐馆，方便游客。2015 年 8 月，内洞村经国务院扶贫办和国家旅游局遴选入选首批国家旅游局扶贫试点村名录。

四、福建省特色旅游景观名村——和平乡桥头村

桥头，乌山的桥头堡，乌山的大门，在那艰苦卓绝的年代，桥头革命老区人民前赴后继，英勇牺牲。因其丰富的革命史迹，悲壮的革命史诗，2011 年桥头村荣入“全国红色旅游经典名录”。

桥头村山高地僻，自然景观奇丽，乌山峰高千仞，石林耸立，集泰岳之雄伟、华山之俊俏、衡岳之烟云、峨眉之清凉于一体。桥头有楼仔口瀑布、青云楼景观。青云楼住着八旬以上老人 30 多位。桥头村是远近有名的长寿村，也是云霄为数不多的客家村。青云楼是客家村独特的建筑形式——土楼。

第三节　下河景区

一、中共云和诏县委机关旧址——七高磜

从下河乡车圩村的燕翼楼门前山道转过146个弯到达路的尽头，就是革命老区海拔508米的古村落七高磜。

灯尾乌山与魁扇尾崇尖紧紧连着大崇大草山，巍然屹立在七高磜村的西边，海拔986米，是云霄县下河乡境内海拔最高的地方。山上千岩竞秀，万壑争流，林涛竹海，云蒸霞蔚，是一片保持完好的生态林。这里曾经是革命战争时期红军游击队的宿营地、练兵场以及后方医院。一条溪流源于大山之上，从山峰上的湖口奔流而下，形成多个瀑布奇观后，蜿蜒流经七高磜村中央，然后又飞流直下，又形成多个气势更加磅礴的瀑布，然后缓缓进入梅林村地界，向东奔流而去。

七高磜村在流泉飞瀑边新修了栈道，有安全的扶梯，指路牌和停车场，修建了村民活动中心，开辟了三个小公园，村部有古老的祠堂，陈列一幅幅年代久远的照片，这是七高磜的历史记忆，1933—1937年这里曾是中共云和诏县委机关的旧址。

二、文化旅游胜地——下河乡

下河乡气候温和、物产丰饶、人杰地灵、民风淳朴，素有云霄西面宝地之称。内龙陶淑楼、霞河古城堡、云霄霞美庙、坡兜村交椅楼、三星村高隐寺、仙石村甲溪庵、仙石小学乌山革命史展览馆等古迹引人入胜。坡兜畲族文化、三星村客家文化及市级非物质文化遗产——内龙村“三山国王”的“走王”赛会民俗活动尤具地方特色和民俗特色。同时，下河乡利用五斗山、东坝自然生态环境，结合下河杨桃产业基地，多次举办下河杨桃欢乐采摘季活动，下河村是全国一村一品示范村，全村种植杨桃200多公顷。

第四节　马铺景区

一、1934年中共坪水乡党支部和苏维埃政府旧址——坪水村

坪水村山清水秀，生态环境优美，这里有1934年4月成立的中共坪水乡党支部和苏维埃政府遗址，有纪念碑、烈士墓和坪水人民革命斗争史展览室，这里又是革命教育和爱国主义教育的基地。

二、马铺乡生态旅游路线

马铺乡"游水坪、看土楼、赏花卉、吃淮山、走美丽乡村"的红色之旅，充分发挥资源优势，深度融合农旅发展，完善龙镜千亩金竹柏休闲旅游观光园一期建设，培育百草园特色养生游项目，综合开发坪水"苏维埃政权"红色旅游项目，加快推进杉脚村"满山红"休闲观光园等10多个农业休闲旅游观光园建设步伐。

三、磜头百草园

坐落于马铺乡磜头村，是云霄首家把中草药种植生产和生态旅游有机结合的休闲观光园，观光园规划建设中草药、药材橙、神秘果种植基地一期86.67公顷，二期53.33公顷，配套建设药浴保健室1000平方米，建设旅游接待木屋1500平方米，打造集郊游休闲、避暑修心、中草药特色养生于一体的体验游景区。2017年6月被漳州科协授牌为"漳州市科普教育基地"。

四、水上渔乡——龙镜村

龙镜村有香客云集的明太平庙和油坑庵、全省最大的金竹柏休闲观光基地、品淮山十八道美味的淮山美食体验馆，泛舟峰头水库还可以一览"漳州小三峡"。

五、醉美宝石村

宝石村位于峰头水库边，文化景观、旅游资源高度富集，闽南特色村居、土楼建筑群、云山居士林太师公讲学遗址、油菜花基地、森林文化公园、蝙蝠石公园、霞城古桥等人文景观星罗棋布。

第五节　火田景区

火田镇位于云霄东北部，是唐代漳州郡治所在地，这里有陈政、陈元光父子率领军士在漳江上游建造的火田溪和瑞堂溪两座“军陂”（有碑记存于火田庙中和陂左山坡上）。国道324线贯穿腹地16.7公里，漳江流经该镇连接东海，水陆交通便捷。盛产的荔枝、香蕉、枇杷、青枣等名、优、特水果享誉省内外，素有“水果之乡”美称。

一、生态白石·休闲宝地

白石村位于火田镇北部，与平和县接壤。由5个自然村组成，其中水沟头自然村是老区基点村，全村300多户，人口1344人。这里山清水秀，风光旖旎，气候宜人，是发展生态休闲旅游山庄的宝地，2012年10月，白石村被福建省环境保护厅评为福建省生态村。白石村具有优质的大气资源、水资源，森林茂密，物种多样；人文旅游资源丰富，有古朴的建筑，绿油油的茶园，红三团革命足迹，淳朴的民风，独特的酒文化、茶文化。

白石村四面环山，东北面的大茂山是云霄四大名山之一，以前叫大帽山，海拔1080余米。该山森林茂密，物种丰富，有柯树、樟树、板藤、相思树、古松柏、野生古茶等。北面有佛峰山，正看像尊佛，侧看如将军骑马，神采飞扬。佛峰山半腰上有座佛峰庙，从佛峰庙向外看，层峦叠嶂，形态不一，各具特色。如有座山峰像“凤凰”，当地人叫它“公鸡山”。时有淡淡云雾环绕，美妙绝伦，让人感觉如入人间仙境，令人胸怀旷达，神思逸飞，超然脱俗。

白石村有4座年代久远的“圆楼”，土木结构，瓦顶，风格古朴。保存较好的店仔圆楼，有上百年的历史。

白石村民普遍高龄。全村65岁以上90人，其中，80岁以上38人，90岁以上4人。

二、古楼村·徐南坑飞瀑

古称飞泉，在火田镇徐南坑村附近，有“礤公”“礤母”2处，源自松仔鞍白鹤岭，经笔架山悬崖坑口急坠而下百米于溪谷，淙淙飞溅，宛若轻纱薄绡飞挂空中。飞泉以内有石崆深洞，可探幽于其洞中，夏凉冬暖。30年代，红三团曾设临时医疗所于洞中。

第六节　东厦景区

一、梁山旅游

新中国成立后，在火田镇岳坑村和东厦镇荷东村的梁山山脉建设水库，在梁山水库管理处，有三四十年代梁山根据地中心村旧址(1995年建纪念亭)，1964年建水库前，梁山靠荷东村处有“大礤飞瀑”的瀑布景观。

大礤飞瀑，古志书谓“会稽之南罗浮之北，中有大梁山神仙宅，瀑流泻下银河数千尺”。神仙宅，传为东晋葛洪仙人炼丹经过歇居处。泉瀑往西南倾泻溅流，其势壮观，于山下六七公里处可见银白色飞瀑泻入梁山礤港，数公里内皆可闻其轰鸣声，自古以来文人墨客为其赞叹不绝。宋代蔡瑗诗云：“瀑流千仞挂长虹，泻下银河数千尺”。这里也留下了当年红三团红军战斗的足迹，而今库区一片汪洋，也是生态旅游的胜地。

二、春暖云霄·快乐采摘

2019年2月23日至3月1日，中共云霄县东厦镇委员会、云霄县东厦镇人民政府主办，中共云霄县委宣传部指导，举办东厦镇佳洲岛“番茄快乐采摘周暨钟灵毓秀、多彩东厦文化节”。革命老根据地梁山脚下，鼓舞齐动，建成多彩许愿长廊、多彩东厦风车大道、多彩东厦美食一条街、多彩东厦农产品展示区、非遗传统老手艺区、趣味互动游戏区等，结合“新思想进基层，助力乡村振兴”文艺宣讲，演出演唱、潮剧、杂技、舞蹈、魔术等15个精彩非凡的节目，引起了观众喝彩声、鼓掌声阵阵响起。

第七节　“中国温泉之乡”旅游

2012年11月22日，云霄县被国土资源部命名为“中国温泉之乡”。在将军山公园入口左侧，有中国人民解放军陈少华少将题写的“中国温泉之乡”石刻。后面有碑记，记载云霄县内有海水温泉、硫磺泉、碳酸泉，已探明地热水日出水量达9150吨。

一、金汤湾海水温泉度假景区

景区位于云霄县与东山岛交界处八尺门大桥旁的陈岱镇岱南村。周边有当年闽粤边交通站遗址。拥有国内罕见的天然高矿化度海水温泉，温泉日出水量2000吨以上，出水温度高，矿化度高，又含稀有的氡气放射能。经相关专家鉴定，浸泡金汤湾海水温泉并结合各项疗法，对于骨骼关节、心肺血管、消化系统等方面的疾病有显著疗效，并可舒缓神经、减轻疲劳等，为不可多得的温泉极品。2006年7月，云霄翠丰房地产开发有限公司，注册资本1000万美元，建设金汤湾海水温泉大酒店和度假景区。占地面积5万平方米，建筑面积2万平方米。有可容纳千人的海水温泉汤区、水疗馆及110套各类型客房、4个主题餐厅、大堂吧、汤吧，具有温泉养生、休闲度假、商务接待、亲子娱乐、水上运动等多项功能。

二、云顶温泉大酒店

2006年开业，位于将军山风景区旁的老区村演武亭。按国际五星级标准兴建。有147间豪华客房，卡拉OK厅，夜总会，中、西、日式餐厅和国际会务中心，24间温泉汤房及6000平方米的室外汤池。温泉是由安云温泉开发有限公司对下河乡老区村孙坑温泉进行开发，将温泉水引至云顶大酒店，开发以休闲、保健为特色的温泉馆。

三、佳园温泉

址在云霄县324线国道398公里处火田镇的老区行政村佳园村，有设备完整的温泉游泳池和温泉澡堂。

四、溪口、后埔等温泉

火田镇老区村后埔、溪口、石门等温泉通过个人承包开发等形式，均建有一处500～2000平方米的澡堂对外营业。

第八节　开发宣传与近期景区景点建设

一、开发

（一）风味特色小吃开发

2005年，县政府在将军山风景区建美食村，有风味餐馆49间。主要风味小吃有将军山烧窑鸡、水面、各色包子、清汤大肉丸、牛肉丸、绿豆粉粿、咸粿、水晶粿、萝卜粿、水饺、香肠、肉卷、海蛎煎、发煎、糯米糍、酥糖、四果汤等。在乌山、红树林景区佳洲岛等处，也有村民利用山海特色食品，开发农家菜肴应客。

（二）民俗风情活动开发

1997年，在对香港、澳门、台湾地区和对外旅游接待活动中，县、常山开发区组织开发圣王巡安（包括鉴王、走王、巡城）、潮剧、舞蹈、民乐等民俗风情项目，丰富旅游产品，提高旅游品味。至2006年，成为云霄县颇具特色的涉外涉台项目。

二、旅游宣传

云霄县历年均参加国内旅游交易会和中国厦门“9·8”贸易洽谈会，并在展厅设置展位展示云霄旅游特色产品；制作云霄旅游风光专题片在国内各重点客源市场进行展播。2016年6月，出版《漳州旅游（云霄专刊）》。探索使用互联网新媒体等手段营销，与漳州电视台拍摄“花样漳州　美丽云霄”宣传片，已完成25个景点拍摄，并在漳州电视台一套、二套播放。实施“旅游＋跨界”融合计划，开通“云霄旅游”官方微信。

三、近期景区景点建设

2016—2019年3月，围绕县委、县政府提出“宜居宜业宜游”的发展目标，制订《福建省云霄县旅游发展总体规划》《云霄县旅游重点项目策划书》。福建大山海景旅游度假区，是由本地乡贤刘锦生投资创办，项目建设地点在老区分布乡镇陈岱镇大山顶村，计划总投资2亿元，是以娱乐为主题，集生态旅游、休闲度假、观赏娱乐、文化体验、生态旅游为一体的综合景区。计划建设四星级酒店、农家乐餐厅、游客中心、文化苑、养心斋、乡村吧、珍稀树园观赏小道以及景区其他旅游设施。已完成前期景区道路和观海阁等景点建设。

2018年开工的南湖公园在近几年内投入运行后，将惠及莆美镇（含云陵开发区）11个老区行政村和东厦镇3个老区行政村及沿途10多个农村的扶贫开发、红色旅游开发和社会经济的发展。展望云霄红色旅游开发的版图，必将是一个更加绚丽灿烂的美丽蓝图。

附录　革命老区英模特载

一、为云霄老区革命和建设做出卓越贡献的人物(52位)

陈元宰(1907—1939)

陈元宰

原名陈其昌,曾化名陈木,云霄城关人。1925年,泉州培元中学毕业后回云霄,任浚源小学教员。1926年到广东参加国民革命军,并加入中国共产党。1928年夏,陈元宰奉调到厦门工作,任中共福建省委组织干事,兼任厦门市委执委,化名陈木。为帮助省委解决困难,陈元宰回云霄,动员母亲把家里的几亩山田和县城里的三幢房屋(二十几间房)全部典当掉,把所得钱款(800多银圆)全部交给省委做经费,同时把已经无家可归的母亲方娘和弟弟陈其元带到厦门参加革命。厦门党组织把年仅12岁的陈其元(化名陈中)安排在鹭江道海滨咖啡店(厦门地下党联络站)当小伙计,当时联络站的负责人是何鸣。党组织安排方娘住省委机关,与同住的地下党领导同志组成家庭,当他们的"妈妈"。方娘悉心照料与她同住的孩子,给他们洗衣做饭,像对待自己亲生的儿女一样爱护着他们。除了照顾他们的日常生活,还经常为他们传递信件物品。地下党的同志经常在他们的住处开会,她就给他们站岗放哨。当年给她做"儿子"的有省委组织部长谢景德(烈士)、省委委员翁成金、地下工作者张朝水(烈士)等。从1928年到1935年,在厦门白色恐怖最严重的 7 年多时间里，没有一位同志在她住的机关里被国民党逮捕。1929 年，受组织委托，陈元宰先到漳浦沿海做农运工作，后在漳州石码等地建立革命据点，为省委交通站与中央苏区的交通提供服务。1930 年，陈元宰任厦门市委常委，主持市委工作。同年 5 月，在厦门劫狱行动中，协助谢景德负责传达命令、筹备船只、护送出狱同志安全离开厦门等后勤工作。8 月，被任命为中共漳属特行委书记，在漳、厦进行秘密工作。1931 年 1 月在厦门被捕，解赴福州监狱，化名林有龙，在狱中进行斗争，几次遭受严刑拷打，以致痨伤咯血。1933 年 12 月出狱，与同时被营救出狱的缪淑英（福安穆洋村人）由中共福州市委接往连江，任中共连江中心县委宣传部长，主持县委工作，缪任妇女部长，两人结为夫妻。在连江、罗源地区发动群众，开展土地革命，扩大苏维埃区域，壮大红十三团武装力量。中央红军长征后，因病无法随军作战，经厦门转至漳浦沿海。1936 年 7 月，抱病上乌山，找到红抗第三支队政委何鸣，积极提供情报，并画出云霄城图，为闽粤边特委决策奇袭云霄城提供依据。后因病情加重，由闽粤边特委派人护送至漳浦山边村疗养，1939 年 12 月 8 日逝世。新中国成立后被追认为革命烈士。

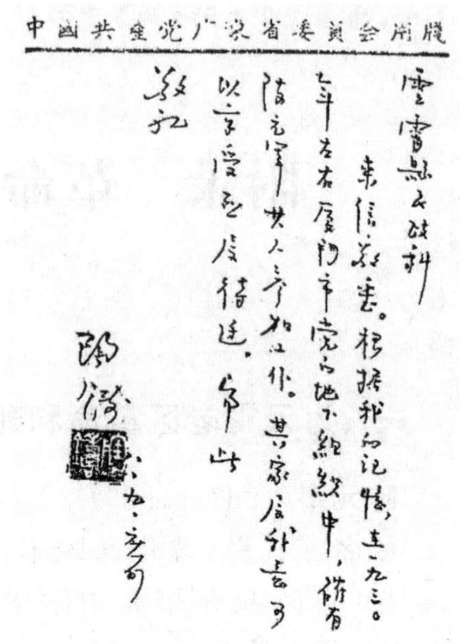
中国共产党广东省委员会用笺

云霄县民政科：

来信敬悉。根据我的记忆，在一九三〇年左右厦门市党的地下组织中，确有陈元宰其人参加工作。其家属外出可以享受烈属待遇。专此

敬礼

陶铸

陶铸证明陈元宰为党的地下工作者

余丁仁（1903—1936）

广东省饶平县新丰村人，1925 年冬在上海国民大学加入中国共产党。1926 年，大学毕业后回饶平二中任教。1927 年 7 月，任中共饶平宣传部长；1929 年春，经常到云霄的三星、金坑、曲溪、陂下、仙石、龙透、七高礤、梅林一带乡村访贫问苦，撒播革命火种。1931

年初,任中共饶和埔诏县委委员、宣传部长;同年6月,带领饶和埔诏第三连挺进云霄陂下、仙石、龙透、梅林一带乡村,打土豪,镇压反动分子;同年11月,代表中共饶和埔诏县委出席在江西瑞金召开的第一次中华苏维埃共和国代表大会。1932年夏,亲自指导云和诏边、云和边红色村庄的分田建苏工作。1932年9月至1933年9月,主持县委日常工作。1934年8月,闽粤区特委成立,任特委委员、组织部长。1935年10月,率领仅存的十多名饶和埔诏游击队员,到云霄月眉池村与红三团卢胜部和红三大队会合,合力开辟乌山革命根据地。1936年春,在闽粤边区"肃社党"运动中被错杀。1957年,被追认为革命烈士。

余丁仁

刘锡三(1905—1933)

广东省海丰县捷胜镇人,1925年加入中国共产党,任共青团海丰县委执委。1931年4月,与饶和埔诏县委委员、妇女主席张华云假扮夫妻,到云霄陂下村创办福成昌碗窑公司,作为饶和埔诏县委联络点,加强对云和诏边红色区域的领导。在中央红军攻克漳州时,发动民众,主动出击地方反动势力。1932年9月,在国民党军队大举围攻饶和埔诏苏区时,组织军民三次反击获胜,1933年初,患病卧床,仍坚持指导革命斗争。同年9月17日,遭国民党粤军包围,在突围时不幸腹部中弹牺牲。

陈彩芹(1902—1931)

平和县长乐乡乐北村草子坪人,1926年冬加入中国共产党。1928年3月8日,参与领导平和暴动。1929年2月,任平和县革命委员会主席,4月任中共平和县委

陈彩芹

书记。1930年3月,出席闽西工农兵代表大会,当选为闽西苏维埃政府候补执行委员。9月出席闽西第二次工农兵代表大会,当选为闽西苏维埃政府执行委员。12月,会同谢卓元等人,在云和边突出部的乌螺、大仑、枧脚一带乡村宣传革命道理。1931年2月,任饶和埔苏维埃政府主席。1931年3月27日,在平和芦溪乡芦村壮烈牺牲。

张华云(1907—1936)

广东省大埔县英雅村人,1927年加入中国共产党。1929年春,任中共饶和埔诏县委委员。1931年4月,与饶和埔诏县委书记刘锡三假扮夫妻,到云霄陂下村创办福成昌碗窑公司,作为饶和埔诏县委联络点。1934年8月1日,出席中共闽粤边特委召开的代表大会,被选为特委委员,负责《战斗报》总编工作。1936年初,在闽粤边区内部"肃反"运动中,与丈夫谢卓元一起被错杀。新中国成立后,被追认为革命烈士。

谢卓元(1905—1936)

广东省大埔县人,1926年加入中国共产党。1928年1月,被选为中共大埔县委委员。1929年春,参加中共饶和埔诏县委工作,多次带领地方工作人员到云霄的仙石、陂下、龙透、梅林、七高磔、三星、金坑、曲溪一带乡村访贫问苦,宣传革命道理。1930年12月,在云和边的乌螺、大仑、枧脚一带乡村撒播革命火种。1934年8月,中共闽粤边特委成立,当选为委员。1936年春,在闽粤边区开展的"肃社党"运动中,与妻子张华云一起被错杀。新中国成立后,被追认为革命烈士。

王占春(1905—1932)

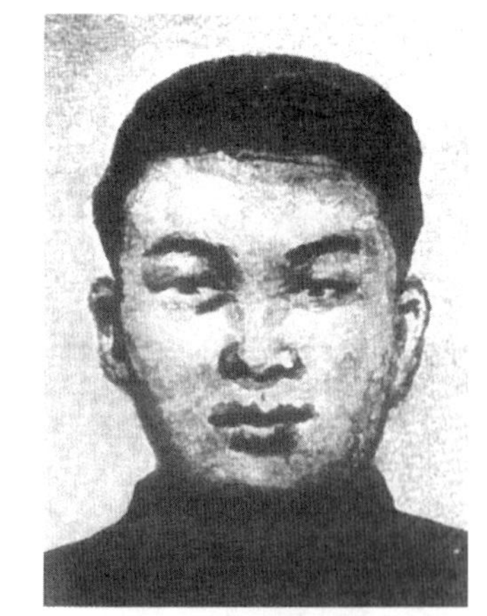

王占春

龙溪(现龙海县)邹塘人,1926年冬参加共青团,1927年2月正式转为中共党员。1927年10月深入漳州城南地区,发动轻便车公司工人进行罢工斗争。1930

年 5 月参加厦门劫狱斗争，同年底就任闽南红军游击队第一支队支队长。1931 年 8 月红一支队扩编为闽南红军游击司令部，王占春任司令员。1932 年 2 月，率部挺进云霄大洞村，在朱氏祠堂召开农民运动积极分子大会，武装支持云霄梁山地区农民开展抗租抗税斗争。1932 年 4 月，率领游击队骚扰敌人后方，配合中央红军攻克漳州；同月底任闽南工农革命委员会主席、中共漳州中心县委常委；5 月下旬，闽南游击队扩编为中国工农红军闽南独立第三团，任政委。中央红军离漳后，率领红三团痛击张贞残部的猖狂反扑，主动撤回根据地开展游击战争。6 月 6 日在崎溪寨仔村突围战斗中，不幸中弹牺牲。

蔡协民（1901—1934）

出生于湖南省华容县，1925 年夏加入中国共产党。在南昌起义中，追随周恩来、朱德、贺龙、叶挺等，冲锋在前。1929 年 1 月，随毛泽东、朱德、陈毅进军赣南、闽西，开辟革命根据地。1927 年 7 月，在闽西第一次党代会上，被选为闽西特委委员、组织科长。1930 年 8 月至 1931 年 7 月任福建总行委秘书长、福建省军委书记、中共福州中心市委书记。1932 年 4 月，中央红军东路军攻占漳州，任漳州中心县委书记，同年 5 月任闽南红军独立第三团总指挥。1934 年任安溪中心县委秘书，4 月 16 日被捕，5 月英勇就义。

蔡协民

林　路（？—1938）

龙岩县人，1928 年加入中国共产党。1931 年 12 月，任漳州县委组织部长。1933 年 1 月，任漳州中心县委委员。1934 年 1 月，带领工作人员林盾、李川、老唐进入云霄白石地区开展工作，配合红三团副团长陈桃庆带领的第四连，创建了白石横山小苏区，与平和五南苏区连成一片。1934 年春，任靖和浦苏维埃政府主席，先后派出工作人员林来有、李若松到云霄坪水乡开展工作，建立党支部和苏维埃政府。1934年8月，任闽粤边特委委员。1936年11月，任平和县委书记。1938年春，闽南红军游击队北上抗日后，仍留任漳州中心县委常委。1938年6月16日，在平和县小溪镇坑里村惨遭国民党顽固派杀害。

林路

周　木(1904—1935)

云霄县东厦镇荷步村人，中共党员。1931年秋，加入由王占春、冯翼飞带领的、奉命到云霄荷步一带活动的闽南红军游击队。1932年2月，与王占春、冯翼飞一起，带领闽南红军游击队进驻云霄大洞村，在朱氏祠堂召开农民运动积极分子大会。1933年春，受漳州中心县委派遣，到云和浦边的徐南坑建立交通站，为红三团采购、运送大量紧缺物资，打破国民党当局的经济封锁。同年夏，根据漳州中心县委指示，在云霄的荷步、浯田、竹塔、白塔、埭洋及漳浦的庵兜、屿头一带做群众工作，动员青年参军，单荷步村就有20多人参加红三团。这期间，他变卖自家厝宅、田地，所得银圆作党组织活动经费；向在梁山一带活动的红三团提供大量粮食；在荷步北门开设加工厂，为红军日夜赶制衣服、被单。1934年春，奉调到云霄古楼地区工作，与陈吉祥、王大麦夫妇一起，在山仔顶、内楼、大湖、新厝、高厝楼、岭脚、官园、口厝、东楼、古楼、白楼、白云坑、后门、山美、顶方、旧铺等乡村，建立村级苏维埃政权。中央红军长征后，领导梁山西麓地区人民配合红三团，展开艰苦卓绝的反"清剿"斗争。1935年底，在闽粤边特委开展的"肃社党"运动中被错杀。云霄解放后，被追认为革命烈士。

何两花(1916—1934)

云霄县坪水村人。1933年11月，加入由红三团战士何酒容回乡组织的秘密农会，担负起组织、发动坪水村妇女的重任。1934年4月，加入中国共产党，是坪水村党支部里唯一一位女党员，也是云霄境内第一个云霄籍女党员。8月，任坪水乡苏维埃政府妇女主席。11 月 16 日，在抗击国民党云霄县保安队与何姓四大房地主武装联合“清剿”坪水村的战斗中，为保护红三团首长委托保管的一百多块银圆而壮烈牺牲，年仅 18 岁。

冯翼飞（？—1932）

海南省人，黄埔军校学生，1926 年加入中国共产党，同年 11 月随国民革命军进军漳州。1930 年 12 月，任闽南红军游击队第一支队参谋长。1931 年秋，与王占春一起，率领闽南红军游击队到云霄的荷步、浯田、大洞、大径古楼一带活动，撒播革命火种。1932 年 2 月，与王占春一起，率领闽南红军游击队挺进云霄大洞村，在朱氏祠堂召开农民运动积极分子大会，武装支持云霄梁山地区农民开展减租减息、抗捐抗税斗争。1932 年 5 月，任漳州中心县委常委和中国工农红军闽南独立第三团团长。中央红军回师苏区后，率领红三团英勇抗击张贞为首的地方反动武装的进攻。同年 6 月 23 日，当张贞部三个团加上地方反动武装共 4000 多人向红三团驻地漳浦车本村发起进攻时，指挥部队奋起捍卫红色苏区，在战斗中壮烈牺牲。

张长水（1908—1936）

山东人，中共党员。1931 年参加宁都起义，加入中国工农红军第五军团第十三军。1932 年 4 月，带领一个排随中央红军攻克漳州，5 月初奉命留驻闽南，5 月中旬任中国工农红军闽南独立第三团第三连连长。1933 年 5 月任红三团副团长，同年冬任团长，曾在漳浦、平和、云霄、诏安、南靖等县边界地区开展农村游击战争，开辟革命根据地。1934 年 3 至 6 月率部挺进梁山，开辟大片游击区和基点村。8 月分兵两路向梁山、峨嵋山挺进，在乌山一带与转战诏饶边界地区的潮澄饶红军取得联系。1935 年，率部在漳浦、云霄等县打击地方反动武装。6 月任中国人民红军闽南抗日第三支队支队长。6 月 28 日攻打云霄白泉联防据点时不幸腹部中弹，壮烈牺牲。

陈桃庆（1909—1935）

1909 年 8 月，出生于福建省龙岩市永定县岐岭乡龙湖村。1925 年 5 月 25 日，毛泽东、朱德率领红四军攻占永定县城。6 月，陈桃庆在岐岭乡参加红军。在随后一年多的时间里，跟随红军部队多次出击广东东江。1932年5月，闽南游击队扩编为中国工农红军闽南独立第三团。1933年底，红三团进行整编，陈桃庆任副团长。1934年1月，率领红三团第四连到白石小尖村、鞍仔村一带活动，组织农会、赤卫队，开展抗租抗债抗捐抗税斗争。3月27日，率部拔除横山联防据点，迅速打开白石地区的工作局面，形成从小尖山、鞍仔、横山、厘仔坪、内槽、口槽直到圆峰的一片赤色区域，成为靖和浦五南苏区的重要组成部分。1935年1月29日，率部攻打旺林尾联防据点，中弹牺牲。

卢　胜(1911—1997)

海南乐会(今琼海)人，1929年加入共青团，1932年转为中共党员。1933年1月，参加中国工农红军闽南独立第三团，任排长。1934年冬至1935年秋，率领红三团第六连在云和边、云和诏边开展武装斗争，开辟新区。1935年10月3日，率部镇压水晶坪桥头村反动地主张亚钗，迅速打开局面，建立起以诏安北蔗、进水，云霄桥头、半岭为中心的乌山革命根据地。1935年10月，任中国工农红军闽粤支队支队长、独立营营长，率队拔掉诏安金溪圩反动据点，巩固和发展乌山革命根据地。1936年9月3日，参与领导奇袭云霄城战斗，率领突击队进城袭击洪利银庄。1937年7月16日，“漳浦事件”发生后，与王胜等人带领一部分骨干突围，在漳浦清泉岩重建红三团，任团长，重回乌山坚持斗争。1938年2月，任新四军第二支队第四团团长，3月率部开赴苏皖抗日前线。此后，历任新四军苏皖支队政委，三纵队政治部主任，苏中军区第四军分区司令员、政委兼地委书记，华中野战军七纵队政治部主任，四纵队副司令员，第三野战军二十三军政委等职。新中国成立后，任志愿军九兵团二十三军政委、福建省军区政委、福州军区副政委等职。1955年，被授予中将军衔，是第四、六届全国人民代表大会代表，全国政协第五届常务委员。1997年9月23日，病逝于福州。

李克己(1907—1934)

台湾台南人，1928年在台湾参加台共领导的反日组织，1929年离台，至厦门继续进行革命活动。1931年初在厦加入中国共产党，被党组织分配到闽南红军游击队第一支队任军医，后受命领导红三团医务所。1933 年 1 月，任中共漳州中心县委委员，与县委常委林路一起，到云霄徐南坑设立交通站，在云和浦边建立红色据点；7 月，任红三团总支书记兼政治部主任，曾率红三团一部开辟平和、云霄边界大片新区，多次指挥部队打退敌军的进攻。1934 年 5 月 4 日，在平和五寨战斗中壮烈牺牲。

李梨英（1888—1961）

李梨英

广东潮安人，1933 年加入中国共产党。1935 年夏天，随潮澄饶红军向福建乌山转移，被分配到伤兵站工作，克服敌军围攻封锁、药物奇缺等重重困难，日夜精心护理伤员，深受战士敬爱，被誉为“革命母亲”。1937 年 7 月，在伤兵站与上级联系中断、给养断绝的关键时刻，挺身而出，说服 20 多名伤员不散伙、不离群，并拿出多年来积蓄的 20 块银圆维持大家伙食，带领伤员闯过种种难关。同年 8 月间，重建后的红三团回到乌山，伤兵站的 20 多名伤员重回红军队伍。1940 年，奉调到南委机关，机智掩护电台工作；之后到汕头地下交通站，不辞劳苦跑交通。1951 年，参加南方老根据地代表团晋京观礼，受到毛泽东、周恩来等领导亲切接见。新中国成立后，担任汕头市人民代表、政协副主席，广东省妇联执委，全国妇联委员等职。

陈高顺（1914—1997）

福建省云霄县陈岱镇人，1933 年 4 月参加中国工农红军闽南独立第三团，1934 年 6 月加入共产主义青年团，1936 年 5 月转为中共党员。1936 年 9 月 3 日清晨，率领一个连佯攻云霄县城北门，策应红军奇袭云霄城。“漳浦事件”发生当晚，与卢胜、王胜等人逃离虎口，在漳浦下布清泉岩宣布重建红三团。1937 年 9 月间，受卢胜委派，到诏安金溪一带活动，与李梨英及乌山伤兵处的同志接上关系，

20多名红军伤病员重回红三团。抗日战争时期，历任新四军二支队四团一营副连长、连长，新四军江北游击纵队新七团一营副营长，新四军第二师六旅十八团二营副营长，新四军第七师含江支队江全大队大队长，新四军第七师十九旅五十六团二营营长、七师二十一旅六十三团副团长。解放战争时期，历任山东胶东军区东海军分区独二团团长、北海军分区参谋长。新中国成立后，历任山东省莱阳军分区副司令员，福建省龙岩军分区副司令员、司令员、政治委员。1964年4月离职休养，1983年3月离休，1997年5月29日病逝。

吴　健(1919—1986)

原名吴来水，云霄县下河乡陂下村斜格田自然村人。1932年，担任饶和埔诏游击队的联络员。1933年夏，参加陂下村赤卫队，配合饶和埔诏游击队开辟新区。1935年8月，配合挺进乌山的红三团卢胜部开展地方工作。1937年8月，参加闽南抗日义勇军第三支队，同年12月加入中国共产党。1938年2月，随新四军北上抗日，历任新四军班长、排长、连长。解放战争时期，参加过蚌埠、孟良崮、淮海等战役，多次负伤，6次荣立战功。新中国成立后，历任福建省军区警备团营长、参谋长、团长，三明军分区副司令员。1980年离休，1986年8月30日病逝于云霄。

黄会聪(1907—1937)

黄会聪

海南省万宁县人，1925年加入马来亚共产党，1929年任马共中央委员。1930年被当地政府驱逐出境，后在中共厦门中心市委任巡视员。1934年1月，作为中共厦门中心市委代表出席中共六届五中全会和中华苏维埃共和国第二次工农兵代表大会。同年4月，进入闽南游击区，将中共厦门中心市委领导下的漳州中心县委、福建省委领导下的饶和埔诏县委、东江特委领导下的潮澄饶县委合并起来，组成中共闽粤边区特委并任书记，统一领导闽粤边区的中共党组织和红军游击队，在敌人的侧翼和后方广泛开展游击战争。中央主力红军长征后，创造了南到广东省饶平县的秋区、浮凤与黄岗一带，北至离漳州城一二里路的郊区，东临漳浦与云霄、诏安的沿海，西及平和县之大、小溪和大坪一带，纵横五六百里，横跨 2 个省、4 个地区，涉及 19 个县（市），有着二三百万人口的游击区，成为南方的战略支点之一。1936 年 10 月，抱病赴上海、北平，与中共中央北方局取得联系，并向中央报告了闽粤边游击区革命斗争的全面情况，随后赴香港治病。1937 年 6 月，病逝于香港。

谭震林（1902—1983）

谭震林

湖南攸县人，1925 年参加革命，1926 年加入中国共产党。中央红军长征后，任闽西南军政委员会军事部长、副主席，领导闽西南军民坚持三年游击战争。1937 年 7 月“漳浦事件”后，率领闽西武装排挺进闽南，协助闽抗第三支队恢复和开展武装斗争，并为部队筹款。1937 年 10 月 17 日，闽西武装排与闽抗第三支队并肩战斗，在云霄泗近塘至大沙岗一带山区痛击国民党省保三团张闾部和云霄县保安大队，极大地震慑了国民党顽固派。1938 年，任新四军第三支队副司令员、政委，是皖南抗日根据地的创建人之一。1940 年 5 月赴江苏东路地区主持党、政、军工作，任江南人民抗日救国军东路指挥部司令员兼政委。皖南事变后任新四军第六师政委。新中国成立后，任全国人民代表大会常务委员会副委员长。中共第七、八、十、十一次全国代表大会上均当选为中央委员，八届五中全会上增选为中央政治局委员，第十二次全国代表大会上当选为中共中央顾问委员会副主任。1983 年 9 月 30 日在北京逝世。

张　敏(1908—1937)

张敏

广东澄海人,1923年投身农运,1926年加入中国共产党。1934年底任潮澄饶县委书记。1935年夏,率潮澄饶县委机关和红三大队转战闽南乌山,在云霄月眉池村与红三团卢胜部胜利会师,开辟了以诏安公田、北蔗和云霄水晶坪、半岭为中心的乌山革命根据地。1935年10月至1937年夏,先后任中共闽粤边特委委员、特委常委兼特委驻云和诏县委特派员、云和诏县委书记,领导云和诏县委和独立营,在乌山周边地区建立三个区委和一百多个党支部;致力抗日反蒋统一战线,在云和诏各区组织农民反日救国会和农民抗日自卫军;争取守望队、保甲长,搞白皮红心的两面政权,使乌山根据地有较大发展。1937年6月任闽粤边特委代理书记,指导特委同粤军一五七师谈判,促成闽南国共合作抗日协定的签订。7月16日,闽粤边特委及云和诏县区委12名领导人在诏安月港开会被国民党围捕。1937年7月20日,张敏在诏安良峰山麓英勇就义。

何　浚(1904—1982)

何浚

海南乐会人,1927年春在马来亚加入共青团,同年夏转为中共党员。中央红军攻克漳州前夕,奉命进入闽南苏区,配合红军开展分田斗争。1932年6月,任闽南红三团第一连政委;同年底,调任中共漳州中心县委常委、组织部长。1934年3月,任靖和浦县委书记。1934年8月,中共闽粤边特委成立,被选为常委,继续领导靖和浦苏区工作。1936年7月,出任漳州人民抗日义勇军总指挥部总指挥;同年冬，调任特委组织部长。“漳浦事件”后，负责特委工作，并赴香港向中共南临委请示汇报。1938年1月任中共漳州中心县委书记，继续领导闽南的抗日救亡运动和剿灭汉奸武装乌军的斗争。1944年赴延安中央党校学习，被选为中共“七大”候补代表。1947年回海南工作。新中国成立后，任海南区党委副书记、书记，广东省人大常委会常委等职。

朱曼平（1910—1985）

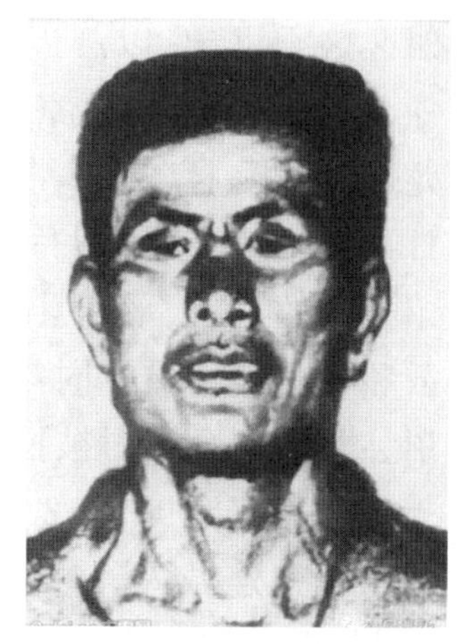
朱曼平

广东惠阳人，1928年3月在香港加入中国共产党。1930年进入闽南游击区工作，历任闽南红军独立第三团宣传员、侦察员、闽粤边区反帝大同盟党团书记。1935年任靖和浦中心区区委书记，次年担任漳州人民抗日义勇军总指挥部政治部主任。1937年“漳浦事件”发生后，曾受领导委托，实际主持闽粤边特委工作。1938年起，任中共漳州中心县委宣传部长、副书记，闽南特委书记。1942年调任闽粤边委特派员，次年秋，组织武装经济工作队，反顽自卫，保存骨干，扭转闽西南革命困难局面。抗战胜利后，历任中共闽粤赣边委特派员、边区党委副书记兼解放军闽粤赣边纵队副政委。新中国成立后，历任中共潮州地委书记、国务院侨委司长、新华社香港分社副社长、中国华侨旅行社总经理等职。1985年在北京逝世。

文阿业（1912—1937）

原名粮就，广东省饶平县凤宣乡下塘村人。1932年参加革命，加入浮风苏区赤卫队、区联队。1934年春，加入中国共产党。1935年10月，随军来到乌山，被分配到地方工作。1935年11月，任世吉区区委书记，组织农会、赤卫队，领导农民进行抗租抗债抗税斗争；积极动员农民参加义勇军，在世吉区所辖村庄建立抗日义勇军组织，带领赤卫队配合独立营打土豪。1936年9月2日至3日，发动宜谷径人民筹款筹粮，接待驻扎在该村的红抗第三支队一个连和红抗第一支队400多名指战员，为红军奇袭云霄城提供后勤保障。1937年2月27日，由于叛徒出卖，在乌石坑村被捕，英勇就义于云霄县经堂口。

许大贵(1909—1937)

原名许耀秋，又名许克，广东省澄海县人。1932年夏加入中国共产党。1936年1月，调中共云和诏县委工作。6月，任云和诏第四区区委书记，以泗近塘村为突破口，建立起泗近塘、五溪、龙透、洞仔、七高磜、金溪、下寮等7个村支部；在三星、曲溪、金坑、陂下、仙石、龙透、梅林、七高磜一带乡村组织农会、赤卫队，建立一支全脱产的抗日义勇军。8至9月间，带领抗日义勇军和基干队，配合独立营出击诏安县的官陂、平和县的新圩、云霄县的下洞等地。1937年6月，任云和诏县委委员。同年7月16日，在诏安县建设乡月港村参加云和诏县委扩大会议时被捕，同月20日英勇就义于诏安城郊的良峰山麓。

李德安(1917—2008)

福建连城人，1929年11月参加革命，12月加入共青团，1932年3月转为中共党员。1937年8、9月间，带领一个加强排跟随谭震林下闽南，帮助红三团重建队伍，还筹到部分款项。10月17日，率部配合闽抗第三支队(红三团于1937年10月改称闽南人民抗日义勇军第三支队)在泗近塘至大沙岗一带山区痛击国民党省保三团张间部和云霄县保安大队，毙伤敌兵20多人。1938年初，任新四军二支队四团连长，之后历任营长、团参谋长、旅部作战科长、团长。新中国成立后，历任福州军分区参谋长，八十三师第一副师长，守备八师师长，江西、福建建设兵团参谋长，福建省军区副司令员等职。1982年离休，2008年3月病逝于福州。

刘永生(1904—1984)

上杭县稔田乡严坑村人，1928年5月加入中国共产党，6月参加永定金砂暴动，1929年5月任永定县委军事部长，1930年8月任永定县委委员，1931年开始，在闽西上杭一带开展游击战争。1943年10月任闽西南武装经济工作总队总队长，率部挺进乌山，帮助闽

刘永生

南特委开展武装斗争、解决经济困难。1944 年 10 月，任王涛支队支队长，再次率部挺进乌山，开展反顽自卫斗争。1947 年 5 月，任粤东支队支队长。1949 年 1 月任中国人民解放军闽粤赣边纵队司令员，11 月任中国人民解放军第十兵团副司令员，改编后任福州部队副司令员兼福建军区司令员。新中国成立后，历任福建省人民监察委员会主任、福建省副省长兼农垦厅厅长、省人大常委会副主任、省纪律检查委员会第二书记、省政法委员会主任、中共中央监察委员会候补委员等职，是第一、二、三、四、五届全国人民代表大会代表，1955 年被授予少将军衔。

卢　叨(1915—1993)

卢　叨(左)　陈文平(右)

原名卢在祥，广东潮安人。1931 年在潮安金山中学念书时投身抗日宣传活动，1933 年参加中共潮澄澳县委领导的游击队，同年底加入中国共产党。1935 年秋，随部队转移到福建境内的乌山地区。1936 年春，一度被误指为"社党分子"，遂向上级党委书面申诉，反映真情，促使闽粤边特委书记黄会聪亲自复查、平反该案，并指示云和诏县委制止"肃社党"的错误做法。1937 年 5 月被委派为闽粤边红军代表，协助何鸣与国民党粤军一五七师进行多次谈判，达成"6・26 政治协定"。1937 年秋，被派到云和诏区任区委书记，恢复因"月港事件"而停顿的云和诏地区的地方工作。1938 年 1 月以后，任中共云和诏县委书记，汕头中心县委军事部长，闽南特委副特派员、特派员。1944 年秋，组织闽南特委机关政治保卫队,开展反顽自卫斗争。解放战争初期,一度调任闽粤赣边区党委工作,1947 年任闽南地委书记,兼任闽粤赣边区总队闽南支队政委,后为闽粤赣边纵队第八支队政委,积极领导闽南人民开展游击战争,直到闽南全境解放。新中国成立后,历任中共龙溪地委书记,省委宣传部副部长,省委党校党委书记、副校长,省人大法制委员会主任,省委党史资料征集编写委员会副主任和省政协副主席等职,1987 年离休。1993 年 11 月 16 日病逝于福州。

陈文平(1915—1993)

诏安人,1938 年加入中国共产党,同年初到龙岩参加新四军,后由组织分配回云和诏县委工作,曾任区委委员、区委书记。1940 年秋后,历任云和诏县委宣传部长、副书记。1942 年底,任云和诏县委特派员。1945 年 7 月,任王涛支队第四大队政委,配合王涛支队在闽南开展反顽自卫斗争。1945 年 10 月至 1947 年 8 月,历任闽南特委副书记兼云和诏县委书记、钟骞支队政委、闽南地委书记。1947 年夏季以后,改任闽南地委副书记、闽南支队副政委、闽粤赣边区党委委员。新中国成立后,历任龙溪专署副专员、地委副书记兼专员,省民政厅厅长等职。1993 年 1 月 29 日逝世。

莫丁贵(1910—1945)

海南省万宁县三区和乐村人,1926 年在和乐中学就读时加入共青团,1927 年 12 月加入中国共产党。1938 年春,任云和诏县委组织部长。1940 年冬,任闽南特委委员,深入云和诏地区和漳南巡视工作。1943 年,任闽南特委副书记。1945 年 3 月为营救同志,在平和县国强乡果树坪被叛徒杀害。

钟　骞(1916—1944)

广东潮安人,1935 年冬加入中国共产党。1942 年 2 月,任闽南特委副书记,到职即办干部训练班,组织周围干部学政治、学文化,抱病编写教材,抄十几份课本供同志使用。1943 年 10 月,代理闽南特委特派员,主持全面工作。1944 年 5 月,因病去世。

梁培德(1908—1942)

海南省万宁县人,青年时代加入共青团组织。“四一二”反革命政变后，返回家乡组织农会，发动农民武装暴动，并加入中国共产党。1929年夏，转赴南洋。1934年夏，回到中共闽粤边特委工作。1935年，任平和五南区区委书记，领导平和五寨、南胜及云霄白石、横山、徐南坑人民广泛开展游击战争，配合红三团反击国民党军队的“清剿”。1941年春，任中共云和诏县委书记，亲自指导云霄世吉区、第四区党的建设和武装斗争，尤其是第四区，拥有7个支部80多名党员，成为云和诏边最可靠的红色基点。1942年6月，在诏安豆畲村后龙镜背高山上病故。

吴永乐(1916—1940)

晋江人，1931年加入共青团，不久转为中共党员。1939年接任中共云和诏县委书记，为执行“隐蔽精干、长期埋伏、积蓄力量、以待时机”的方针，在极端艰难困苦的条件下，坚持在进水、公田、水晶坪、金溪等地进行隐蔽斗争，为巩固乌山革命基点做出了贡献。1940年11月，在外出工作返回驻地水晶坪途中遭李仔坪歹徒暗害牺牲。

李亚伟(1923—2014)

李亚伟

广东省梅县人，1945年1月到闽西南参加革命斗争，同年7月加入中国共产党。1946年1月，任云和诏县委书记。1947年1月，任云和诏县工委书记。1948年3月至1949年9月，任云和诏县委书记。四年间，与县委其他同志一起，领导云和诏人民先后建立云和诏四个武装游击大队、东西南北四路工作团及乌山民兵组织；分赴各地筹款、筹粮，自办被服厂、修械处和医疗室，打破敌人的经济封锁；参与领导了坪坑伏击战，在诏安和云霄等县城建立地下工作组，与国民党云霄当局达成和平协议，和平解放云霄城。新中国成立后，李亚伟历任诏安县委副书记，上海市普陀区粮食局副局长、工商局党组书记兼局长，上海市普陀区政协委员会常务副主席等职，1988年离休。2014年8月6日逝世于上海。

李仲先(1921—2010)

李仲先

广东省梅县人,1945年1月参加革命,同年7月加入中国共产党。1946年6月,王涛支队第四大队改编为钟骞支队,任钟骞支队第二中队中队长。1947年8月,任中国人民解放军闽粤赣边总队闽南支队支队长。1948年1月8日,率部在水晶坪坪坑路段伏击国民党省保二团一部。1949年2月,任闽粤赣边纵队第八支队司令员。1949年6月,兼任边纵闽西南联合司令部副司令员。新中国成立后,任福建第六地委委员、第六军分区副司令员。之后,历任龙溪军分区副参谋长、参谋长、福建省第六军分区副司令员、福州军区十兵团军训处处长、三明军分区副司令员等职。1983年离休,2010年病逝于漳州。

吴　扬(1916—1995)

南安人,1927年加入菲律宾共产党。1947年经香港回国参加解放战争,转为中共党员,被分配到闽粤赣边区总队闽南支队,任副支队长。1948年1月8日,在水晶坪坪坑伏击战中与李仲先一起击毙俘敌34人。坪坑大捷后,率部出击平和、南靖,开展敌后游击斗争,给敌重创。1949年6月任中国人民解放军闽粤赣边纵队闽西南联合司令部参谋长兼第八支队副支队长,率部配合兄弟部队解放龙岩和漳州等地。新中国成立后,历任福建省军区警备六团副团长、公安八十团副团长、龙溪地区剿匪副总指挥,1984年离休,1995年病逝于福州。

王汉杰(1917—2008)

石狮人,1937年2月在菲律宾参加革命,1939年4月参加华侨慰劳团到皖南慰问并参加新四军。"皖南事变"发生后,突围返回菲律宾。1947年5月回国参加革命,7月被派到闽南参与组建闽南支队,当年冬曾任闽南支队副支队长,后改任副政委,与支队长李仲先率部袭击诏安下葛圩等反动据点。1948年1月8日，闽南支队在云霄水晶坪坪坑成功地伏歼国民党省保二团第二大队大队部及第五中队。1948年春夏，粉碎国民党保安团对乌山游击区的“围剿”。1949年1月，调任中国人民解放军闽粤赣边区纵队参谋主任，7月奉命和卢炎赴省委，与十兵团首长联络、汇报后，带三十一军侦察营到南靖宝林同边纵八支队会师，参加解放漳厦战役。新中国成立后，历任福建省委统战部副部长、省侨委主任、中华归国华侨联合会副主席等职。

王汉杰

连大汉（？—1946）

原名连星德，福建龙岩龙门镇赤水村人，1939年在闽西参加革命并加入中国共产党。1945年6月，任王涛支队第一大队大队长，跟随刘永生司令员率领的王涛支队支队部及一、三大队从永定金丰大山来到乌山；7月初，闽南政保队改编为王涛支队第四大队；9月初，王涛支队支队部及第一大队挺进南靖树海，第三大队回师闽西，第四大队留驻闽南，连大汉服从组织安排，出任第四大队大队长。1946年2月17日，王涛支队第四大队在泗近塘一带被敌人包围，连大汉镇静自若，指挥地委机关及大部分战友撤离危险地带，亲自掩护短枪班战士冲锋突围，独自一人坚守阵地，身中数弹后壮烈牺牲。

潘金德（？—1946）

龙岩东肖人，早年在闽西参加革命并加入中国共产党。1945年6月，随刘永生司令员率领的王涛支队来到乌山。同年7月初，闽南政保队改编为王涛支队第四大队，任第四大队一中队指导员。1945年8月5日，在公田战斗中，身先士卒，作战勇敢。1946年2月17日，在泗近塘战斗中，率部掩护地委机关安全撤离，负伤不下火线，顽强坚持战斗。同年4月18日，在桃仔寮战斗中，率部抢先占领山头制高点，形成敌攻我守的有利态势，紧紧钳制来犯之敌，奋勇拼杀，壮烈捐躯。

何文德（？—1948）

福建省云霄县双地乡（马铺）人，1945年夏参加闽南政保队，1946年7月任闽南特委交通员，1947年夏任枧安工作团主任，1948年2月加入中国共产党。这期间，带领武工队接连攻打平和的半池、南胜和云霄的马铺、龙透等地的炮楼、仓库和乡公所，并先后发展数十名青年参加革命。1948年8月，在平和五寨开展工作时不幸被捕，遭受严刑拷打，坚贞不屈，就义前沿街演说鼓励当地青年上山参加闽南游击队，被刽子手用杀猪刀活活劈死。1948年12月4日，中共闽南地委追认他为正式党员，并号召全闽南的共产党员学习他宁死不屈、英勇斗争的精神。

何文德

陈国桢（1898—1949）

福建省莆田市西天尾镇下宅村人。1920年冬，随友人赴南洋谋生。1926年秋回国，在厦门从事党的外围统战工作。1927年秋，被聘为厦门《商报》编辑、主编，利用特殊身份为党组织采购武器弹药。同年11月，经厦门区委批准，加入中国共产党。1930年5月，厦门劫狱成功后，利用报馆合法地位，掩护出狱同志顺利脱险。抗日战争爆发后，再度远涉重洋，加入马来亚共产党。1940年，参加陈嘉庚在新加坡组织的华侨筹赈祖国难民大会委员会和闽侨总会，出任二会秘书、主任。1946年初，在新加坡被英国殖民当局驱逐回广州。1947年春，在香港找到中共南方局，经党组织介绍到潮州工作，随后又辗转到闽南地委机关。1948年7、8月间，受闽南地委派遣，带领助手汤崇兴深入云霄城区，在新福街头（今南强路135号）开办兴农号米店，作为闽南地委驻云城地下联络点。1949年3月17日，由于叛徒出卖，与汤崇兴不幸同时被捕，坚贞不屈，大义凛然。随后，被以“共党重犯”身份押送龙岩，惨遭杀害。

张水满（1917—1955）

曾用名蓄深，云霄仙石村人。1935 年秋，以保长为掩护，为红三团筹集经费、粮食和购买日用品，提供情报。1943 年 3 月，他带妻子钟心事和三个儿子张通盘、张通彻、张通明及同村青年张坎城、张玉树等多人参加乌山游击队。妻子上乌山后，为游击队缝衣纳鞋，还经常下山接头运送日用品，曾被捕关押在平和九峰镇 3 年多，受尽折磨，都没有暴露游击队的秘密。1947 年，张水满任东路工作团团长，多次参加车圩、泗近塘、大沙岗、打石等战斗。1949 年，张水满任云和诏县委委员。云霄解放初，任云霄县副县长、中共云霄县委委员。1955 年 6 月，在漳州逝世。

吴正谊（1893—1956）

云霄白塔村人。1900 年进县城学堂读书，后又进漳州、福州修完初中、高中学业。1919 年秋，在新文化运动的推动下，受闽南护法区选派到巴黎，进里昂大学攻读化学专业，获化学硕士学位。吴正谊在赴法勤工俭学期间，受马克思主义学说的影响，尤其受同期赴法留学的周恩来等中国共产党人宣传教育，加入中国社会主义青年团。1925 年回国后，参加中国共产党，接受任务参与反对北洋军阀的宣传组织工作，在湖北武昌、武汉组织学生、兵工厂工人等投入反军阀的斗争。在一次反军阀示威游行队伍遭到军警弹压而被追捕时，得到当地黄花岗起义烈士阮泰清（标长，相当于营长）家属的掩护脱险（后与阮泰清之女阮丹石志同道合结为伴侣）。由于与组织失去联系，他与阮丹石暂返云霄家乡，在云霄初级中学任化学教师，阮丹石授英语课。1929 年，吴正谊与阮丹石奔往江苏，任职于南京国民党航空军事委员会，为机政（高级工程师）。1937 年国共合作抗日，曾 4 次押运弹药到延安。1939 年任国民党设在云南马龙县的航空第三油库库长（上校军衔）。1941 年 1 月，国民党顽固派发动“皖南事变”，次年底被捕。在审讯中没有暴露身份，一年多后获释并被除职。后经云南福建会馆介绍到昆明铁路局滇段管理处工作。在此期间，先后发展了闽侯籍廖人容、廖人煊和扶轮小学副校长徐展杰、教师王正明等9人参加新民主主义青年联盟组织。1947年，吴正谊想方设法从云南寄信劝说在云霄的五弟吴正廷，要“倾向共产党，不要想国民党”。新中国成立以后，长子吴一鹭任允上自治区区委书记和区长。1956年6月7日，吴正谊逝世。

方明新(1911—1933)

方明新，云霄人，1930年在厦门集美水产学校读书时，参加中国共产党，他经常把革命书刊、传单带进云霄宣传革命。后被国民党云霄当局围捕，泅水游过漳江，在下坂村脱身，在党组织安排下转移到青岛，1933年调回到厦门时进行地下工作，不幸被捕，死于狱中。被追认为烈士。

张天保(1923—2001)

云霄通贝村人。幼时参加儿童团，为中共地下党组织和游击队传送情报。1946年11月，任中共闽南地委情报员兼地委机关后勤工作。翌年1月，为闽南支队连夜递送情报，使水晶坪坪坑伏击省保安团战斗取得胜利。同年3月加入中国共产党，任吉龙乡工作团副团长。1949年6月调任中共靖和浦县委执委、游击独立大队党总支副书记兼第一中队中队长。新中国成立后任云霄县公安局副局长。1951年到省公安干校、龙溪地委党校学习。1952—1954年任县第五区区长、区委书记。1954年9月任县人民委员会副县长。1956年9月任县委副书记。1958年创办国营云霄和平农场，任场党委书记，出席省、全国农业社会主义建设先进单位代表大会。1962年9月任县人委会副县长、县委常委。1972年任南靖县林化厂书记。1976年2月任南靖县人民银行行长。1983年任云霄县政协副主席，同年11月离休，享受副厅级待遇。

赖新水(1928—2002)

云霄龙透村人。幼时读私塾、小学，后入中共地下组织团校学习。1944年2月参加中共云和诏新字队武装班，同年秋被编入中共闽南地委政治保卫队。1945年7月任中共王涛支队第四大队班长，同年8月在平和县国强乡后溪村战斗中负伤。1947年12月，任闽南地委水晶坪欧仔湖交通总站站长。1949年1月1日，转乌山伤兵处工作。1950 年到地委、省委党校学习，同年 5 月加入中国共产党。1954 年任县公安局副局长。1956 年任县人民法院院长。1960 年 1 月调任国营云霄和平农场党委书记。1971 年 5 月调任中共福州电线厂书记。1981 年 12 月调省委组织部落实政策办公室工作。1984 年 2 月调回云霄，被推选为第四、五、六届县政协主席。1991 年 5 月离休，享受因战二等一级伤残待遇。离休后担任县老区建设促进会会长、县残联名誉会长、县文物保护协会会长、县计生协会会长等职务。

张国文(1925—2002)

曾用名张瑞通，云霄仙石村人。1945 年 4 月参加革命，任中共云和诏县委游击队工作团通讯员。1946 年加入中共王涛支队第四大队。1947 年，任云和诏第四大队副大队长，曾参加泗近塘和保卫秋收等战斗。1948 年 10 月，云和诏第四大队并入闽西南联合司令部第十九团，任第六连指导员。1949 年 11 月调入龙溪军分区教导队，1950 年 7 月任警备第六团三连指导员，1951 年 4 月调华东第三高级步兵学校学习，1952 年 3 月任公安八十团政治处股长，1959 年 4 月调南昌第四十五速成中学学习，1960 年 12 月任守备八十九团机关协理员，1961 年 5 月任守备九十六团一营教导员，1962 年 6 月任平和县人武部副部长、政委。1976 年 5 月转业，任漳浦县革委会副主任。1980 年 10 月，任漳浦县人大常委会副主任。1983 年 12 月，调任云霄县政府调研员。1988 年 12 月离休，享受正处级待遇。1997 年 7 月，云霄县闽粤赣边区革命史研究会成立，任会长。

曾潮州(1949—1996)

云霄后坑埔村人。1968 年 7 月高中毕业后任后坑埔生产队会计。1973 年 10 月加入中国共产党。1980 年 12 月被录用为国家干部，先后任县农业局经管站经管员、县委组织员。1986 年 10 月，任和平乡党委副书记，1992 年 3 月当选为乡长。他根据乌山地区实际，重视发展枇杷等高优水果生产和交通道路建设。1995 年修通莆顶村 7 公里柏油路，1996 年修通水晶坪 4.5 公里公路，他经常深入公路工地，还从自己工资中垫付 2000 元作为民工伙食费。

1996年6月24日下午，乡政府开会，忽从附近苦溪滚水坝方向传来有人落水的呼救声，他立即带领参加会议的10多人奔向滚水坝。这天大雨引起山洪暴发，和平中学有两名学生行经滚水坝时被洪峰冲入坝下深潭。曾潮州赶到现场立即指挥大家手挽手迈向深水区找人，并纵身潜入深潭，几分钟后，他浮出水面深吸一口气又再次潜下水，被卷入漩涡，不幸牺牲。1997年5月，省人民政府批准曾潮州为烈士。

张智赫（生卒年不详）、**骆奇峰**（？—1939）

均为台湾同胞。1935年建立起以卢胜为营长的闽粤独立营，这支队伍迂回游击于梁山与乌山之间。张智赫、骆奇峰等台籍同胞跟随独立营向乌山挺进。他们在乌山管真坳建立医疗所，为战士和群众治病。1936年夏，张智赫、骆奇峰一面参加攻打杉坑、牛寮国民党据点的战斗，一面抢救负伤人员转移到医疗所医治，晚上巡查照料伤员直到天亮。他们通过访问民间验方，就地采集青草药，为患疟疾、腿肉溃烂、水肿症的群众治病、调理，与游击区群众建立起鱼水情，使独立营的革命行动得到群众的拥护和帮助。1938年春节期间，张智赫、骆奇峰等从下河陂下村出发北上，被编入新四军参加抗日，骆奇峰于1939年“皖南事变”中壮烈牺牲。

朱灿河（？—1939）

又名朱鹏颖，台湾同胞，出生于台湾彰化县。于1935年在日本大学毕业后，奔往厦门参加革命，加入中国共产党。1937年国民党制造“漳浦事件”后，他打入国民党一五七师做策反工作，为游击区输送人员。嗣后转入闽粤边游击区乌山，在电讯联络、印刷条件困难的情况下，担负起创办闽粤边区党委机关报《前哨报》的任务。通过《前哨报》宣传中国共产党团结抗日的方针、政策，揭露日伪军破坏团结抗日的阴谋，鼓动民众投入抗日救亡运动，推动闽粤边区的革命斗争。1939年死于冤案，后被平反昭雪。

二、为老区革命牺牲英名录(277位)

(一)云陵镇(含外县籍):25位

陈元宰　张长水　陈桃庆　邓　跚　连大汉　文阿业
曾益效　罗　理　力　候　陈吉祥　王大麦(女)　陈国桢
李秦厚　张庆龙　黄　立　林　禄　周木水　方明新
谢世汉　庄　美　吴保安　林　开　何美章　沈秋香(女)
陈少波

(二)火田乡:56位

何火眼　何麻根　何渔白　林见成　林　仙　何天福
林左手　林如济　林木连　林五都　林金贤　林水闸
林旺丛　何　凤　何　诗　何禄水　何条枝　何老狗
何加有　何龙水　何中央　何赞示　何玉示　何　义
何来花　李回生　李泉仔　朱天凤　朱　批　朱益生
朱己丑　朱大水　朱生眉　朱帮地　朱加朋　朱生金
朱其福　朱恒胜　朱　服　何金著　林含先　朱春松
黄长江　罗　龙　朱表水　朱水金　朱刘敏　林　猴
林颜春　林生毛　朱镇平　庄贯砚　庄　言　庄土茹
庄　杏　蔡宗由

(三)马铺乡:50位

何水泡　何两花(女)　何德春　方水土　何明月　何红翻
何　奕　罗顺盛　方　根　方友枝　何先花(女)
方友财　罗添凤　罗红甘　方永来　何银河　何火炉
何火碑　何永昌　何文德　何万钟　何清泉　何洪川
何永淼　何　回　何金星　何清流　何万盛　罗守锐
罗圣龙　罗　灰　罗　友　罗文英　罗茂已　罗水偿
罗友堂　何清河　方开发　何海亮　何老柳　何汉忠
何朝根　何　总　何　期　罗　养　何　狗　何友辉
何志成　何田溪　罗鸟语

（四）下河乡：61位

张加成　赖本溪　张树英　吴银瑞　赖金春　张　英（女）
吴高巷　张养拌　吴汉波　张经周　张亚钢　张清敏
张天来　吴主军　张新宝　吴清流　张点貌　吴金印
张海外　方开春　吴汉卿　吴坤英　吴金成　黄　腰
吴憨是　吴　和　吴士赐　吴金粉　赖新芳　张鸟子
张炎沉　吴金荣　吴财寿　赖世湿　赖自远　张三有
张松岩　张水作　张连春　张乌糖　张木辉　吴春土
张乞食　吴永德　吴　永　吴行瑞　吴瑞添　吴永文
吴连福　吴宗山　吴木苍　吴阿欧　张芒鼠（女）
张　能　吴蜘蛛　吴佃安　张东镜　张太高　张龟水
吴丙云　李清春

（五）和平乡：45位

吴　意　张树和　罗伍形　吴祥云　吴金生　吴荣光
罗金宰　吴　山　吴金九　吴厚含　张开元　张路薯
陈天赐　陈金风　吴交坤　吴玉芦　张娘对　张顺知
张水琴　黄东火　方和尚　吴金水　吴红记　吴清河
吴双顺　吴水龙　方钟薯　黄碧莲　蔡益元　吴粗皮
张　万　张火勇　方条龙　方天赐　吴聪头　蔡三阳
黄初新　李钟狮　黄　抛（女）　黄木头　黄　龙　张　宗
吴　楚　方登记　吴　泉

（六）东厦乡：26位

周　木　周詹宽　周亚端　周憨献　周河圹　蔡和尚
周鸟来　周和尚　周阿意　周水清　黄上吉　蔡阿打
蔡泗海　周光梭　周清法　黄其清　周如林　周水石
蔡金源　陈天垫　钟茂金　方木在　陈镇邦　陈阿绸
吴金寿　陈服寺

（七）莆美乡：2位

汤水土　张金树

（八）陈岱镇：1 位

陈　林

（九）常山农场：11 位

吴水启　吴亚大　吴才二　吴明三　张亚细　张东拉
张水龙　张成茂　林进福　张经教　吴地字

大事记
（1915—2019年）

1915年

12月，云霄县城青年学生组织学生团，集会游行，声讨袁世凯称帝。

1919年

5月，云霄青年学生组织学生联合会，举行示威游行，声援北京学生的五四爱国运动。

1920—1922年

云霄民众组织联乡自治，抗缴捐税，全县3/5的面积，300多个大小村庄，先后加入联乡自治。1921年12月10日晚，溪口村绅士黄庭经利用民众抗缴捐税情绪，武装反抗北洋军部队的镇压。12月11日攻入县城，斗争坚持至1922年1月2日，北洋军阀死伤70多名，迫使当局取消烟苗税。

1925年

云霄青年学生抵制日货运动，声援五卅运动。

1930年

同月，中共漳属特委创建工农红军闽南游击队第一支队。

1932 年

4 月 20 日,中央红军攻克漳州。

4 月 26 日,中央红军兵分两路挺进云霄。

1933 年

12 月初,云霄各界人士、学校师生在太史公庙埕集会,支持十九路军发动的“福建事变”。

1934 年

4 月,云霄县第一个农村党支部——中共坪水村支部成立。

4 月中旬,潮澄饶红三大队奉命向闽南推进,直取云霄的车仔圩。

8 月,云霄县第一个红色政权——坪水乡苏维埃政府成立,实行土地改革。

1935 年

9 月,潮澄饶红三大队与闽南红三团卢胜部在云霄月眉池村胜利会师。

9 月 30 日,红三团团长张长水率领两个连兵力和浦云区赤卫队 100 多人分两路直取荷步村,击毙大地主周春花。

10 月底,中共云和诏县委成立,同时组建闽粤边独立营。

1936 年

1 月 23 日,红三团一部在松仔鞍山上伏击企图进入徐南坑一带抢劫的国民党七十五师。

6 月 28 日,红抗第三支队攻打白泉村失利,支队长张长水不幸牺牲。

8 月,中共水晶坪支部成立。

9 月 3 日,红军奇袭云霄城。

1937 年

9 月，闽西南军政委员会派谭震林率领红九团一个加强排 40 余人进入闽南，协助红三团开展武装斗争。

1938 年

6 月初，日本飞机连续几天轰炸东坑盐艇，伤小船 3 只。

夏，厦门青年战时服务团第九分队进入云霄县境，深受各界人士欢迎。

8 月 4 日，日机轰炸陈岱镇，投弹 15 枚，炸死群众 12 人，毁房 45 间，后连续轰炸扫射 10 天。

8 月 7 日，日机 3 架轮番轰炸东坑盐艇。

12 月 19 日，日机 3 架轰炸城关，投弹 50 多枚，并以机枪扫射，群众死伤 29 人，毁房 10 多座。

1945 年

7 月 14 日(农历六月初六日)傍晚，日军德本光信联队 2000 多人，从古楼、后埔到达下坂，向县城开 3 炮，窜入云霄城，大肆抢劫粮食、牲畜，抓挑夫。15 日下午 1 时许，撤出县城向诏安方向流窜，撤前将居民锅灶砸破并拉上屎尿，路上把走不动的挑夫开枪打死，又向莆美城堡开炮，炸死炸伤数人。

1949 年

9 月 25 日，云霄县国共双方在汤氏公寓谈判，原则上达成和平解放协议。

10 月 1 日，人民解放军三十一军前哨部队、长江支队第五大队第一中队和平进入云霄城，与国民党云霄党、政、军、警人士举行入城仪式，庆祝云霄和平解放。

10 月 2 日，正式成立中国共产党云霄县委员会，书记郑国栋，委员石瑞、赵克良、张大目；成立云霄县人民政府，县长石瑞，副县长张水满。同日，张大目工作团进入云霄城，配合南下干部开展工作。

1950年

1月20日，县第一次农民代表大会召开，成立县农民协会，张大目任主席，毋立超任副主席。

4月11日，县第一届第一次各界人民代表会议召开，选出县各界人民代表会议常务委员会。

5月初，全县出动大批船只、船工、民工奔赴前线，担负起解放东山县的支前任务，直至12日东山县解放。

11月1日，成立抗美援朝总会云霄县分会，开展抗美援朝运动。到月底全县超额完成捐献1架战斗机的光荣任务，捐款20亿元(新中国成立初人民币值)。

1951年

2月8日，全国政协副主席、中央人民政府委员、爱国侨领陈嘉庚到云霄视察，将其主办的私立集友小学移交给县人民政府，改为公办。

5月23日至28日，召开县妇女代表大会，成立云霄县民主妇女联合会。

7月，成立中共云霄县委纪律检查委员会，纪委书记赵克良(兼)。

8月11日至15日，县第一届各界人民代表会议第七次会议召开，成立县第一届各界人民代表会议常务委员会，石瑞当选为主席，赵克良为副主席。

9月9日，全县开始组织互助组。

1952年

8月10日，肖苏任中共云霄县委书记。

11月16日，云霄县第二届各界人民代表会议一次会议召开，选举产生常务委员会委员19名，肖苏任主席，赵克良、许周泽任副主席；赵克良当选为县长、张大目为副县长。

12月21日至25日，云霄召开首次团代会，正式成立中国新民主主义青年团云霄县委员会。

1953年

2月，陈岱的陈阿巧生产合作社、莆美的张顺前生产合作社和船场的方建成生产合作社相继成立。

7月3日，云霄县开始进行第一次人口调查登记工作，全县有33147户144699人。

7月16日，台湾国民党军队窜犯东山岛。云霄党政干部、人民群众以及各界人士全力以赴，支援东山保卫战。

1954年

6月24日至28日，云霄县第一届人民代表大会第一次会议召开，选举赵克良为县长，张天保为副县长。

7月，县委领导机构设立常委制，由肖苏、郝杰、苏敏（女）、王振河，赵克良、王南方等6人组成中共云霄县委常委会，肖苏任书记，郝杰、苏敏（女）、王振河任副书记，赵克良、王南方任常委。

1955年

11月，云霄县开展对资本主义工商业和手工业的社会主义改造工作，实行公私合营和合作化。

11月30日至12月2日，云霄县第一届人民代表大会第三次会议召开，赵克良当选为县长，张天保、陈文波、张俊杰为副县长。

1956年

1月，县委在各区重点乡试办9个高级农业生产合作社，由51个初级社合并而成，基本上1乡1社，至年底，全县除2个初级社外，其他全部转为高级社，入社农户29129户，占总农户数98.6%。

5月17日至22日，县第一届党代会召开。赵克良当选为县委书记,袁伍度、郭焕卿、张天保、毋立超为县委副书记。

7 月 4 日至 7 日,县政协一届委员会一次会议召开,赵克良任主席,林文涛任副主席。

11 月 21 日至 25 日,县人大第二届一次会议召开,沈文福当选为县长。

1958 年

3 月 8 日,中共中央委员、共青团中央书记胡耀邦同志莅临本县视察,指示团委工作要把绿化荒山荒地作为青年特殊突击的核心任务,苦战三五年,实现山山变成花果山、金宝山。

3 月,肖苏任县委第一书记。

5 月 12 日,成立地方国营福建省云霄县和平农场,地址设在河坪村,拥有 2.67 万公顷荒山荒地。

5 月 26 日至 30 日,县三届人大一次会议召开,夏继乔任县长。

7 月 25 日,全县普遍建立农村集体食堂,各乡办起大小集体食堂 270 个。

7 月底,云霄在菜埔乡下楼村动工兴建钢铁厂,日产 50 吨。8 月,全县兴起大炼钢铁运动,至 8 月底,共炼出铁 2225 公斤。

8 月 30 日,16 万农民组成 6 个人民公社,实现全县公社化。

8 月,沈文福任县长。

10 月,县第一次归侨、侨眷代表大会召开。

11 月,本县近 16 万人按照县委的决定,从 11 月 1 日起实行全面供给加补贴制,即“十三包”:在农民中实行吃、穿、住、行、用、婚(嫁娶)、丧、生、老、病和文化、教育、卫生等方面不要钱,并按社员的劳动情况每人每月发给 0.5 元至 1.5 元的劳动补贴。

12 月 8 日,举办县有史以来最大规模的农业展览会。省委书记伍洪祥、省委宣传部副部长卢叨和地委副秘书长张全金参观了县农展会。

1959 年

2 月 18 日至 24 日，云霄在龙溪专区人民公社首次代表会议上，获得 24 个“58 年生产大跃进先进单位”奖。

5 月 30 日至 6 月 2 日，县工农教育现场会议在东厦公社上坑大队召开。省委书记处书记、副省长魏金水等亲莅会议做指示。

10 月 1 日，县农业展览会和文教展览会同时开幕。

10 月中旬，云霄开展“反右倾”斗争，受批判的重点对象 109 人。

10 月底，云霄机器厂炼铁车间炼出土铁 96 吨，提前并超额完成炼铁任务的 380%。

11 月 7 日，云霄路线教育运动全面铺开。

11 月上旬，云霄实现了全县基本食堂化。

12 月 19 日至 23 日，召开 1959 年农业社会主义建设先进单位代表大会，全县共评选出 154 个先进单位、73 名个人模范和 17 个赴省先进单位。

1960 年

1 月，本县在农村开展以社会主义教育和两条道路斗争为中心的整风整社运动，历时 40 天，2 月底结束，全县共有 1443 人受批判。

2 月，杜进智任县委第一书记。

2 月 24 日，中央农业部组织的全国备耕、春耕生产检查团一行 34 人，在浙江省农业厅副厅长王道喜和福建省农业厅副厅长王培祥的率领下，由地委宣传部长肖苏陪同，莅临本县检查。

5 月 22 日，福建军区政委卢胜中将到乌山水晶坪访问并检阅乌山民兵队伍。

10 月，张全金任县委第一书记。

11 月，中侨委副主任方方、黄长水，全国侨联主席尤祖扬视察常山农场。

1961 年

4 月 7 日,《人民日报》发表消息:云霄县各级干部在整风整社取得成绩的基础上,深入第一线,继续依靠贫下中农,积极领导春耕生产。

9 月 2 日至 5 日,县二届政协一次会议召开,张全金当选为主席。

10 月 31 日至 11 月 3 日,县四届人大一次会议召开,沈文福当选为县长。

1963 年

1 月 15 日至 20 日,县第二届党代会召开,选举张全金为县委书记,刘景和、袁伍度为县委副书记。

12 月 19 日至 25 日,县三届政协一次会议和五届人大一次会议召开,分别选举张全金为县政协主席、沈文福为县长。

1964 年

1 月 15 日至 2 月,全县农村开展面上的社会主义教育运动。

4 月 1—5 日,省长魏金水到云霄召开全省水利管理现场会,推广杜塘水库“民主管理,按方收费,扩大灌溉效益”经验。

6 月 30 日,第二次全国人口普查,全县人口 204514 人,其中:男 103782 人,女 100732 人。

1965 年

1 月 9 日至 26 日,云霄县第一届贫下中农代表大会召开。

同年,国营云霄和平农场被评为全国先进国营农场,获国务院颁发的奖状、奖旗。

1966 年

7 月,县委成立云霄县无产阶级文化大革命领导小组。

8月8日，全县各机关、企事业单位开展学习贯彻“十六条”活动。

10月，全县各机关、单位开展“社教”运动。

1967年

1月，城乡自发成立群众组织，县有“革总”“工总”和“三司”“主力军”等，分成“革总”和“工总”两大派。

3月，人民解放军陆军第三十一军、空军第八军奉命派出“支左、支工、支农”和“军管、军训”人员。同时，由县人民武装部牵头成立了县工农业生产领导小组，武装部长傅成森任组长，负责全县的“抓革命，促生产”。

1968年

5月25日，根据中共中央转发《北京新华印刷厂军管会发动群众开展对敌斗争的经验》。6月初至12月，开展“清理阶级队伍”，一大批干部、职工遭到错误打击。

10月24日，经中共人民解放军三十一军党委批准，正式成立军、干、群“三结合”的云霄县革命委员会，总揽全县党、政、财、文等一切权力。县革命委员会由49名成员组成，设立办事组、政治组和生产指挥组。

12月底，动员知识青年上山下乡。

1969年

1月2日，县革委会决定精简机构设置。驻军派宣传队到各单位帮助办学习班，实行革命大联合，成立“三结合”的革命委员会或革命领导小组。

11月下旬，召开首届工人代表大会、贫下中农代表大会、红卫兵代表大会，成立“三代会”常务委员会作为常设机构，在县革委会直接领导下开展日常工作。

12月21日，县革委会做出决定：县首批下放劳动的干部改称

"毛泽东思想宣传队蹲点队员",协助社队领导搞好革命工作,并积极参加集体生产劳动。

1970 年

2 月,李文庆任县革委会主任,朱寿先、罗增孝、于在训、张克瑶任县革委会副主任。

9 月 17 日,云霄县革委会领导小组改为县革委会党的核心小组,由李文庆、朱寿先、罗增孝、张克瑶、于常东等组成核心小组成员,李文庆任组长,朱寿先任副组长。

1971 年

6 月 18 日至 21 日,中共云霄县第三次代表大会召开,选举产生了中共云霄县第三届委员会,书记李文庆,副书记朱寿先、罗增孝。同时,撤销县革委会党的核心小组,县委会与县革委会合署办公,实行党的"一元化"领导。

1972 年

1 月 15 日,县委要求全县人口自然增长率农村控制在 23%以下,城市控制在 20%以下。

7 月,县第八次团代会召开,选举产生团县委组成人员,中断五年的共青团恢复。

10 月 19 日至 21 日,县第五次妇女大会召开,选举产生县革命妇女联合会组成人员,中断五年的妇联恢复。

10 月 26 日至 29 日,召开云霄县第五次民兵代表天会。

1973 年

1 月 3 日至 9 日,县召开"农业学大寨""工业学大庆"先进单位和社会主义建设积极分子、先进工作者代表大会,参加人数达 3217 人。会议是云霄历史上规模最大、参加人数最多的一次"先代会"。

3 月 12 日,向东引水渠正式通水。工程历时两年半。共完成土石方 486 万立方米，向东渠总长 85.81 公里，可灌溉云霄、东山两县 1.53万公顷农田。

8 月，朱寿先任县委书记、县革委会主任，李山任县革委会副主任。

1974 年

10 月 17 日，福州军区司令员皮定均视察向东渠世坂渡槽、上窖倒虹吸管工程。

12 月，李玉科任县委书记、县革委会主任。

1975 年

1 月 19 日，为加强对漳江峰头水库工程的领导，县委副书记李山兼任峰头水库工程指挥。22 日，县委决定成立移民安置办公室，各乡场相继成立移民安置领导小组。峰头水库库区受淹有 11 个大队、33 个自然村、56 个生产队、1686 户、10423 人。

3 月 2 日，国务院副总理陈永贵视察向东渠。

1976 年

10 月，"四人帮"反党集团被粉碎后，县委逐步恢复工作，向全县人民认真传达、贯彻中央有关揭露"四人帮"罪行的文件。

1977 年

1 月 5 日至 10 日，召开全县四级干部会议，传达贯彻第二次全国"农业学大寨"会议精神，参加会议的有县、镇到生产队干部和部队代表，计 4275 人。

12 月，黄长茂任县委书记、县革委会主任。

1978 年

3 月 9 日至 12 日，召开中共云霄县第四次代表大会。大会选举黄长茂为县委书记，吴开云、齐德芳、曾南湖为副书记，齐德芳为纪委书记。

3 月 13 日至 16 日,县七届人大会一次会议召开。

12 月,召开县第八届工人代表大会,选举产生县第八届总工会执委会组成人员。县总工会正副主任恢复称正副主席。

12 月,党的十一届三中全会召开以后,县委领导全县人民开展"实践是检验真理的唯一标准"问题的讨论,认真贯彻党的实事求是路线,彻底否定"文化大革命",清除"左"的影响,同时抓紧进行拨乱反正,平反冤假错案和落实党的政策等工作。经过几年的工作,全县先后为错划为"右派"的人做了改正,为 48 人摘了右派的帽子;复查"文化大革命"中造成的冤假错案,为受牵连的 1853 人平反;复查改正历次政治运动中造成的错案及历史老案 384 件;处理历史遗留的地下党问题 189 件;妥善处理有关落实知识分子政策的事项 108 件。在此基础上,县委对各级领导班子进行了调整,使一批受冤屈的地下党干部和知识分子回到领导岗位。同时,还选拔一批优秀中青年知识分子进入各级领导班子。

1979 年

全县农村开始实行各种形式的联产承包责任制,拉开了全县经济体制改革的序幕。

1980 年

1 月 26 日,成立县对原工商业者区别对待领导小组。经调查落实核对,5 月 10 日宣布木材公司、供销社等 16 个原公私合营的单位,原对私改造的工商业者成分转变为劳动者,并由县政府发给 710 名对私改造入伍的国营企业的职工转变成分通知书。

2 月,吴开云任县委书记,王振福任县委副书记。

10 月 28 日至 11 月 5 日,县政协第四届委员会第一次全体会议召开,大会选举产生了县政协第四届委员会常务委员 19 名,齐德芳为县政协主席。

11 月 18 日至 21 日,县八届人大一次会议召开。王振福当选为县人大常委会主任，许圣当选为县长。同时，撤销县革委会，县政府与县委分开办公。

1981 年

11 月 20 日，召开县委扩大会议，学习中央(1981)30 号文件，批判资产阶级自由化倾向，改变思想战线上涣散软弱状态，巩固安定团结的政治局面。

1982 年

4 月 16 日，县委成立知识分子工作检查领导小组，下设办公室。先后为 47 名在“文化大革命”中蒙冤受屈的科技人员平反纠错。

6 月 17 日，县委成立云霄县“五讲四美三热爱”活动委员会，开展精神文明活动。

7 月 1 日零时，第三次全国人口普查，全县总户数 61607 户，人口 332858 人。

8 月中旬至 9 月，完成对“四清”运动的案件复查落实任务，全县复查的总人数为 944 人。

1983 年

1 月 28 日，卢胜中将到云霄县革命基点村大砂岗一带访贫问苦。

1984 年

2 月 18 日，云霄县获全国全民义务植树先进单位称号。

2 月 25—29 日，召开云霄县第八届人民代表大会第四次会议，补选许圣为第八届人大常委会主任，黄汉河为县人民政府县长。

10 月 21 日，国务院侨办表彰常山学区普及初等教育达标，奖励 1000 元。

10 月，撤销人民公社，实行乡镇建制。各乡镇(场)相继组建人民政府和党委会。

12 月 8 日,召开中共云霄县第五次代表大会,吴开云当选为县委书记,黄汉河、高南胜、杨建平为副书记,梁火明为县纪委书记。

12 月 13 日,县九届人大一次会议召开,许圣当选为县人大常委会主任,高南胜为县长。

12 月 13—17 日,县五届政协一次会议召开,赖新水当选为县政协主席。

1985 年

11 月 27 日,县委为贯彻"党要管党,治党要严"的方针,发出《关于建立健全抓党"一定三包"责任制的通知》,进一步端正党风。

1986 年

2 月 15—19 日,召开云霄县第九届人民代表大会第三次会议,补选杨建平为县人民政府县长。

3 月 16 日 11 时,峰头水库封堵蓄水。

4 月,计生技术指导站、中医院、常山华侨农场溪乾作业区获全国计划生育先进单位称号,原县委书记吴开云获全国计划生育先进工作者称号。

5 月 23 日,漳州市脱贫致富工作队进驻马铺乡坪水、龙镜,和平乡桥头,下河乡仙石等贫困村。

8 月,联合国难民救济署拨 7 万美元支持常山农场牛仔裤生产线建设,不久竣工投产。

10 月 3 日,云霄县基本完成落实知识分子政策任务。从 1978 年 10 月至 1984 年 10 月初,全县共平反冤假错案 187 人;清理人事档案 2588 件;补发在"文化大革命"中停发的工资 22939.9 元;"文化大革命"中被查抄的财物给予清退的有 17 人;清退"文化大革命"中被挤占的私房 102 户 221 间;解决夫妻分居 169 人;办理"农转非"426 户 1782 人。

1987 年

6 月 3—4 日，联合国难民救济署高级专员办事处驻华代表黎明·贺尔·英访问常山农场医院、制衣厂、罐头厂及难民安置点。

6 月 7 日，澳大利亚国家技术科学工程院院士阿弗雷丝·布棋等考察海水温泉水产良种实验场。

7 月 6 日，县委开展“两反一扫”（反对封建迷信、反对铺张浪费，扫除社会丑恶现象）活动，把“六提倡、六反对”列入乡规民约，把农历七月十五日定为丰收节，革除整个七月做普度的陋习。

9 月 15 日，云霄县与固始县结成友好县。

9 月，以莆美双溪口村作为试点，组建村经济合作社。11 月 13—19 日，召开云霄县政协第六届第一次会议，选举产生第六届政协常委会，赖新水为主席。

11 月 14—18 日，召开云霄县第十届人民代表大会第一次会议，选举产生县人大常委会，许圣为主任，黄汉河为县长。

12 月 27—29 日，召开中共云霄县第六次代表大会，戴全成当选县委书记，黄汉河、张如崧、梁火明当选县委副书记，方美兰为纪委书记。选举出席漳州市第六届党代会代表 31 名。

12 月，全国人大常委会副委员长彭冲在漳州市领导陪同下视察云霄经济建设工作。

1988 年

1 月 26 日，国务院批准云霄县为闽南沿海三角区经济开放县。

5 月 28 日，省长王兆国到云霄视察金兴雨伞厂等加工企业。

6 月，召开第七届归国华侨代表大会。

1989 年

4 月 13 日，成立云霄礁美台胞接待站，主要接待海上台胞渔民前来探亲、旅游、避风求助等。

4 月 19 日，为贯彻省委、省政府“三、五、七”造林绿化工程，县长代表县委、县政府与省长王兆国签订责任状,至年底全县共完成造林 2180 公顷。

10 月,云霄县因夏粮总产超历史最高水平,获国务院嘉奖。

是年,云霄县在参与全国 80 万公顷杂交水稻综合技术栽培项目中被评为全国农牧渔业部门丰收二等奖。

1990 年

3 月 7—9 日,漳州市政府农村小学"一无二有"验收组对全县小学"一无二有"达标成果进行评估验收。嗣后,省政府批准市政府报告,宣布云霄县为农村小学"一无二有"达标县。

7 月 1 日零时,第四次全国人口普查,全县总户数 81771 户,人口数 376063 人。

11 月上旬,云霄县发展沼气获福建省唯一"全国先进集体"称号。

12 月 2—5 日,县第七届党代会召开,郭育祺当选为县委书记,张长岩当选为县纪委书记。

1991 年

1 月 19—24 日,召开云霄县政协第七届第一次会议,选举产生第七届常委会,方接枝为主席。

1 月 20—24 日,云霄县第十一届人民代表大会第一次会议召开,选举许圣为县人大常委会主任,刘子维为县长。

10 月,云霄被国家计委、农业部列为全国 100 个农村能源建设重点县之一。

1992 年

4 月 28 日,乌山革命斗争纪念馆举行开馆仪式,原福州军区副政委卢胜、原省政协副主席卢叨到云霄为纪念馆剪彩。

1993 年

2 月 17 日，在闽的全国政协委员、省部分民主党派主委一行，在省、市政协领导陪同下，莅临云霄县视察火田镇农业综合开发。

4 月 21 日，大型水利工程峰头水库竣工通过正式验收，该水库系 70 年代国家批准兴建的大型水利工程，以灌溉为主结合发电，并有防洪、供水等综合效益，总库容 1.77 亿立方米，占漳江总流域面积的 1/3。

7 月 30 日，省长贾庆林，副省长陈明义、童万亨，秘书长黄文麟和省直 15 个部门领导在市委、市政府领导陪同下到云霄县视察。

12 月 21—24 日，县第八届党代会召开，郭育祺当选为县委书记，沈元坤当选为县纪委书记。

1994 年

1 月 13—18 日，召开云霄县政协第八届第一次会议，选举产生第八届政协常委会，方接枝为主席。

1 月 14—18 日，召开云霄县第十二届人民代表大会第一次会议，选举产生县第十二届人大常委会，张如崧为主任，江宏真为县长。

1995 年

6 月，云霄县被国家林业部授予“全国平原绿化先进单位”称号。

10 月 23 日，省委书记贾庆林到云霄视察工作。

是年，云霄县被评为全省十大水产养殖大户。

1996 年

1 月 16—17 日，巴基斯坦南方农业科学研究所所长奥博士、非兹兰堡糖业研究所所长马里在省、市科委领导人陪同下到云霄县进行农业生产技术考察。

1 月 28—30 日，召开云霄县第十二届人民代表大会第三次会议,补选赖文达为县人民政府县长。

4月24日,召开中国共产党云霄县第八届委员会第十次全体(扩大)会议。

4月,云霄县被评为"全国一百个农村能源综合建设县"。

4月,黄河俊任中共云霄县委书记。

6月2日,国际绿化推进协会理事长秋山智英一行4人在省林业厅领导陪同下,到云霄东厦镇竹塔村考察红树林生长情况。

9月,云霄县纪委、监察局被中共中央纪律检查委员会、监察部授予"全国纪检监察基层信访工作先进单位"称号。

12月,国家科学技术委员会授予云霄县林业局"棕榈滕的研究"项目科技进步奖一等奖。

是年,云霄县被省委、省政府评为"96年福建省经济发展十佳县";被国家体委评为全国"96年全民健身宣传活动优秀组织单位"。

年底,云霄县技术监督局被授予全国技术监督系统先进集体称号。

1997年

3月3日,县人大常委会依法罢免犯受贿罪的原中共云霄县委书记郭育祺漳州市人大代表职务(由云霄选区选出)。

3月12日,省委副书记林兆枢莅云调研党建工作。

5月13日,县委、县政府举行首次新闻发布会。

6月10日,峰头水库灌区向东渠二期扩建改造工程动工。工程全长42.6里,1999年8月,通过国家验收。

7月3日,漳江口1300公顷的红树林被省政府定为省级自然保护区。2003年6月6日,被国务院批准为国家级自然保护区,面积扩大至2360公顷。

7月6日,省长贺国强莅云检查指导工作。

7月上旬,国家林业部授予云霄县"全国沿海防护林建设先进单位"称号。

8月25日,省委副书记习近平抵云,就农村脱贫致富奔小康和发展现代化农业等工作进行调研。

1998 年

1 月 6 日，云霄县再次获得“福建经济发展十佳县”称号。

1 月上旬，云霄县和平乡内洞村获全国绿化委员会授予“全国造林绿化千佳村”称号。

3 月 18 日，县法院城郊法庭被福建省高级人民法院评为“先进人民法庭”，法官陈玉珍荣立福建省法院系统个人一等功。11 月 5 日，城郊法庭获“全国优秀法庭”称号。

4 月 25 日，省委副书记何少川到云霄检查指导城市建设工作，考察了县人民公园、县体育场、江滨路拆迁改造等项目。

7 月 20 日，漳州市政府同意接收原隶属于省侨委的（云霄）常山华侨农场，改为常山华侨经济开发区。1999 年 7 月 1 日，正式挂牌；同年 10 月 19 日，省侨办与市政府在农场场部举行交接仪式，正式由市政府接管。

11 月 4—6 日，省委副书记习近平到云霄调研农业和农村工作，并考察云霄泥蚶等水产养殖情况。

11 月 27—29 日，中共云霄县第九次代表大会召开，选举朱福清为县委书记，沈志平为县纪委书记。

1999 年

1 月 10—15 日，县政协九届一次会议和县人大十三届一次会议召开，分别选举方加群为政协主席、吴和盛为人大常委会主任、黄舜斌为县长。

1 月 29 日，中央电视台《中国风》摄制组到云霄城乡采风。

4 月 23—26 日，省委副书记何少川到云霄考察旅游产业、农业开发、基础设施建设、新村建设。

11 月 30 日至 12 月 2 日，省委副书记、代省长习近平到云霄、常山华侨经济开发区视察、调研。

12 月 3 日，中国侨联主席林兆枢到常山华侨经济开发区检查指导工作。

2000 年

5 月 31 日至 6 月 1 日,云霄县"创建全国科技先进县"工作通过国家级验收。

8 月 17 日,省委书记陈明义视察火田镇瓦坑村农村党建三级核心网络建设。28 日,中共中央组织部组织局局长欧阳淞等参观该网络建设后给予肯定。

11 月 11 日,省委副书记、省长习近平到云霄检查指导打假工作。

11 月 20 日至 12 月 2 日,省委副书记、省长习近平莅云调研。

12 月下旬,云霄枇杷获"中国绿色食品"标志。

2001 年

5 月,中国特产之乡推荐暨宣传活动组织委员会授予云霄县"中国枇杷之乡"称号。同年,国家林业局授予云霄县"中国枇杷之乡"称号。

6 月下旬,第五次全国人口普查结束,全县人口 40.36 万人。

2002 年

1 月 1 日,和平乡"早钟六号"枇杷赴京参加"2002 年中国名特优经济林产品展销会"展销活动。

5 月 20 日,国家卫生部、中国疾病预防控制中心在云霄县全面启动"世行贷款/英国赠款中国结核病控制项目"。

6 月 7 日,省委书记宋德福、副书记黄瑞霖莅云调研。

2003 年

2 月 7 日,省长卢展工、市委书记袁荣祥到常山调研。

10 月,国家农业部授予云霄县波纹巴非蛤海区增养殖技术研究项目农牧渔业丰收二等奖。

11月17日，中国共产党云霄县第十次代表大会召开，选举朱福清为中共云霄县委书记，郑俊生为县纪委书记。

2004年

1月1—6日，县政协第十届一次会议和县人大十四届一次会议召开，选举张東香为县政协主席、张小梅为县人大常委会主任、黄舜斌为县长。

9月，云霄县被国家科技部授予“通过2001—2002年度全国科技进步考核县”和省科技厅授予的“2001—2002年度福建省科技进步先进县”称号。

11月29日，县审计局被评为“全国经济审计先进单位”。

2005年

1月8—11日，省委书记卢展工莅云开展党建专题调研，考察瓦坑村支部建设、东厦镇土地整理、七星工业区建设及漳江口红树林国家级自然保护区。

4月8日，中共漳州市委在云霄召开党的建设“三级核心网络”现场会。

5月13日，中央“保持共产党员先进性教育活动”督导组组长任左明莅临云霄检查教育活动开展情况。

7月1日，全县城乡全面实行火葬。

8月，国家农业部办公厅授予云霄县海洋与渔业局“全国养殖证制度建设先进单位”称号。

9月，国家农业部授予云霄万亩泥蚶养殖技术“全国农牧渔业丰收奖二等奖”。

2006年

5月，陈福州为县长。

6月，云霄县计划生育服务所被国家人口和计划生育委员会授予“全国人口和计划生育科技工作先进单位”称号。

7月14—15日,中共云霄县第十一次代表大会召开。选举黄舜斌为县委书记,选举郑俊生为县纪委书记。

7月29日,省委书记卢展工、省委副书记梁绮萍到下河乡车圩村灾民安置点视察、指导家园重建工作。

9月,云霄县与菲律宾道度马斯市缔结为友好城市。

2007年

1月,县举行政协十一届第一次会议和第十五届人大第一次会议。人大代表208人。郑俊生当选为县政协主席,陈福州当选为县长,张小梅当选为人大常委会主任。

6月18日,云霄县与辽宁省阜新蒙古族自治县缔结为友好县。

11月11日,菲律宾中国洪门联合总会理事长吕安盾率团137人到东厦镇高溪观音亭和高溪庙寻根谒祖。

11月17日,河南省信阳市《根在中原》专题片摄制组抵云进行实景拍摄。

11月28日,国电漳州核电项目筹建处在云霄宾馆举行成立揭牌仪式。

2008年

1月,云霄优质早熟枇杷国家级农业标准化示范区1092公顷通过国家考核验收。

2月2日,漳江口红树林国家级自然保护区被列入《国际重要湿地名录》。

9月,云霄县云陵镇下坂村被中共中央宣传部、中央文明办、全国绿化委员会、国家林业局联合评为“绿色小康村”。

9月,省人民政府批准乌山革命纪念馆为“福建省国防教育基地”。

11月24日,全省首个“新中(新加坡—中国)文化教育交流中心”市级代表处在云霄成立。

11月,云霄县被中国果品流通协会评为“中国优质枇杷基地重点县”。

2009 年

2 月 25 日，省委书记卢展工和省委常委、常务副省长张昌平带领省直有关部门负责人到云霄调研。

5 月 11 日，云霄被命名为“中国民间文化艺术（戏曲）之乡”。

11 月 26 日，云霄被省委省政府评为“创建文明县城工作先进县”。

2010 年

年初，黄再升当选为人大常委会主任。

1 月 20 日，云霄被授予 2009 年度“福建省县域经济发展进步奖”。

6 月 9—13 日，云霄“双高普九”工作通过省政府“双高普九”评估验收组评估达标验收。

8 月 29 日，县承办了首届两岸交大光电及 T 产业高峰论坛云霄分会场，就两岸光电及 IT 产业发展开展高峰论坛。

11 月 17 日，由中国照明学会与台湾区照明灯具输出业同业公会共同举办的海峡两岸第十七届照明科技与营销研讨会在云霄隆重开幕。

12 月 3 日，由国家工业和信息化部主办的全国节能灯产品质量分析会在云霄召开。

2011 年

2 月 15 日，云霄光电产业园被评为省级文化产业示范基地。

5 月 19 日，云霄签约引进香港彩龙集团，投资建设光电物流城项目，打造海西大光都。

5 月 23 日，云霄潮剧入选国务院公布的第三批国家级非物质文化遗产名录。

6 月 24 日，县十五届人大常委会第四十二次会议选举王金狮为副县长、代理县长。

7 月 13—14 日,中国共产党云霄县第十二届委员会第一次全体会议召开,陈水树当选为县委书记,王金狮、朱百里为县委副书记。

11 月 29 日,省委书记孙春兰莅临云霄考察调研。

12 月 20—23 日,县第十六届人民代表大会第一次会议、政协第十二届云霄县委员会第一次会议隆重召开。郑俊生当选为县人大常委会主任,王金狮为县长,王彩云为县政协主席。

2012 年

2 月 17 日,中央电视台《远方的家》沿海行摄制组到本县拍摄旅游宣传片,宣传云霄的历史文化、旅游资源和特色产业。

2 月,陈岱镇竹港村被国家环保部评为“国家级生态村”。

3 月 21 日,省委常委、厦门市委书记于伟国带领省直有关单位、厦门市及海沧区相关领导,到云霄调研挂钩帮扶工作。

3 月,陈岱镇被国家人口计生委授予“第一批全国人口和计划生育依法行政示范乡镇(街道)”。

4 月 26 日,中央党史研究室副主任李忠杰到本县调研指导党史工作。

7 月 5 日,菲律宾华人各界联合会副主席杨华鸿先生率考察团一行到云霄开展投资考察工作。

7 月 12 日,匈牙利前总理彼得·迈杰希和匈牙利亚洲中心主任鲁道夫·里德尔率领的匈牙利亚洲中心参观考察团莅临本县参观考察光电产业。

11 月 22 日,云霄被正式授予“中国温泉之乡”称号。

2013 年

4 月,云霄成为全省第一个闽台 LED 照明技术合作示范县。

5 月,云霄被全国绿化委员会评为“全国绿化模范县”。

2014年

1月20日，省人大常委会原副主任、省老促会常务副会长郑义正，省民政厅副巡视员曾水平到下河仙石村慰问革命“五老”及遗孀。

3月28—30日，云霄县人民政府和厦门市海沧区人民政府联合举办云霞农特产品（厦门海沧）展销暨旅游推介会，县12家农特产品加工生产企业与厦门海沧的4家知名超市举行农超对接签约、33家参展企业三天销售额达100多万元。

4月，国家发改委正式印发《赣闽粤原中央苏区振兴发展规划》，云霄县被纳入规划范围。

同月，县枇杷、龙眼、香蕉、荔枝、菠萝、芒果、槟榔、剑麻、特色蜂产品等9种农产品入选国家农业部《特色农产品区域布置规划（2013—2020）》。

5月15日，国家水利部水规总院副院长海锦山来云调研城区防洪工程项目。

6月26日，台湾云林县38间宫庙的100多名信众来云开展妈祖文化交流活动。

7月4日，国家卫计委授予云霄县“全国计划生育优质服务先进单位”称号。

7月，云霄一中代表福建省参加第十四届中国青少年机器人竞赛，摘取综合技能项目高中组金牌。

8月9日，省人大代表、省老领导陈明义来云调研红树林自然保护区工作。

8月16日，云霄籍大学生林敏获评“2013年度身影全国榜样人物”，为该年度受表彰的30位身影榜样人物中最年轻的一位，也是漳州地区首位获得该奖项的学生。

8月，火田镇入选全国重点镇。

9月12日，全国政协人口资源环境委员会副主任齐让一行来云调研红树林保护工作。

9月,县入选首批福建省电子商务示范县(市、区)认定名单,为漳州市唯一一个。

10月,县被列为2014—2016年国家级现代渔业生产发展资金项目县,每年可获中央、省财政资金补助1100万元。

12月,福建鹭光广告传媒有限公司谢鹏志被全国老龄工作委员会授予全国孝亲敬老之星称号。

2015年

1月,云霄县矾山果蔬专业合作社获评国家农民合作社示范社。

同月,云霄县获评全省首个"安全发展示范试点县"。

同月,云霄县成为全国首批"红十字生命健康安全教育项目"实施试点县,将免费培训1200名应急救护员。

4月1日,原中共闽粤边特委领导人卢叨遗孀、原省工会主席韦立前往乌山缅怀革命先烈。

5月6日,黄荣来、黄秀杏家庭当选为2015年福建省"最美家庭"。6月,又荣获"全国最美家庭"奖状,是漳州市唯一入选的家庭。

6月,漳州大乌山旅游综合开发项目入选《2015年中国旅游投资优选项目》名录。

9月,云霄县被省水利厅列为2015年度"万里安全生态水系"建设试点县,将获省级补助资金2260万元。

2016年

3月29日,漳州核电配套项目——淡水管线工程正式开工,总投资约2.1亿元。

3月,我县获评2014—2015年度"全国平安渔业示范县"。

同月,漳州华威电源科技有限公司获评"中国出口质量安全示范企业",系本次评选中全省唯一上榜企业。

6月12日,云霄县获评"中国温泉之乡",中国矿联地热委员会常务副主任宾德智来云宣读国土资源部命名文件。

6月12日,陈政墓"全国重点文物保护单位"揭牌。

6月28日，云霄经济开发区正式获颁“国家新型工业化产业示范基地”牌匾，系全市首个，全省仅2个园区获评。

7月27日，云霄一中代表队蝉联第十六届中国青少年机器人竞赛综合技能高中组冠军。

7月28—30日，中国共产党云霄县第十三次代表大会召开。王金狮当选县委书记。

8月23日，国家能源局副局长郑栅洁一行来云调研抽水蓄能电站项目，中核集团总经理钱智民，常务副省长张志南，市领导陈家东、檀云坤、梁伟新、张琳光，县领导王金狮、张明东、方伟仪等陪同。

8月30日，中央电视台美编、国家一级美术师张洪华一行来云考察梁山文化旅游项目，县领导王金狮、王彩云陪同。

9月，我县获“新福建·新长征·重走红色路”十大人气红色旅游县评选第一名，全省26个革命老区县参评。

11月7日，总投资1500万元的城区燃气管网建设项目竣工，共铺设管道15公里。

11月，我县获评福建省县域经济发展“十佳”县。

同月，福建太尔电子科技公司凭借“骨传导智能穿戴”项目获第五届中国创新创业大赛(电子信息行业)优秀企业奖。

同月，和平乡棪树村上榜漳州市十大最美乡村。

12月17—19日，政协云霄县第十三届委员会第一次会议召开，选举王彩云为政协第十三届云霄县委员会主席。

12月18—20日，云霄县第十七届人民代表大会第一次会议召开，施仲达当选云霄县第十七届人民代表大会常委会主任，张明东当选云霄县人民政府县长。

12月，我县跻身国家农产品质量安全县(市)，系全市唯一，全国103个县、4个市，福建省4个县(市)上榜。

同月，“福建云霄古茶园与茶文化系统”入选2016年全国农业文化遗产。

同月，云霄抽水蓄能电站预可行性研究报告通过水电水利规划设计总院专家组审查，项目总投资100亿元，为国家“十三五”抽水蓄能电站重点开工项目。

同月,县友益汽贸有限公司获评全国先进个体工商户。

2017年

1月1日,佳洲岛番茄音乐节暨云霄县流行音乐协会成立庆典在佳洲岛隆重开幕。

2月1日,中国核工业集团公司董事长、党组书记王寿君来云调研漳州核电项目。

3月11日,由神舟一号飞船搭载的云霄农作物种子回云,种子共50克,分别为20克柳叶白梗蕹菜(空心菜)种子、20克西周哈密瓜种子和10克韭菜种子。这批太空种子将被用于我县科研育种、科普教育等领域。

5月24日,方富强、吴金莲家庭荣获2017年全国"最美家庭"称号。

5月25—26日,国家水利部珠江委总工程师国银一行来云督导检查高效节水灌溉项目,副县长林进财陪同。

7月8日,北京云霄企业商会成立大会暨第一次会员大会召开。市领导黄水木,陈有庆将军,总装备指挥学院副政委陈少华将军,县领导王金狮、张明东、施仲达、王彩云等参会。

同日,福建云霄(北京)投资项目推介会在北京举办,我县现场签约抽水蓄能电站、山内风电场、国电投分布式光伏发电3个央企项目,总投资106.5亿元。

8月,我县再次荣膺福建经济发展十佳县称号,名列2017年福建经济发展十佳县(市)榜首。

同月,我县罗铭东夺得2017年第六届澳门国际武术节散打拳王争霸赛成人组56公斤级冠军。

9月,云霄县七彩虹志愿队获评"2017年福建省共青团先锋队",系此次全省唯一获此殊荣的社会组织。

10月28日,云霄代表队获"禄福杯"2017年首届中华学生谜语大赛中学组冠军(金箭奖)。

12 月 20 日，县委书记王金狮、县长张明东会见国家电投集团产业基金管理有限公司考察团，双方就云霄经济开发区“互联网＋智慧能源”项目洽谈对接。

同日，国家旅游局党组成员、副局长王晓峰一行来云考察旅游产业发展情况。

2018 年

7 月，国家能源局同意核电项目调整为“华龙一号”融合技术。

12 月 25 日，政协召开第十三届第三次会议，12 月 28 日，林达祥当选为县政协主席。

2019 年

1 月 30 日，位于云霄的漳州核电项目获得国务院政府常务会研究通过。

2 月，经文化和旅游部专家组评审通过，云霄县（书画）入选“中国民间文化艺术之乡”的名单。

6 月 30 日，位于云霄列屿镇刺仔尾的漳州核电厂开工，1 号机组进行第一罐混凝土浇筑。

参考文献

云霄县地方志编纂委员会编:《云霄县志》,北京:方志出版社,1999年。

云霄县地方志编纂委员会编:《云霄县志(1997—2006)》,北京:方志出版社,2015年。

云霄县人民政府主办、云霄县地方志编纂委员会编:《2016云霄年鉴》,北京:现代出版社,2017年。

云霄县人民政府主办、云霄县地方志编纂委员会编:《2017云霄年鉴》,北京:团结出版社,2018年。

云霄县地方志编纂委员会编:《2018云霄年鉴》,福州:海峡书局,2019年。

中共云霄县委党史研究室编:《云霄人民革命史》,厦门:厦门大学出版社,1992年。

中共云霄县委党史研究室、云霄县老革命根据地建设委员会办公室、云霄县老区建设促进会编:《福建中央苏区纵横(云霄卷)》,北京:中共党史出版社,2016年。

漳州市老区建设促进会、中共漳州市委党史研究室、漳州市老区建设委员会办公室:《漳州革命老区史》,北京:中央文献出版社,2009年。

中共漳州市委党史研究室编:《中共闽南地方史(新民主主义革命时期)》,北京:中央文献出版社,1995年。

陈方、丘兰生编著:《乌山风云》,北京:光明日报出版社,1996年。

韦立、杨涛、曾一石编:《乌山情》,香港:天马出版有限公司,2013年。

后　记

2017年6月2日，中国老区建设促进会下发《关于编纂全国1599个革命老区县发展史的安排意见(中老促字[2017]15号文件)》。云霄县是1951年8月中央人民政府南方老根据地访问团访问过的老根据地。2013年7月，被中央党史研究室确认为"原中央苏区范围县"(中史字[2013]51号文)。为了贯彻落实习近平总书记关于"发扬红色资源优势，深入进行党史、军史、老区革命史优良传统教育，把红色基因代代传下去"的指示，和中办发[2015]64号文件中提出的"积极支持老区精神挖掘整理工作，扶持创作一批反映老区优良传统，开展老区精神风貌的优秀文艺作品和文化产品"的要求，按照文件指示精神，编纂《云霄县革命老区发展史》。书中图片除注有作者外，均由云霄县老区建设促进会收集。

在编写过程中，得到中国老区建设促进会和省、市老区建设促进会领导和专家的精心指导，县委、县政府十分重视该书的编撰工作，指定县委分管领导亲自参与该书的策划、审定，并将该书的编撰费用列入年度县财政预算，为该书的编撰工作提供资金保障。县委办、县委党研室、政府办、老区办、发改局、财政局、统计局、县委党校、方志委、扶贫办等部门和一些老同志积极提供资料并提出宝贵的修改意见，县党研室还为本书撰写审读意见，在此一并表示感谢。

本书力求既反映全貌，又重点突出；既通俗易懂，又史料准确。

为此，我们竭尽全力，但由于时间紧迫、水平有限，偏颇和错漏之处难免，敬请读者批评指正。

编者

2019 年 9 月 30 日